高职高专“十三五”规划教材

国际商法

乔海丽　主　编
刘　楠　吕继妍　副主编
赵　东　参　编

中国铁道出版社有限公司
CHINA RAILWAY PUBLISHING HOUSE CO., LTD.

内 容 简 介

本书以高职教育的实用性为目标，主要内容包括国际商法导论、比较合同法、联合国国际货物销售合同公约、国际货物运输保险法、国际商事组织法、国际商事代理法、产品责任法、国际贸易支付法律制度、国际商事仲裁与诉讼等方面。在体例上，以案例为主要手段，结合章节测试题，化繁为简，让学生通过练习和案例分析更好地掌握相关知识点。

本书适合作为高等院校工商管理、国际贸易、市场营销、物流管理、电子商务等专业的教材，也可以作为其他相关专业学生和从事经济管理的专业人员的参考用书。

图书在版编目(CIP)数据

国际商法/乔海丽主编．—北京：中国铁道出版社，2018.8（2021.1 重印）
高职高专“十三五”规划教材
ISBN 978-7-113-24843-7

Ⅰ.①国… Ⅱ.①乔… Ⅲ.①国际商法-高等职业教育-教材 Ⅳ.①D996.1

中国版本图书馆 CIP 数据核字(2018)第 181951 号

书　　名：国际商法
作　　者：乔海丽

策　　划：潘星泉　　**编辑部电话：**(010) 51873090
责任编辑：潘星泉　李学敏
封面设计：刘　颖
责任校对：张玉华
责任印制：樊启鹏

出版发行：中国铁道出版社有限公司(100054，北京市西城区右安门西街 8 号)
网　　址：http：//www.tdpress.com/51eds/
印　　刷：三河市航远印刷有限公司
版　　次：2018 年 8 月第 1 版　　2021 年 1 月第 3 次印刷
开　　本：787 mm×1 092 mm　1/16　**印张：**14.25　**字数：**329 千
书　　号：ISBN 978-7-113-24843-7
定　　价：38.00 元

前　言

近年来,随着经济一体化和贸易全球化的发展,报关与国际货运、国际贸易、国际物流等高职高专类专业的用人需求日益扩大,有关国际商事的法律、法规应用也更加广泛。

为了更好地适应高等职业教育的需求,满足高职院校涉外类专业培养学生专业基本技能的需要,本教材在编写中严格遵循"以应用为主,以够用为度"的原则。作为一名高职院校的教师,在多年的国际商法课程的教学经验累积后,认识到了对于本课程,高职学生和本科学生需求的差异,以更加简明、易懂的方式对教材内容进行重新编写,以实用为目的,语言表达尽量通俗易懂,法律术语解释尽量简单明了,内容上力求及时反映最新的法律法规变化,深入浅出地展示国际商法的相关基本理论。

本书的内容跟踪了最新的国际商事法律法规,吸收了各家所长,系统梳理了与国际商事活动有关的法律法规知识,将教材的体例设置为共9章,合计34节内容,每一章后面都附有思考题和技能训练题,以期达到巩固和检验的效果,推动学生的自主学习。

本书最大的特点是在各章的内容编写上尽量采用图表的方式来表达,使内容表达更具逻辑性,更加清晰易懂,便于记忆。帮助学生在将来的工作实践中能记住并有效使用这些知识,继而用法律的武器维护企业的合法权益。

本教材由黑龙江农业经济职业学院乔海丽担任主编,黑龙江农业经济职业学院刘楠和黑龙江商业职业学院吕继妍担任副主编。具体分工如下:乔海丽编写第1章、第2章、第3章、第9章;刘楠编写第4章、第5章;吕继妍编写第6章、第7章;赵东编写第8章。

在本书的编写过程中,我们借鉴和参考了很多学者的研究成果和教师同行编写的相关资料,在此向相关作者谨致谢意。由于编者时间仓促、水平有限,书中难免有不完善之处,恳请读者批评指正。

编　者

2018年5月

目　录

第1章 国际商法导论

【本章重点】

1. 国际商法的概念
2. 国际商法的渊源

【本章难点】

西方两大法系的联系与区别

1.1 国际商法概述

1.1.1 国际商法的概念和调整范围

1. 国际商法的概念

国际商法，即国际商事法，它是指调整国际商事交易和商事组织关系的各种法律规范的总称。

要正确理解国际商法的概念，就要掌握以下三个要素。

1)“国际”属性

“国际”一词并不是指“国家与国家之间”的意思，而是“跨越国界”的意思，国家和国家之间的商事关系，应由国际公法调整。或者为主体具有国际性，即当事人营业地位于不同的国家或地区，即可认为主体具有国际因素；或者为行为具有国际性，即商事关系所指向的标的位于另一国家或地区，或者商事关系的产生、变更和消灭发生在另一国家或地区，即可认为行为具有国际因素。

§小思考1-1：

日本A商社上海分社向山东某家具生产厂家订购了价值500万元人民币的家具，并在我国境内完成了交货付款手续。

随后，该上海分社又将该批家具销售给新加坡B公司。

这里涉及两个合同：

日本A商社上海分社与山东某家具生产厂家的合同；

日本A商社上海分社与新加坡B公司的合同。

问：这两个合同哪个属于国际商法的调整范围？

考核知识点：国际商法的“国际”属性。

2)“商”属性

国际商法的调整对象是商事关系，包括商事组织关系和商事交易关系。传统商法仅调整有形商品的交易，现代商法除调整有形商品的交易外，还调整无形商品的交易，如国际技术转让、国际投资、国际融资等。

§小思考 1-2：

一个住所在法国的法国籍男子在 19 岁时与一个住所在英国年龄已有 25 岁的英国籍女子结了婚，双方父母对其婚姻的有效性产生争议。

一家英国的企业与中国的加工厂签订了供货协议，但履行过程中双方发生争议。

问：这两个合同哪个属于国际商法的调整范围？

考核知识点：国际商法的“商”属性。

3)“法”属性

国际商法并不是一部单独的法律规范或法典，而是相关的各类法律规范的总和。其中既有实体法的内容，也包含部分程序法的内容。

§知识小贴士§

实体法与程序法的区别

根据法律规定内容的不同来进行划分，可以分为实体法和程序法。

实体法是规定和确认权利和义务以及职权和责任为主要内容的法律，如宪法、行政法、民法、商法、刑法等；程序法是规定以保证权利和职权得以实现或行使，义务和责任得以履行的有关程序为主要内容的法律，如行政诉讼法、行政程序法、民事诉讼法、刑事诉讼法等。

2. 国际商法的主体

国际商法的主体既包括参加商事活动的国家和国际组织，也包括不同国家的法人、非法人组织和自然人。

§知识小贴士§

国家的特殊属性

国家也可以作为国际商法的参与主体，但是国家作为特殊性的主体享有主权豁免权，主要是司法豁免权。司法豁免权包括两方面：一是管辖豁免，即根据“在平等者间，无裁判权”的原则，一国法院不得受理以另一国国家为被告的诉讼，除非得到该外国的同意；二是执行豁免，即一国法院对于属于外国的国家财产，不得查封扣押和强制执行。

1.1.2 国际商法的发展历史

国际商法何时产生，目前尚无定论。著名的国际贸易法专家施米托夫教授认为国际商法的发展分为三个阶段：中世纪商人法时期（11—17 世纪）；商人法被纳入国内法时期（18—19 世纪）；新商人法时期（当代）。依据施米托夫教授的这一划分，国际商法的产生时间应该在 11 世纪。

1. 中世纪商人法时期（11—17 世纪）

中世纪的商人自治法，即商人们在商业实践中形成的习惯性规则或做法，最早出现于威尼斯，后来随着航海贸易的发展，逐步扩及到意大利、西班牙、法国、德国、英国等国。

商人自治法的内容主要包括：货物买卖合同的标准条款，两合公司、海上运输及保险、汇票、破产程序等方面的习惯性规则。

2. 商人法被纳入国内法时期（18—19 世纪）

到中世纪末，由于民族主权国家的大量兴起和国家主权观念的增强，商人法逐渐被民族主权国家采取不同的方式纳入到自己的法律体系之中。法国和德国主要采取法典编纂的方式；在英国，大法官曼斯菲尔特则通过案件的审理把中世纪的商人自治法吸收到普通法中，使其成为普通法的一部分。但后期由于“公平”“灵活”和“便捷”的特性受到了极大的限制，商人法开始出现了衰落。

3. 新商人法时期（当代）

19 世纪初，国际商事团体和机构为了使其所从事的国际商事活动摆脱国内法的桎梏，开始呼吁、提倡并积极地通过自己的商事实践来推动国际商法的国际主义回归。

这一阶段又分为两个重要时期：一是从 1919—1965 年，国际商会（ICC）、联合国等组织以及欧洲大陆法系国家为各国民商法的统一做了大量的工作，使各国商事法逐步走向国际化；二是从 1966 年联合国国际贸易法委员会（UNCTAD）的成立开始，UNCTAD 开展了一系列关于统一全球民商法的工作，通过采取国际多边公约、示范法等方式，使得大陆法系和英美法系在商法领域内对立的部分逐渐趋于统一。

目前，国际商法已经开始迈进一个崭新的时代——新商人法时期（当代）。这主要体现在两个紧密联系的方面。

第一，国际商法发展迅速，蔚为大观。国际商法在 20 世纪获得了巨大的发展：以国际海事委员会（CMI）、国际法协会（ILA）、国际商会（ICC）、国际统一私法协会（UNIDROIT）、国际法研究院（The Hague Academy of International Law）为代表的众多国际商法立法机构相继设立；制定出包括 INCOTERMS、UCP、CISG、PICC 等影响深远的众多的国际公约、示范法和国际惯例；同时，国际商事仲裁备受欢迎，业已成为解决国际商事纠纷的主要途径；各国法院在审理国际商事案件时也越来越多地应用国际商法。

第二，国际商法学的研究活动日益蓬勃兴起。随着国际商法在实践中取得巨大发展，国际商法学的研究活动也日益蓬勃起来。国际商法学已经广泛涉及国际商事代理法、国际商事合同通则、国际货物买卖法、国际货物运输法、国际货物运输保险法、国际支付法、国际借贷法、国际融资租赁法、国际投资合同法、国际担保法、国际知识产权保护法、国际知识产权交易法、国际民事诉讼法及国际商事仲裁法等领域，并随着新的国际商事交易方式的不断出现以及迅速发展变化着的国际商业社会的需要而不断扩宽和加深。

当前,经济全球化在世界范围内正在向深度和宽度上不断发展,这为国际商事领域内规则的统一创造了更加有利的条件,在这样的背景下,国际商法在未来必将得到更大的发展。

1.1.3 国际商法的渊源

国际商法的渊源,主要是指国际商事法产生的依据及其表现形式,它包括:国际商事条约、国际贸易惯例和各国国内商事法。

1. 国际商事条约

各国缔结的有关国际经济活动的国际条约或公约历来被普遍认为是国际商法的重要渊源。按照 1969 年《维也纳条约法公约》第 2 条第 1 款(甲)规定:"称'条约'者,谓国家间所缔结而以国际法为准之国际书面协定,不论其载于一项单独文书或两项以上之单独文书内,亦不论其特定名称为何。"

条约对缔约国有拘束力,国家必须遵守条约,这是根据"条约必须遵守"的古老的国际法原则得出的结论。有的国家规定国际条约直接优先于国内法适用,有的国家则要将国际条约转化为国内法才能适用。对于国际条约在国内的适用和地位,目前我国宪法没有作出统一明确的规定。

按条约适用的缔约方数量,可以把条约分为双边条约和多边条约。对于开放性的,非缔约国可以在公约生效前或生效后的任何时候加入的多边条约通常称之为公约。各国缔结的有关国际商业和贸易的国际条约或公约是国际商法非常重要的渊源。

§知识小贴士§

比较重要的国际商事条约

(1)关于国际货物买卖关系的条约:

- 1974 年《联合国国际货物买卖时效期限条约》,简称《时效公约》
- 1980 年《联合国国际货物销售合同公约》

(2)关于国际海上货物运输关系的公约:

- 1924 年《海牙规则》
- 1968 年《维斯比规则》
- 1978 年《汉堡规则》

(3)关于国际航空运输关系的国际条约:

- 1929 年《华沙公约》
- 1955 年《海牙议定书》
- 1961 年《瓜达拉哈拉公约》

(4)关于国际铁路运输关系的国际条约:

- 1890 年《国际货约》

- 1951 年《国际货协》

(5)有关国际货物多式联合运输的国际条约：

1980 年《国际铁路货物联运协定》

(6)关于国际票据关系的国际条约：

1930 年、1931 年《日内瓦公约》

(7)关于代理的国际公约：

1983 年《国际货物销售代理公约》

(8)关于知识产权的国际条约：

- 1883 年《保护工业产权巴黎公约》
- 1891 年《商标国际注册马德里协定》

(9)关于国际商事仲裁的国际条约：

- 1976 年《联合国国际贸易委员会仲裁规则》
- 1958 年《承认和执行外国仲裁裁决的公约》

2. 国际贸易惯例

国际贸易惯例是指各国商事组织在商事贸易交往中，重复类似行为而逐渐形成的习惯做法。它不是法律，不具有法律的普遍约束力，但是如果有关当事人在合同中采用了某种国际贸易惯例，该惯例对合同当事人就具有确定的约束力。有些国家的法律还规定，法院有权按照有关的贸易惯例来解释双方当事人。从这个意义上说，虽然国际贸易惯例没有普遍的约束力，无法与国际公约的效力相比，但在某些具体的当事人之间却有像国际公约一样的强制力。有些国际贸易惯例已经被某些国家纳入其国内的成文法，从而具有了法律的普遍约束力。还有些国家的国内法规定，国际贸易惯例的适用无须当事人明示表示同意。

§知识小贴士§

比较重要的国际贸易惯例

(1)国际贸易术语方面：

- 2010 年国际商会修订的《国际贸易术语解释通则》
- 1932 年国际法协会专门为解释 CIF 合同而制定的《华沙—牛津规则》
- 1941 年美国全国对外贸易协会修订的《美国对外贸易定义修正本》

(2)国际货款的收付方面：

- 2007 年国际商会修订的《跟单信用证统一惯例》
- 1995 年国际商会修订的《托收统一规则》

(3)运输与保险方面：

- 1983 年英国伦敦保险协会修订的《伦敦保险协会货物保险条款》
- 1981 年中国人民保险公司修订的《中国人民保险公司海洋运输货物保险条款》

● 国际海事委员会制定的《2004 年约克—安特卫普规则》

(4)国际仲裁方面：

2010 年联合国国际贸易法委员会修订的《联合国国际贸易法委员会仲裁规则》

3. 各国国内商事法

国际商事关系的多样性和复杂性，导致现有的国际公约和国际商事惯例不可能解决商事领域中出现的所有问题，而且有的国际商事公约和国际商事惯例也没有被一些国家承认和采用，还有一些当事人会主动选择某一国家的国内法来解决争议，所以，各国的国内商事立法在国际商法中仍占有重要地位。国内法规范在一定情况下也可以被国际化，如有关国家和私人之间的合同就可以通过依从国际法而被国际化。

一些本属于国内法范畴的规则通过依从国际法而被转化为国际法规范的例子很多。如 1958 年沙特阿拉伯美国石油公司一案的最终裁决，就是选择国际法作为裁决的准据法的。

(摘自杨士富《国际商法理论与实务》中国农业大学出版社第 7 页)

§阅读资料§

学者们对于商法的分类

按照学者们的归纳，实质意义上的商法又可以分为两种：广义的商事法和狭义的商事法。

广义的商事法包括国际和国内商事法两种。国内商事法，即国内关于调整商事关系的法规的总和。任何一个国家的商事法，都是由其商事公法和商事私法构成。商事公法是指公法上有关商事的规定，各国商事公法没有一个完整的体系，有关商事公法的规定，皆散见于各法中，如宪法、行政法、刑法、刑事诉讼法、民事诉讼法等公法中有关商事的规定。商事私法是调整私人主体间商事活动的法律规范的总称。由于在民商分立和民商合一的国家中对于商事私法的规定并不完全一致，因此商事私法的具体表现形式也会因各国立法体制的不同而有所不同。

狭义的商事法，则专指商法中的商事私法而言；一般言及商事法，也多指狭义的商事法。例如我国学者认为，商法是指调整商事交易主体在其商事行为中所形成的法律关系，即商事关系的法律规范的总称。商法主要包括公司法、保险法、合伙企业法、海商法、破产法、票据法等。

1.2 西方两大法系

法系是比较法学家按照历史传统和形式特点对世界各国法律所作出的分类。根据各国的法律特点和历史渊源传统外部特征，通常把具有一定特点的某一国的法律同仿效这一法律的其他国家的法律划为同一法系。

法学家们根据世界各国法律的基本特征划分出了世界五大法系，包括中华法系、印度法系、伊斯兰法系、大陆法系和英美法系。但其中中华法系和印度法系已经解体，并且由于历史原因，有些国家或地区，如菲律宾、南非、英国的苏格兰、美国路易斯安纳州、加拿大魁北克省的法律兼有两系的特点。另外，在亚洲和非洲的一些国家和地区的法律，往往兼有西方某一法系与原有的宗教法系的特点，如印度法律主要属于普通法法系，但又属于印度教法系；叙利亚法律主要属于民法法系，但又属于伊斯兰教法系。所以从总体上讲，对资本主义法影响最大的法系是大陆法系和英美法系，因此我们只对西方的大陆法系和英美法系进行重点介绍。

1.2.1　大陆法系

1. 大陆法系的概念

大陆法系一般是指以罗马法为基础而形成和发展起来的一个完整的法律体系的总称。

大陆法系名称的由来就是由于该法系首先是在欧洲大陆出现和形成的，它具有法典的特征，因此，大陆法系又称为法典法系和欧陆法系。

大陆法系包括两个支系，即法国法系和德国法系。法国法系是以 1804 年《法国民法典》为蓝本建立起来的，它以强调个人权利为主导思想，反映了自由资本主义时期社会经济的特点。德国法系是以 1896 年《德国民法典》为基础建立起来的，强调国家干预和社会利益，是垄断资本主义时期法的典型。法国在 19 世纪初编纂的《法国民法典》和德国 19 世纪末编纂的《德国民法典》，它们对大陆法系的发展都具有强大的推动作用，以至于把大陆法系又直接称之为民法法系。

§阅读资料§

德国的法典编纂运动

18 世纪的德国称为神圣罗马帝国，它由很多邦组成，其中最大的是普鲁士和奥地利。在 18 世纪，德国最出名的法典是《普鲁士邦法》。《普鲁士邦法》包括私法、等级法、教会法、公法和行政法、刑法等内容。其中民商法等内容在普鲁士曾施行 100 多年，直至为《德国民法典》所取代。

19 世纪初的奥地利是当时中欧另一个重要的帝国。它在 1811 年制定了一部《奥地利一般民法典》。《奥地利一般民法典》《普鲁士邦法》和《法国民法典》都是 18 世纪末 19 世纪初制定的私法法典。前二者体现贵族专制制度，后者则反映新兴资产阶级利益。

1871 年德国统一后，迅速制定各种统一的法典。1896 年，《德国民法典》通过，并于 1900 年生效。这是继 1804 年之后最重要的一部民法典。后来，瑞士、奥地利、日本、巴西和希腊等国的民法典，及中华民国时期的民法典，都在不同程度上参照了这一法典。

§阅读资料§

法国的法典编纂运动

法国在1789年革命前，法律很不统一。其南部是成文法地区，罗马法占优势，和习惯一样普遍适用；北部是习惯法地区，习惯法占优势，罗马法处于次要地位。这些习惯法是日耳曼法、教会法和地方习惯等结合而成，数量众多，十分庞杂。

18世纪法国著名思想家伏尔泰曾说过："对在法国出外旅行的人来说，改换法律的次数与改乘所骑马匹的次数一样频繁！"

1789年法国革命对旧法律制度进行了彻底的变革。制定一部与宪法相适应的民法典，被提上了历史日程。1799年，拿破仑上台后，对法国民法典的编纂工作给予了充分的重视。在审议法典草案的102次会议中，他至少参加了57次，并提出许多意见。

1803—1804年，在拿破仑的推动下，法国立法机构以36个单行法的形式（即该法典36章）分别通过；1804年3月，宣告将这些单行法并称为《法国民法典》，又称为《拿破仑法典》。

起草民法典只是法国法典编纂运动的开始。接着，法国又先后制定了4部法典。分别是：①民事诉讼法典（1807年）；②商法典（1808年）；③刑法典（1811年）；④刑事诉讼法典（1811年）。

不过，后世评论家认为，这些法典的质量远远不及民法典。尤其是商法典，明显是匆忙完成的。马克思主义经典作家对《法国民法典》作了很高的评价。恩格斯指出，这一法典是"以法国大革命的社会成果为依据并把这些成果转为法律的唯一的现代民法典"。它是以"同一个罗马法为基础而创造出来的典型的资产阶级社会的法典"，《法国民法典》和《德国民法典》的比较表如表1-1所示。

表1-1 《法国民法典》和《德国民法典》的比较表

序号	区别	《法国民法典》与《德国民法典》对比
1	代表性不同	人们一般认为，《法国民法典》代表自由资本主义时代的民法典；《德国民法典》代表垄断资本主义时代的民法典
2	结构形式不同	《法国民法典》逻辑性不如《德国民法典》，但更为实用；《德国民法典》优点是结构严谨、逻辑清楚，其缺点是内容分割和不易查阅
3	法律用语不同	《法国民法典》用语特点是概括、明确、精确；《德国民法典》用语特点是高度抽象化，较难理解
4	立法技术不同	《德国民法典》经常使用"一般条款"和"参照条款"；而《法国民法典》却很少使用

2. 大陆法系的分布范围

大陆法系是以法国和德国为代表性国家，例如，比利时、西班牙、葡萄牙、意大利、奥地利、瑞士、荷兰以及法国、西班牙、葡萄牙、荷兰等属于典型的大陆法系国家，另外，北欧各国即挪威、瑞典、丹麦、芬兰和冰岛的法律，通称为斯堪的纳维亚法律，基本上也属于大陆法系。

在亚洲，日本自 1868 年“明治维新”以来的法律和泰国等国法律，以及中国台湾地区、澳门特别行政区受日本和葡萄牙影响，亦属大陆法系。

在北美，美国的路易斯安那州及加拿大的魁北克省法律，也因历史上的原因，属于大陆法系范围。

在非洲，如刚果、卢旺达、布隆迪等国法律，由于以前的殖民地历史，属于大陆法系；北非各国的法律，如阿尔及利亚、摩洛哥、突尼斯等国的法律，也受大陆法系强烈影响。

3. 大陆法系的特点

(1)大陆法系的首要特点就是强调成文法的作用，它在结构上强调法律的系统化、归类化、法典化和逻辑性。

(2)大陆法系各国把全部法律区分为公法和私法两大部分。

(3)大陆法各国都进行大规模的法典编纂工作。1804 年的《法国民法典》是 19 世纪大陆法系法典的一个典型。除民法典之外，还有商法典、刑法典、刑诉法典等。

(4)大陆法系上述特征，都是全面地直接地受到罗马法影响的结果。

4. 大陆法系各国的法院组织

大陆法系各国的法院组织(见图 1-1 和图 1-2)虽然各有特点，但都有一些共同之处。主要表现在：

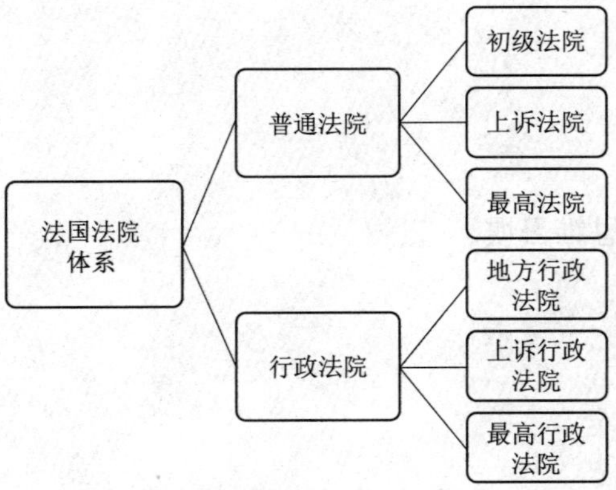

图 1-1　法国法院体系示意简图

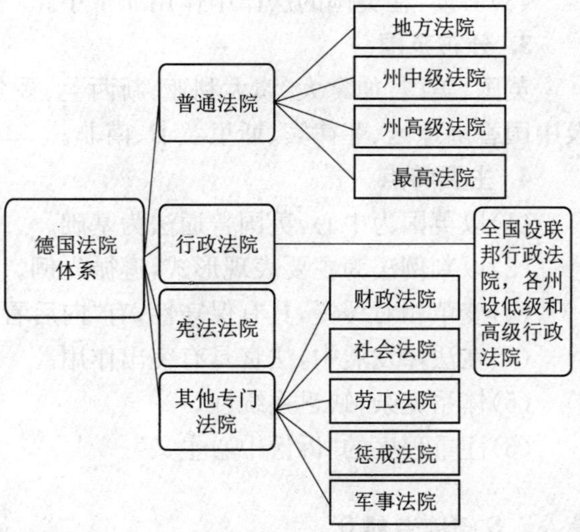

图 1-2　德国法院体系示意简图

(1)专门法院与普通法院并存；

(2)法院的层次基本相同，即都分为初级法院、上诉法院和最高法院等几个层次。各国法院基本上都分为三级，即初级法院、上诉法院和最高法院。

1.2.2　英美法系

1. 英美法系的概念

英美法系，又叫普通法系、海洋法系、判例法系、英国法系。它是指以英国中世纪(11 世纪)以来的法律,特别是以日耳曼习惯的普通法为基础形成的一种独特的法律制度。

普通法是指在1066年诺曼公爵征服英国后,威廉国王为了削弱封建领主的势力,加强王权,除发布敕令作为全国适用的法律外,通过设立王室法院,法官有选择地采用各地习惯法审理案件形成的判例,后推行全国所确立的法律制度。因为普通法是以判例形式出现的,所以又称为判例法系。王室法院法官经常到各地巡回审理,并有权撤销封建领主控制的地方法院的判决,因此普通法的发展轨迹与英国中央集权制与地方封建势力的斗争的历程基本同步的。

衡平法是普通法的对称。它发端于14世纪,兴起于16世纪,由于普通法程序的呆板和机械而无法得到救济的案件,当事人向英王及其咨询机关枢密院甚至国会提出申请,由英王的近臣枢密院大法官不受普通法约束,按公平正义原则加以审理和判决,以补充普通法的不足所形成的法律制度。

美国法律,作为一个整体来说,属于普通法法系,但它有自己的、不同于英国法的很多特征。

2. 渊源

(1)判例法:有无数的判例构成的总体。

(2)成文法:由英国的议会制定的成文的法律规定。但要经过判例采用才能发挥作用。

(3)习惯:在英国的法律中作用非常小。

3. 分布范围

英国、美国、加拿大、澳大利亚、新西兰、爱尔兰、新加坡、印度、巴基斯坦、马来西亚、中国及中国香港地区、菲律宾、斯里兰卡、南非。

4. 主要特点

(1)以英国为中心,英国普通法为基础。

(2)以判例法为主要表现形式,遵循先例。

(3)变革相对缓慢,具有保守性,有"向后看"的思维习惯。

(4)在法律发展中,法官具有突出作用。

(5)体系庞杂,缺乏系统性。

(6)注重程序的"诉讼中心主义"。

§阅读资料§

英国法的渊源

英国法的渊源主要来自于以下几个方面。

(1)判例法

判例法是英国法的主要渊源,它是由高等法院的法官以判决的形式发展起来的法律规则。判例法的一个主要特点是,法院在判决中所包括的判决理由必须得到遵循,即对作出判例的法院本身和对下级法院日后处理同类案件均具有约束力。19世纪上半叶英国法确立了"先例约束力的原则",是指法院在判决中所包括的判决理由必须得到遵循,即对作出判例的法院本身和对下级法院日后处理同类案件均具有约束力，主要包括以下三个方面：

①上议院的判决是具有约束力的先例，对全国各级审判机关都有约束力，一切审判机关都必须遵循，但上议院可不受其先例的约束。2009年10月1日上议院正式被联合王国最高法院取代。联合王国最高法院无权审理来自苏格兰的刑事案件，这些案件一概由苏格兰的高等法院审理，因此苏格兰高等法院是当地的最高刑事法院。

②上诉法院的判决可构成对下级法院有约束力的先例，而且对上诉法院本身也有约束力。

③高等法院的每一个庭的判决对一切低等法院有约束力，对高等法院的其他各庭以及对王座法庭也有很大的说服力。

④有些法院，还要遵守其以前判决中的原则。

由此可见，只有上诉法院、高等法院和联合王国最高法院（以及被替代之前的上议院）的判决才能构成先例，才具有约束力。

(2)成文法

成文法是英国法的重要渊源。成文法是由英国的议会制定的。成文法还是要通过判例法才能起作用。这是英国法的又一个特点。

(3)习惯

在英国普通法形成的过程中，法的渊源是判例法而不是习惯法。因此，习惯现在在英国法律中所起的作用极小。英国法院体系示意简图如图1-3所示。

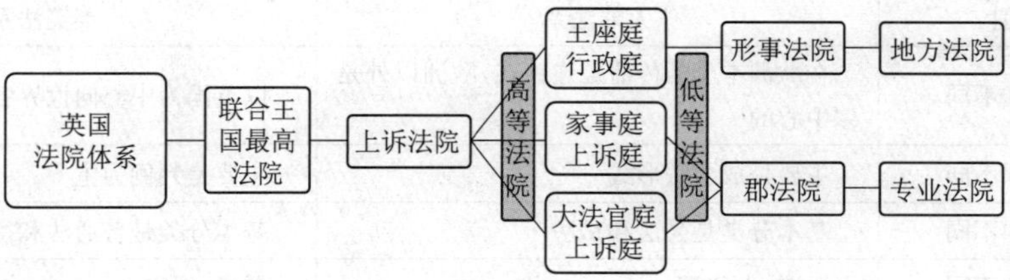

图1-3 英国法院体系示意简图

§阅读资料§

美国法的渊源

美国法一样以判例法作为法的主要渊源，而把成文法看作是对判例的补充或修正。美国法律结构的一个主要特点是，美国法分为联邦法和州法两部分。凡宪法未授予联邦或未禁止各州行使的权力均属于各州；联邦法的效力高于各州，各州不得制定与联邦法相抵触的法律，但可以制定补充性或附加性的法律。

在美国，联邦的立法权范围主要包括银行、国际贸易、州际贸易、专利权、税收等方面。凡宪法未授予联邦或未禁止各州行使的权力，均属于各州普通法方面。情况比较复杂。

美国法的渊源主要来自于判例法和成文法两方面，自19世纪以来，联邦和各州的立法活动大大加强，特别是在社会立法和经济立法方面，出现了成文法取代普通法的趋势，美国法院体系示意简图如图1-4所示。

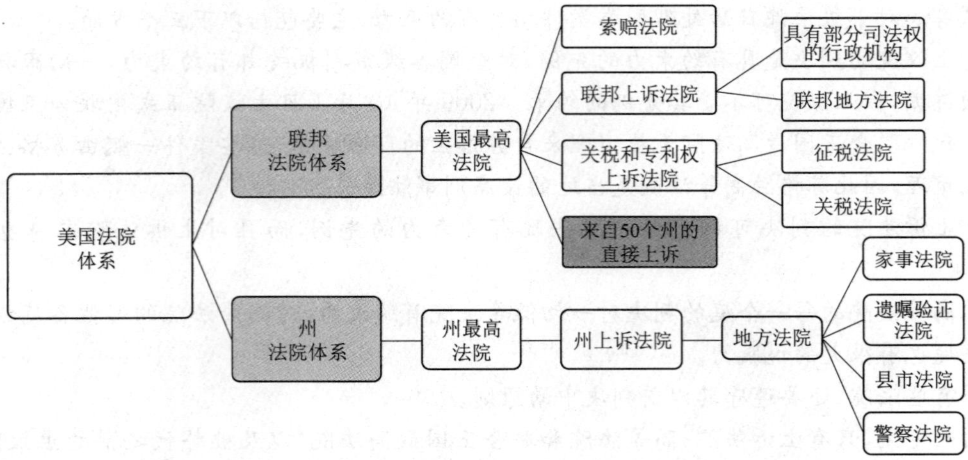

图 1-4　美国法院体系示意简图

1.2.3　大陆法系与英美法系的区别和发展趋势

上述西方两大法系无论是从法律渊源来看，还是从法律思维来看，二者的区别十分明显，如表 1-2 所示。

表 1-2　西方两大法系比较表

序号	区别	大陆法系	英美法系
1	传播方式不同	在欧洲本土的传播是连锁式，欧洲以外是多中心的	以英国为中心向世界各地放射状传播
2	法律渊源不同	主要是成文法形式	主要是判例为主
3	法律结构不同	基本分类是公法和私法	基本分类是普通法和衡平法
4	变革速度不同	迅速、大规模	缓慢、保守
5	判决技术风格不同	判决以法院名义作出，是集体意见	判决以法官个人名义作出
6	诉讼程序和判决程式不同	一般采用审理方式，以法官为中心，奉行干涉主义	采用对抗制，实行当事人主义，法官充当消极的、中立的角色
7	法律推理方式不同	实行以从一般规则到个别案件的演绎法，法官审理案件是以通用的法律去处理个别的具体问题	实行从判例到判例进而总结出法律的一般规则的归纳法，上诉法院以上的法官事实上可以创造法律规则，即所谓的“法官造法”
8	对理论与经验的重视不同	重视逻辑、概念、原则	重视经验

大陆法系与英美法系虽然存在诸多区别，但自进入 20 世纪以后，特别是第二次世界大战结束以来，两大法系也有逐渐靠拢的趋势，二者之间的差别在逐渐缩小。例如，大陆法系中判例的作用也日益明显，法官也更多地借鉴之前的案例；而英美法系中成文条款也不断地增加。二者的相互借鉴、相互融合也有利于二者更好的发展。但是，由于两大法系的历史传统不同，它们之间的基本差别还将长期存在。

思　考　题

1. 什么是国际商法？国际商法的特征是什么？
2. 国际商法的渊源有哪些？
3. 什么是大陆法系？大陆法系的特点是什么？
4. 什么是英美法系？英美法系的特点是什么？
5. 西方两大法系的区别是什么？

技能训练题

2001年3月，中国上海市贝特公司与美国美泰玩具销售公司通过往来传真达成玩具销售合同。合同约定：贝特公司向美泰公司提供玩具15万套，每套单价6美元，FOB宁波港，买方美泰公司不迟于4月5日开出不可撤销的即期保兑信用证。买方美泰公司要求签订合同确认书，卖方贝特公司同意，将卖方贝特公司签字且内容与合同相同的成交确认书寄交买方。买方美泰公司收到确认书后做了修改并签字后寄回贝特公司。贝特公司收到确认书后发现美泰公司对确认书作了修改：将开证时间由不迟于4月5日改为4月20日，将信用证的类型由不可撤销的即期保兑信用证改为远期信用证。贝特公司认为美泰公司对信用证所做的改动不能接受，随即传真美泰公司，表示不接受对信用证的修改。美泰公司不予理会。贝特公司按照合同约定，在4月5日备好货物准备发运。由于未收到美泰公司开出的信用证，贝特公司为了避免损失，于4月15日将备好的货物转卖给另一家公司，并通知美泰公司解除合同。美泰公司不同意解除合同，并认为贝特公司将货物转卖是严重违约，于是在中国仲裁机构以贝特公司违约为由提请仲裁，要求赔偿损失50万美元。

请问：本案主要涉及了哪些法律问题？哪些问题是由国际商法调整？

第2章 比较合同法

【本章重点】

1. 合同的订立程序
2. 合同的效力认定

【本章难点】

合同违约行为的分类与违约救济手段

2.1 合同法概述

§阅读资料§

合同法的历史演变

概括地说，在19世纪以前，合同法的发展，在世界范围内尚处于不发达的阶段。19世纪被称为契约的世纪。在这一历史时期，一方面，在资本主义各国，合同法的制度与过去相比有了较大的发展。另一方面，更为重要的是，合同在这一时期的经济生活中发生了至关重要的作用：这是资本主义的自由发展阶段；在这个阶段，人与人之间的关系决定于他们之间的约定，合同一旦被签署，在缔约当事人之间即具有相当于法律的效力，合同法的基本作用，在于维护业已成立的合同关系；在绝大多数情况下，政府不能以维护社会利益为由使已经签订的合同归于无效。因此，对合同当事人自主意志的尊重成为合同法中贯彻始终的原则。

20世纪以来，上述情况发生了根本性的转变：以维护社会的利益为目标，缔约双方共同的自由意志变得越来越仅仅具有相对重要的意义。例如，一方面，为了增加使合同得到执行的机会，保护交易的安全，缺乏真实合意的合同在许多情况下，也可以得到执行；另一方面，对于表面上并不缺乏合意的合同，为了使弱方当事人得到保护，也可以使之归于无效。从这种意义上说，合同与合同法的社会作用，与19世纪相比，表现出了弱化的趋势。一位从消极方面看待这种变化的英国学者感叹道："由于现代生活和政策的发展，合同自由的观念已遭受到了严重的损害。"

然而，从不同法律相互作用的整体效应看，合同法的社会作用并没有减弱，而是强化了。上文所谓的弱化，仅指合同法上的传统观念发挥的作用的减弱以及在保护合同当事人中的强者方面的作用的减弱。就合同法与公法以及其他私法的协同作用而言，今天的合同法的社会作用并没有被削弱。例如，根据早期的合同法，产品的卖方可以通过在他起草的格式合同中加入一个免责条款，免除其对产品缺陷引起的人身伤害的赔偿责任。今天，许多国家通过强制性的社会立法，宣布这类条款为无效。其结果是，一方面，已经订立和履行的合同在整体上依然有效，另一方面，合同中显失公平的和对社会有危害作用的成分被剔除了。

2.1.1 各国合同法的编纂体例

在大陆法国家，合同法是以成文法的形式出现的，它们的合同法都包含在民法典或债务法典中。

在英美法国家中，关于合同的原则主要包含在普通法中，它们的合同法是判例法。

我国在1999年10月1日实施《中华人民共和国合同法》(以下简称《合同法》)，属成文法。

2.1.2 合同的概念和特征

广义合同除债权合同外，还包括物权合同(如设定抵押权的合同)和亲属关系方面的合同(如协议结婚、离婚、收养等)。

狭义的合同仅指债权合同，即当事人之间为设立、变更或终止债权债务关系而达成的协议。

法国、日本和英美法系国家的合同法均采用狭义的合同概念，而德国民法采用的是广义的合同概念。

我国《合同法》采用了狭义的概念，在我国《合同法》第二条中规定：本法所称合同是平等主体的自然人、法人、其他组织之间设立、变更、终止民事权利义务关系的协议。婚姻、收养、监护等有关身份关系的协议，适用其他法律的规定。

但是，无论对合同概念如何表述，各国合同法普遍认为合同具有以下几个特征：

(1)合同是平等地位的当事人之间的协议；

(2)合同是当事人之间设立、变更或终止债的关系的协议；

(3)合同是具有法律约束力的协议。

2.1.3 合同的分类

依据成立条件和法律效力不同，合同可以划分成不同的类别。不同种类的合同有不同的规则，这是我们要注意和掌握的，合同的具体分类方法如表2-1所示。

表2-1 合同分类标准与特征

分类标准	分类名称	特征	分类意义
1. 按当事人双方是否互为义务划分	单务合同	一方当事人承担义务，不兼有债权人的身份	单务合同是一方履行义务，因而不存在履行顺序的问题，因而单务合同是不能成立履行抗辩权的
	双务合同	双方当事人互负义务	
2. 按当事人取得权利有无代价(对价)划分	有偿合同	是交易关系，是双方财产的交换，是对价的交换	①确定对价关系 ②生效条件不同 ③对当事人的意思能力要求不同 ④当事人的责任不同 ⑤善意取得的作用不同
	无偿合同	不是财产的交换，是一方付出财产或者付出劳务	

续表

分类标准	分类名称	特征	分类意义
3. 按成立合同是否必须具有某种形式划分	要式合同	指法律规定合同具备特定的形式才能成立或者有效的合同	①成立要件不同 ②生效要件不同
	非要式合同	法律没有要求特定形式的合同	
4. 按合同是否使用事先拟定的格式条款划分	格式合同	当事人一方预先拟定合同条款，对方只能表示全部同意或者不同意的合同	法律对格式条款有四个要求： ①提供格式条款的一方应该按照公平原则来确定当事人的权利与义务 ②提供格式条款的一方有提示和说明义务 ③不得违反《合同法》禁止性的规定 ④对格式条款的理解如果发生争议，要作不利于提供方的解释
	非格式合同	当事人自由协商一致订立，未采用事先拟定的固定条款的合同	
5. 按合同的成立是否需要交付标的物划分	诺成合同	指当事人双方意思表示一致就可以成立的合同	二者成立、生效的要求不同 （定金合同、借用合同、自然人之间的借款合同、保管合同等属于实践合同，但赠与合同为诺成合同）
	实践合同	指除当事人双方意思表示一致以外，尚须交付标的物才能成立的合同	
6. 按意思表示方式的不同进行划分	明示合同	明示是使用直接语汇实施的表示行为，除常见的口头语言、文字、表情语汇外，还包括依习惯使用的特定形体语汇	明示分为口头形式和书面形式，书面形式又分一般书面形式和公证、登记等特别书面形式； 默示形式只有在有法律规定或交易习惯允许时才被使用。按默示时的作为和不作为又可划分为推定和沉默
	默示合同	默示形式是含蓄或者间接表达意思的方式。默示所包含的意思，他人不能直接把握，而要通过推理手段才能理解	
7. 英美法系将合同分成两类	签字蜡封合同（盖印合同）	签字蜡封合同的形式：合同以书面的形式作成，双方当事人签署并加盖印戳，然后将合同互相交付给对方。只要在合同上贴上标签，上面写上“Seal”或“L. S”（即 loco sigilli）交给对方，这种合同具有合法的要约和承诺的形式，就具有法律效力，不要求有任何对价	必须采用签字蜡封形式的合同有： ①没有对价的合同； ②转让地产或地产权益的合同，包括租赁土地超过三年的合同； ③转让船舶的合同

续表

分类标准	分类名称	特征	分类意义
7. 英美法系将合同分成两类	简式合同	这类合同必须要有对价，否则就没有法律约束力，即对价是一种将当事人粘在一起的胶合剂	必须采用签字蜡封形式的合同有： ①没有对价的合同； ②转让地产或地产权益的合同，包括租赁土地超过三年的合同； ③转让船舶的合同
其他关于合同的分类：包括有名合同与无名合同、束已合同与涉他合同、主合同与从合同			

2.1.4　合同的要件

1. 合同的成立要件

当事人的意思表示一致是各国通认的合同成立要件。法律上把订立合同的意思表示分别称为要约与承诺，这也是订立合同必经的两个阶段。合同的成立，只是合同生效之前的形式要件，具体是否能够达到对双方当事人有法律约束力的程度，还需要满足生效条件。

2. 合同的生效要件

关于合同的生效要件，虽然大体上各国的规定具有一致性，但在具体条件和要求上，还是有较大的差别，具体内容会在后文中加以详细介绍。总体上，各国在规定合同的生效条件时，大概需要满足以下几点：

1)当事人应当具有订立合同的能力

行为人必须有缔约的能力，才能使合同有效订立。当事人的"能力"，包括其权利能力和行为能力。

(1)自然人的权利能力。权利能力是法律赋予民事主体享受权利和承担义务的资格，它具有和人身不可分割的性质。这种能力从出生开始，到死亡结束。

死亡分自然死亡和宣告死亡。宣告死亡是对死亡法律上的推定。

如：我国《民法通则》中规定，公民下落不明满 4 年的，人民法院可以依利害关系人的申请宣告其死亡。

英国法中使用"死亡推定"的概念，自然人 7 年没有音讯的，可以推定其死亡。宣告死亡或推定死亡的法律后果与自然死亡相同。

(2)自然人的行为能力。行为能力是指以自己的行为取得权利和设定义务的能力，即以自己的行为独立实现权利能力的资格。

大陆法国家和英美法国家均认为，完全没能力作出符合逻辑的决定的人，他所作出的承诺(行为)没有任何法律效果。英美法的"缔约无能力原则"认为：契约对于在缔约时欠缺合理选择能力的当事人不具有强制执行力。

§知识小贴士§

自然人的行为能力的划分

确定自然人的行为能力，一般依据“年龄”和“理智”两个因素。

各国对成年人的年龄的规定不一：中国、英国、法国、德国和美国的大部分州规定为 18 岁；奥地利规定为 19 岁；瑞士、日本、韩国规定为 20 岁；丹麦、意大利、比利时、西班牙、葡萄牙、阿根廷和一些北欧国家规定为 21 岁。

大多数专家认为，对介于 16～18 岁的未成年人，有些针对草率合同的保护仍是有必要的。中国法律在解决这个问题时采取了以下规定：16 周岁以上不满 18 周岁的未成年人，以自己的劳动收入为主要生活来源者，视为具有完全民事行为能力的人。

除年龄因素外，“理智”也是各国确定一个人的行为能力的重要因素。这方面，大陆法系国家的民法有宣告“禁治产人”的规定，而英美法系的法中有“宣告为精神病人”的制度，受到这种宣告的人均没有订立合同的能力。此外，英美法系国家对于因酗酒而影响其判断力情形下订立的合同，也倾向于否定其效力。

2)合同内容合法

内容合法是合同产生法律效力的根本前提，各国法律都规定合同不得违反其本国的法律和公共秩序。如在英美法系中，赌博合同、高利贷合同、违反行业执照管理的合同以及与敌国贸易的合同等，都属于违法合同，因而是无效的。

“公共秩序”一词，是大陆法系的用语，英美法系则使用“公共政策”的概念。公共秩序是一个弹性概念，西方国家的法官在行使所谓“自由裁量权”时往往对它作出不同的解释。例如，合同中含有限制性商业条款或关于排除或限制产品责任的规定等内容，在很多国家的判例中被认定为违反公共秩序或公共政策。

在我国的《合同法》中也规定，合同的订立和履行，不得违反中华人民共和国法律或者损害社会公共利益。这是我国《合同法》中对合同内容合法性的具体要求。

3)当事人的合意具有真实性

意思表示，指向外部表明意志发生一定法律效果的意思的行为。意思存于内心，是不能发生法律效果的。当事人要使自己的内心意思产生法律效果，就必须将意思表现于外部，即将意思发表。发表则须借助语言、文字或者表意的形体语汇。意思表示不真实，是指行为人表现于外部的意志与其内心的真实意志不一致，即行为人表示要追求的某种民事后果并非其内心真正希望出现的后果。

合同是双方当事人意思表示一致的结果，如果当事人意思表示有瑕疵，即意思表示与真实的意思表示不一致，这时，双方当事人虽然达成了协议，但这种合意是不真实的。对这种合同而言，作了错误的意思表示的一方，或受诈欺、胁迫、不利影响的一方当事人能否以此为理由主张该合同无效，或要求撤销该合同，各国通常规定，法定情形下的意思表示瑕疵，如错误、诈欺、胁迫、显失公平等，以真实的意思表示为准。

我国《合同法》中规定，因重大误解订立的合同、在订立时显失公平的合同，以及一方以欺诈、胁迫的手段使对方在违背真实意思的情况下订立的合同，受损害方有权请求人民法院或仲裁机构变更或撤销。

4)约因或原因

约因一词又译为“对价”,是英美法系合同法中的一个重要概念。大陆法系和英美法系都有这样一个格言:没有约因的口头合同不产生诉权。约因或原因是很多国家法律对合同有效成立的一个基本要求,没有有效的约因或原因的合同不能产生法律约束力。这个问题在英美法系中尤其突出。

我国在合同成立的问题上,没有严格的约因要求。

5)合同应当符合法定形式

合同的形式是指订立合同的当事人达成的协议的表现形式。按成立合同是否必须具有某种形式可划分为要式合同与不要式合同。

大陆法系在合同形式问题上,以非要式为原则,只对某些合同才规定必须以法定形式订立。在大陆法中,合同大多都是非要式合同,无论采用口头或书面形式,都产生法律效力。

英美法系中合同大体上可以分成两类:签字蜡封合同和简式合同,在签字蜡封合同和简式合同中,都有部分合同要求必须采用书面形式签订。

联合国《国际货物销售合同公约》中对国际货物销售合同的形式不加任何限制,合同可以采取口头形式、书面形式或其他任何形式。

我国也采取了和《国际货物销售合同公约》类似规定,《合同法》中明确指出,当事人订立合同,可以采取书面形式、口头形式和其他形式,但法律有特别规定的除外。

2.2 合同成立

合同订立是指合同双方在平等、自愿的基础上,就合同的主要条款达成一致。从法律上看,合同订立可以分为要约和承诺两个阶段。按各国法律规定,合同订立的要件一般有以下几方面要求:一是订约主体存在双方或多方当事人,订约主体可以是将来的合同当事人,也可以是代理人;二是订约主体对主要条款达成合意;三是合同的订立要具备要约和承诺两个阶段。

2.2.1 要约

1. 要约的定义

要约是具有足够的确定性并包含一旦被接受合同即成立的意图的订立合同的建议。这一定义包含了以下三个方面的意思:

(1)要约是一种订立合同的建议,应是行为人希望以某种条件与他人订立合同的意愿表达。

(2)要约必须有足够的确定性。要约是一种意思表示,意思表示由内在的意思和外在的表示两个方面构成。要约的确定性决定和影响要约的意思的存在。当意思表示缺乏起码的、必须具备的确定性时,从法律上看,表意人并没有成立合同的意思。在这种情况下,要约作为一种意思表示也就不可能存在。但是,在现代的立法和司法实践中,为了使业已订立的合同得到履行,保护交易的安全,挽救确定性有瑕疵的要约,也成为重要的考虑。

§知识小贴士§

各国关于买卖合同的要约

关于成立货物买卖合同的要约，法国法并不要求其中包含所有的或内容全面的交易条件。根据《法国民法典》第1583条，“当事人双方就标的物及其价金相互同意时……买卖即告成立”。其中的标的物，应理解为包括了标的物的数量。因此，如果要约中包含了标的数量和价格，要约即已具有足够的确定性。而英国的判例则更进了一步：依英国上诉法院1934年的一项判决，在买卖双方未约定价格的情况下，成交的石油的价格为“合理的价格”；在合同中包含了仲裁条款的情况下，该价格应由仲裁庭确定。类似的规则也得到了《美国统一商法典》的采纳。

要约须具有确定性的原则为我国《合同法》采纳，我国《合同法》中规定，要约的内容须“具体确定”。

(3)必须包含一旦被接受合同即告成立的意思。这是要约区别于要约邀请最关键性的因素。在决定表意人是否具有这种“一旦被接受，即对自己发生约束力”的意思方面，英美法院发展了一系列反映商业实践做法的规则。其中重要的有以下几个方面：

①建议的语言是否表明“一旦被接受即产生约束力”。例如，作为一般规则，广告并不是要约，但是在英国法院1893年审理的Carlill v. Carbolic Smoke Ball Co. 案中，法官没有照搬这一原则。被告在广告中说：如果有人按被告的说明使用该公司生产的“香烟丸”，连用两星期后仍患有流感，被告将支付100英镑作为补偿；为表示诚意，被告已将1 000英镑存入银行。日后，当原告真地索要该奖金时，被告称这只是一种商业上的吹嘘(puff)，而不是认真的意思表示。这一主张没有被法院接受。上诉法院判决说：该广告中“已将1 000英镑存入银行”的用词显示了被告的“诚意”，这是被告意在使自己在法律上受到约束的强有力的证据。

②建议是否向特定的当事人发出。一般而言，向公众提出的而不是向特定的人提出的成立合同的建议，是希望让收到建议的人向表意人发出要约。因此，这类建议一般属于要约邀请。通常，广告就具有这种性质。

在我国《合同法》中规定商业广告为要约邀请：“商业广告的内容符合要约规定的，视为要约”。这些规定，与英美法上的原则并没有实质性的区别。

③建议包含的合同条件是否全面、具体、明确。建议的合同条件的全面、具体和明确起着双重作用：首先，包含这样的条件的建议通常不缺乏确定性；其次，建议的合同条件越详尽具体，越有可能被收到建议的一方理解为包含了一旦被接受即对建议人产生约束力的意思。进一步说，交易的标的越大、性质越复杂，法院对要约在形式上的正规性和在内容上的具体、详尽的要求越高。

例如，对于大型公司的转让，只有正规的合同文本(formal contract)才能证明当事人有正式签约的意思而不是仅有签约的意向。而对于租赁一部机器的简单交易，法院可能只要求达成简单的备忘录，其中只须包括起码的合同条件。这种做法在美国法院现代的审判实践中可以看到大量的例证。

要约须包含被接受时合同生效的意思的原则也已为我国《合同法》接受。该法第 14(2)条规定,要约须"表明经受要约人承诺,要约人即受该意思表示约束"。

2. 要约的撤销

撤销要约的含义是:要约人在要约被受要约人接受之前向受要约人发出要约失效的通知,使其不再受要约的约束。关于要约人是否拥有这种权利,在传统上,英美法与大陆法存在着重大分歧,但时至今日,这种分歧已部分地缓解。

(1)英美法系原则上可随意撤销,但也有例外。依普通法,要约作为一种诺言在被承诺之前没有对价,因而对要约人没有约束力。今天,英国对于这一传统规则作了某些变通。例如,根据 1948 年公司撤销认购股票或债券的要约受到一定的限制。在美国,涉及要约的可撤销性,多数州的法院的做法与普通法的原则已经有了很大的背离。例如,如果要约是限期承诺的,受要约人只要在该期限内向要约人提供了对价,该要约就成为不可撤销的。根据《美国统一商法典》第 2－205 条,关于成立货物买卖的要约,如果由一个商人发出,并且是书面的和经要约人签字的,在要约规定的承诺期内,不得以无对价为理由撤销。不过,该不可撤销的期限在任何情况下不得超过 3 个月。

(2)大陆法系原则上不可撤销,但也有例外。大陆法系国家普遍在原则上认为,要约对要约人有约束力;要约一经生效便不能再撤销。不过为了兼顾要约人的利益,一些国家又对上述原则作了如下限制:如果要约规定了承诺期,要约人在该期限内不得撤销要约。这一限制可见于《德国民法典》第 148 条、《瑞士债务法》第 3(1)条、《日本民法典》第 521(1)条。法国法院在审判实践中也确认,如果要约中规定了承诺的期限,该方在此期限内不能撤销要约。

3. 要约的有效期间

一般而言,各国普遍承认以下是使要约失效的特定事由:要约中规定的承诺时间已过;要约被受要约人拒绝;受要约人提出反要约;要约人死亡或丧失能力,而受要约人作出承诺之前已知道这种情况。

在没有发生上述特定事由的情况下,英国的判例规则是:要约于合理的期间过后失效。关于什么是要约失效的合理期间,取决于每一个案件的具体情况。其中,要约所采用的通信手段的快慢是一个重要因素。如果要约用电报发出,则法院有理由认为,要约人的意思是让受要约人迅速作出承诺。在这种情况下,如果受要约人没有立即作出承诺,或没有采用快捷的方式作出承诺,要约即丧失效力。

英国法上的上述合理期间规则也为美国法所采纳,但对于货物买卖合同,《美国统一商法典》又进一步规定,在任何情况下,这一时间不得超过 3 个月。

在法国,有的法院判决,在要约中未规定承诺期的情况下,如果要约是向不特定的人发出的,要约人可不受限制地将其撤销;反之,如果受要约人是特定的当事人,法院应根据案件的具体情况,包括合同的性质和交易的习惯,确定一个合理的承诺期限。

依照《德国民法典》规定,"向对话的人所为的要约,承诺应立即为之",以电话为要约者,亦同;"向非对话人为要约,承诺仅得在通常情形可期待达到的时期内为之"。显然,这一规定与英、美、法等国的规则是类似的。

关于要约的有效期间，我国《合同法》中兼采了各国法的内容，规定："要约没有确定承诺期限的，承诺应当依照下列规定到达：(1)要约以对话方式作出的，应当即时作出承诺，但当事人另有约定的除外；(2)要约以非对话方式作出的，承诺应当在合理期限内到达。"

§案例参考§

朗尼诉斯科拉尼克案(1954 年)

被告在报纸上刊登了一则卖地广告，说明 2 500 块出售。原告看到广告之后，写信给被告询问土地的确切位置，被告告诉原告这块地在某个山脚下，原告就按指示去察看，回来之后又给被告去信，描述了他所看到的地的特征，询问是否就是这块地。被告回信说，就是这块地，不过你如果要买的话，就要快。原告据此认为被告要卖地给他，并到银行去贷款准备购买这块地。但过了两天，等到原告要付钱买地时，被告告诉他地已经卖给别人了。于是原告起诉到法院，要求强制履行，如果强制履行不行的话，那就要求损害赔偿。

那么，这个案件中，双方通过信件往来，到底构不构成有效的要约呢？法院认为，被告跟原告说，这个地你要买的话就快点，不然就要卖给别人了，这个不是要约，而是要约的诱引，美国人称之为 invitation to treat，而英国人称之为 invitation for offer。要约诱引看起来像要约，但不是要约，不能对其进行承诺。英美法上，报纸上的广告、超市货架上货物都是要约诱引。但是，并非所有的广告都是要约诱引，也有例外。

2.2.2 承诺

1. 承诺的定义

承诺是接受要约的意思表示。更确切地说，承诺是受要约人按要约限定的方式对要约人作出的接受要约中包含的合同条件的意思表示。

承诺的构成须符合以下条件：

(1)承诺须由受要约人对要约人作出。

§小思考 2-1：

如果甲对乙说："请问一下你哥哥，愿不愿意把他的那匹马卖给我，我出价 15 000 美元。"两天之后，乙对甲说："我哥哥说愿意按你出的价格成交"，合同并没有成立，除非乙得到了他的哥哥(丙)的授权。在此例中，依甲的意图，乙不是受要约人，丙才是受要约人；乙无权对甲的要约作出承诺。

考核知识点：承诺作出的主体。

(2)承诺必须是对要约的回复。承诺是受要约人在收到要约并理解其内容之后同意按要约中提出的条件与要约人订立合同的意思表示，是对要约的回复。如果受要约人在不了解要约内容的情况下实施了要约所要求的行为，或者，两个内容完全相同的要约交叉地发出，则并不能使合同成立。

(3)承诺应当是对要约的无条件接受。如果受要约人在收到要约之后表示接受要约，但同时又附加了一些条件，这样的意思表示就构成反要约或称附条件的要约。从性质上说，反要约不是承诺，而是新的要约。

(4)承诺须采用要约限定的承诺方式，除非未采用该方式并不会损害要约人的利益。要约人有权对承诺的方式进行限定，这是为各国法律普遍接受的观点。采纳这一规则，是为了保护要约人的合法权益。

在某些情况下，受要约人不按要约限定的方式承诺不会损害要约人的利益，反而会对要约人有利。例如，甲向乙发出要约，要求乙用信件承诺，乙用传真作了承诺。该承诺通常是有效的。

§小思考 2-2:

例如，甲在 1 月 1 日对乙说:"如果你把我的栅栏漆成蓝色，我付给你 500 美元。我必须在 1 月 5 日之前得到你的答复"。乙听到之后没有作任何许诺。可是到 1 月 3 日，当甲外出时，乙开始漆甲的栅栏。1 月 6 日，甲通知乙，该要约已经撤销。

问:甲的撤销是否有效?

考核知识点:承诺作出的方式。

2. 承诺生效的时间

承诺生效的时间即合同成立的时间。关于承诺生效的时间，存在着"投邮主义"与"收邮主义"的分歧。前者指承诺于承诺的信件或电报寄出时生效，后者指承诺于承诺的文件到达要约人时生效。

在英美法系国家，基本都采纳了投邮主义。

在以德国为代表的一些大陆法系国家，收邮主义得到了遵循，但瑞士和日本采纳的是投邮主义。

法国的审判实践关于这一问题并没有创制出原则性的和一致的规定。

目前，在国际商事领域，合同法的发展更倾向于采纳收邮主义。《国际货物销售合同公约》第 18(2)条和《国际商事合同通则》第 2.6(2)条都采纳了这一规则。其最重要的理由是，如果承诺的文件在中途丢失，依投邮主义，合同已成立，要约人就可能在不知情的情况下受合同的约束。这种因邮件丢失而导致的风险由受要约人承担更为公平，因为该方作为文件的投递人，可以采取措施防止这种风险发生。

在我国采纳的也是收邮主义，我国《合同法》中明确规定:"承诺通知到达要约人时生效"。

2.3　当事人缔约能力

2.3.1　自然人的缔约能力

自然人是指基于自然出生而具有法律人格(指作为民事权利义务主体的资格)的人，包括内国人、外国人和无国籍人。

1. 英美法系规定

在英美法系国家，无缔约能力的自然人包括：未成年人、有精神缺陷的人和酗酒的人，英国法中无缔约能力自然人订立合同的效力状态如表 2-2 所示。

表 2-2 英国法中无缔约能力自然人订立合同的效力状态

无缔约能力自然人	订立合同的效力状态
未成年人	有四种情形订立的合同是绝对无效的； 有两种情形订立的合同是绝对有效； 有六种情形订立的合同是可以撤销
有精神缺陷的人	有条件的不受合同约束
酗酒的人	有条件的不受合同约束

1)英国法

(1)英国法中对未成年人的限制。

英国《1969 年家庭法律改革法》规定，年龄不满 18 周岁的自然人称为未成年人。《1987 年未成年人合同法》确立了未成年人订立合同的基本规则：未成年人没有缔约能力，未成年人订立的合同对未成年人一般没有约束力，如果对方当事人是成年人，则对成年人有约束力。

根据 1874 年《未成年人免责法》第一条规定，由未成年人订立的下列合同，无论其采取盖印合同还是简单合同形式，均属于绝对无效的合同：

一是借贷或出借货币的债务合同；

二是出让或被让与非必需品的合同(包括买卖、租赁等)；

三是一切由未成年人签字或确认的账单欠条。

四是根据 1892 年《(未成年人)博彩租借贷法》的规定，未成年人所订立的一切在其成年后方偿还债务的协议均属无效合同。

英国法规定未成年人订立的对未成年人肯定有约束力的两种情况，分别是：

一是为必需品而订立的合同，必需品是指适合于未成年人或其他有关人员的生活条件，并且在出售和交付时是他们实际需要的物品。

二是对其有利的具有教育性质的合同。根据英国法律，只有为未成年人利益而订立的教育、服务或学徒合同，以及其他有利于未成年人谋生的合同(非贸易合同)，才对该未成年人有约束力；如果此类合同有损于未成年人的利益，则不具有效力。

§知识小贴士§

认定“必需品”需要满足的条件

①它必须是适合当事人生活条件的；

②它必须在出卖时是当事人所需要的；

③它必须在交付时是当事人所需要的；

④它必须在出卖和交付时其他人(卖主)尚未向当事人充分提供的。

综上所述，未成年人为其利益而有效订立的教育、服务、训练、学徒等合同只限于非贸易性合同。如果未成年人从事贸易活动，由此而订立的贸易合同无论对其怎样有利，也不产生约束该未成年人的效力。

按英国法律规定，未成年人订立的可撤销合同是指由未成年人订立的，对其具有延续性或永久性利益，并对其产生延续性责任的合同。即未成年人在达到成人年龄时或者在成年后一段合理的时间内可以撤销的合同，主要是包括以下 6 种：

①未成年人购买或租用土地的合同；

②未成年人的婚姻合同；

③未成年人购买股票的合同；

④未成年人的合伙合同；

⑤雇佣合同；

⑥持股合同等，这些合同在撤销以前对成年人是有约束力的。

值得说明的是，未成年人有权撤约的期限不仅限于未成年期内，而且还包括成年后一段"合理的期间"。至于合理期限的具体长短，则取决于具体案情和裁判。

还应强调的是，可撤销的合同在未成年人成年之前不具有约束力那只是相对未成年人而言的。也就是说，此类合同在当事人未成年期间仅对未成年人不具有强制执行效力，但对于对方（成年方）却具有强制效力。

(2)英国法中对精神病人的限制。英国普通法的规则规定，精神病人应当受他订立的合同的约束，但如果他能够表明由于他的精神状况，他不能理解自己在干什么，并且对方当事人意识到了他的这种无行为能力的状况，那就可以不受合同的约束。

对酗酒的人或吸毒者的缔约能力，英国在判例中确认的检验标准是：醉酒的人或吸毒的人证明自己醉到或者中毒到不知道自己在做什么，并且对方当事人也知道这一点，合同对醉酒的人或吸毒者没有约束力，否则就应受合同的约束。

2)美国法

美国法中无缔约能力自然人订立合同的效力状态如表 2-3 所示。

表 2-3　美国法中无缔约能力自然人订立合同的效力状态

无缔约能力自然人	订立合同的效力状态
未成年人	一般都属于可撤销合同
有精神缺陷的人	原则上为可撤销合同
酗酒的人	原则上为可撤销合同

(1)美国法中对未成年人的限制。美国绝大多数州都把成年人的标准定在年满 18 周岁。18 周岁以下的人是未成年人，没有订立合同的能力，未成年人与他人订立的合同一般都属于可撤销合同。也就是说，未成年人与他人订立合同是否成立、能否有效，决定权在未成年人手中。

未成年人对合同撤销权的行使既可以在其成年之前，也可以在其成年之后。未成年人对合同的撤销权可由他本人行使，也可以由他的父母或其他监护人行使。未成年人撤销合同必须把整个合同都撤销，不能仅仅撤销使其承担义务的那一部分。未成年人对其撤销合同的权利的放弃被认为是对合同的确认。未成年人在成年之前不能对合同作有效的确认，也就是说未成年人在成年之前所作的放弃其撤销合同的权利的表示是无效的，因为该确认行为或表示行为本身就是可以撤销的。

当未成年人订立的合同经未成年人的请求而撤销时，一般的原则是要求他们双方返还利益，在经济上恢复到合同订立之前的状态。但也有例外，如未成年人对于他所享用的由另一方提供的服务，不用支付费用；对于他使用过且已贬值或损坏的产品，只需将该物按现有状态返还给对方；对于其他的损失，不负赔偿责任，美国法中未成年人订立合同的效力如表 2-4 所示。

表 2-4　美国法中未成年人订立合同的效力

合同效力状态	一般都属于可撤销合同
撤销权行使时间	撤销权的行使既可以在其成年之前，也可以在其成年之后
撤销权行使主体	可由他本人行使，也可以由他的父母或其他监护人行使
合同撤销的后果	双方返还利益，在经济上恢复到合同订立之前的状态（有例外：如未成年人对于他所享用的由另一方提供的服务，不用支付费用；对于他使用过且已贬值或损坏的产品，只需将该物按现有状态返还给对方；对于其他的损失，不负赔偿责任。）

(2)美国法中对精神病人的限制。美国现代法律认为，由于精神上的缺陷所造成的能力丧失可以是多种原因，仅仅证明当事人有丧失能力的表现还不足以说明他已经不具有缔约能力，要证明当事人不具有缔约能力有两个检验标准：一是认识标准，必须有证据证明当事人不能正确理解交易的性质和后果。二是意志标准，是指行为人不能有效地控制自己的行为。这两个检验标准只要具备一个，就说明当事人不具备缔约能力。但比较而言，认识标准是主要的和基本的标准，而意志标准是例外的和补充的标准。

在美国，精神病患者订立的合同在大多数州都被认为是可撤销合同，撤销权由无缔约能力的精神病患者一方行使，其对合同撤销或确认的规则与关于未成年人的合同的相关规则基本一致。

(3)美国法中对于醉酒者及吸毒者订立合同的特殊规定。美国法律规定，一方由于醉酒而不能理解合同的性质和内容使合同成为可撤销的合同，但另一方必须有理由知道他正在与一个醉酒者订立合同。在通常情况下，另一方是有理由知道这一点的，因为一个人喝醉了是容易被人看出来的。适用于醉酒人的法律规则也同样适用于因吸食毒品而丧失缔约能力的人。

2. 大陆法系规定

1)德国法

(1)无行为能力人。《德国民法典》规定无行为能力人包括以下几种：

①未满 7 周岁者；

②因精神错乱不能自由决定意志者，而按其性质此种状态并非暂时的；

③因患精神病而受禁治产的宣告者。

(2)禁治产人。《德国民法典》中规定有下列情形之一的，得宣告为禁治产人：

①因精神病或精神耗弱不能处理自己事务者；

②因挥霍浪费致自己或其家属有陷于贫困之虞者；

③因酗酒成癖或吸毒不能处理自己事务，或致自己或其家属有陷于贫困之虞，或危及他人安全者。

(3)未成年人。德国法律按年龄把未成年人分为无行为能力人(不满7周岁者)和限制行为能力人(已满7周岁未满18周岁者)。无行为能力人没有缔约能力，其意思表示无效。限制行为能力人订立的合同一般需要其法定代理人的同意或追认才能生效，或者经未成人在其成年后的追认后生效。合同另一方当事人有权催告未成年人的法定代理人追认，也可以在法定代理人的追认前撤销合同，但如果合同另一方当事人明知未成年人未取得其法定代理人的同意而与之订立合同，则不得撤销合同。

限制行为能力人在三种情况下无须其法定代理人的同意而自行订立合同：一是为纯获利益而订立的合同；二是利用自己的零用钱订立的金钱给付合同；三是在被政府许可的情况下订立的劳务合同。

(4)精神病人。在德国，因精神错乱不能自由决定其意志者被视为无行为能力人。《德国民法典》第105条规定："无行为能力人的意思表示无效。在无意识或者暂时性精神错乱状态时作出的意思表示无效。"这里就包括了精神病、深度醉酒、强剂量吸毒等作出的意思表示。

1992年德国《照管法》规定，如果成年人由于心理疾病或身体、精神上的残障而完全或部分不能处理其事务，则由监护法院经其申请或依职权为其任命一名照管人，对于被照管人的事务，照管人应当视其是否符合被照管人的幸福作出处理。

2)法国法

(1)未成年人。《法国民法典》第488条第1款规定："年满18周岁为成年，满18周岁的人，有能力实施民事生活之所有行为。"

未成年人为无实施法律行为能力的人，未成年人只有通过解除亲权而依法获得行为能力。根据《法国民法典》第476条和第477条的规定：①未成年人结婚，依法当然解除亲权；②即使未婚，在年龄达到16周岁时也可以解除亲权。"解除亲权的未成年人，如同成年人，有进行一切民事行为的能力。"

未解除亲权的未成年人在法律规定的限制范围之内无缔结契约之能力。《法国民法典》第1312条还规定，合同被撤销后，未成年人有权要求相对方返还财产，而相对方则无权要求未成年人返还其所受的给付，除非未成年人所接受的利益依然存在。

为了维护交易安全、保护善意当事人的合法权益，法国法律也确认两种情况下未解除亲权的未成年人订立的合同有效。一是未成年人如果用欺诈手段使相对方误认为其具有行为能力而订立的合同有效；二是未成年人订立的合同如果不存在对未成年人的损害，则合同有效。

(2)精神病人。法国现行的成年人监护制度是按照1968年的68—5号法令，根据需要保护的成年人的不同需求对其进行更细的划分，分为司法保护、监护和财产管理三种情况。

第一，司法保护，是指对精神官能失常、在民事生活行为中需要保护的成年人，置于司法保护之下，保留行使其权利。成年人可因欠缺实际行为能力，主张合同无效，也可因自身的能力障碍提出因有失公平受到损害而撤销,或因花费过量而消减。司法保护是对于具有一定行为能力的被监护人而设立的,其和地为能力丧失的程度较轻,当被监护人恢复正常状态时法院裁定终止司法保护。

第二,监护,是指成年人在民事生活的行为中需要由他人持续代理时,得对其设立监护。原则上监护人代理受全部民事活动,监管受监护人身体、谨慎稳妥管理受监护人财产。

第三,财产管理,是指成年人处于尚不属于完全不能自己行为的状态。受财产管理的人不必每笔交易都征得管理人的同意,其有权决定日常生活中的小额交易和频繁发生的日常交易行为,可以自行订立遗嘱,在管理人的协助下,还可以根据自己的意愿完成赠与行为。

3. 中国法的相关规定

2017 年 3 月,第十二届全国人民代表大会第五次会议表决通过了《中华人民共和国民法总则》(以下简称《民法总则》)。《民法总则》是民法典的总则编,又被称为“社会生活的百科全书”,它对民事活动的基本原则和一般性规则作出规定。在《民法总则》第二章第一节中关于“民事权利能力和民事行为能力”部分,对自然人的缔约能力作出了明确规定(见表 2-5),按照现在的《民法总则》,18 周岁以上的自然人为完全民事行为能力人,8 周岁以上的未成年人是限制民事行为能力人,不满 8 周岁的未成年人是无民事行为能力人。

表 2-5 《民法总则》之自然人的缔约能力

民事行为能力人的种类	适用情形	缔约能力的具体内容
完全民事行为能力人	①18 周岁以上人成年人; ②16 周岁以上不满 18 周岁,以自己的劳动收入为主要生活来源	可以独立从事民事活动,不受他人意志约束
限制民事行为能力人	①8 周岁以上的未成年人; ②不能完全辨认自己行为的精神病人	可以进行与其年龄、智力以及精神健康状况相适应的民事活动; 其他民事活动由其法定代理人代理,或者征得法定代理人的同意; 接受奖励、赠与、报酬等纯获利益的行为有效
无民事行为能力人	①不满 8 周岁的未成年人; ②完全不能辨认自己行为的精神病人	不能独立从事民事活动,必须由其法定代理人代理; 接受奖励、赠与、报酬等纯获利益的行为有效

4. 各国关于自然人缔约能力与合同效力规定的差异

1)年龄界线上的差异

英、美、法等国较为简单地规定成年人与未成年人的年龄界线。

德国、中国的法律既规定了成年人与未成年人的年龄界线,又对未成年人作了不同层次的分类,较为合理地考虑到未成年人的年龄、智力、能力的差异性,将未成年人进一步分为无民事行为能力人和限制民事行为能力人,在此基础上再相应确认他们的缔约能力。

此外,我国的法律更合理地将 16 周岁以上不满 18 周岁的以自己的劳动收入为主要生活来源的未成年人视作完全民事行为能力人,赋予其完全的缔约资格。

2)法定代理人追认制度上的区别

英、美、法、德等国的法律都规定对未成年人订立的合同既可以由其法定代理人追认，也可以由其本人在成年后追认，我国的法律没有规定未成年人可以在成年后对其未成年时期订立的合同进行追认。

英、美、法、中等国的法律都规定无民事行为能力人订立的合同无效，而德国民法中的"零用钱条款"则相应承认无民事行为能力人订立的合同相对有效。

3)对于理智状态特殊的人群的保护上的差异

英、美、法、德等国将精神病人、吸毒者、醉酒者都归入受法律保护的成年人，设立了实际的法律保护制度。如英美规定的受法律保护的成年人对合同可行使撤销权，法、德规定的受法律保护的成年人的照管制度。

我国的法律则未对吸毒者、醉酒者进行具体规定，我们只能推断认定吸毒者、醉酒者不在精神病人的范围内，不受法律保护，他们不能以订立合同时吸毒、醉酒为由否认合同的效力。

2.3.2　法人

1. 英美法系

在英国，公司大体上可以分为依制定法成立的公司和依英王颁发的特许状成立的公司。大多数商业公司属于前一种公司。后一类公司则主要是慈善机构和教育机构。

长期以来，在决定依制定法成立的公司的缔约能力时，适用的规则是"越权"无效的原则。其含义是，公司无权在其章程规定的营业目的之外签署合同，否则，该合同是无效的。创立这一规则的权威案例是 1857 年由英国上议院判决的 Ashbury Railway Carriage and Iron Co. v. Riche 案(阿什伯里铁路车箱钢铁公司诉里奇案)。在该案中，被告将他购买的建筑铁路的特许权出售给原告，后因拒绝履约而被诉。上诉院判决说，该合同涉及铁路的建筑，超出了被告的营业目的，因而是无效的。作出这一判决的理由是：首先，公司依制定法成立，其权利来自法律的授权，超越了其获得授权的范围，它没有任何权利可言；其次，为了保护投资者，必须认定越权的行为无效；再次，为了保护公司的债权人，应确立越权的行为无效的原则。

可是，上述判例规则的运用导致了大量的不公正的后果。例如，与公司签署的合同一旦越权便不能强制执行：如果与公司交易的人已经交货或提供了服务，他不能依合同获得货款；如果某人把钱借给一个公司，该公司借贷属越权行为，他通常不能将钱追回，即使他不根据合同起诉，而是提起返还不当得利之诉。英国法院在判决中说：与公司交易的人在签约之前应认真阅读公司的章程，明确公司的经营范围。可是，人们往往做不到这一点。其结果是，越权的理论对善意地与公司交易的人来说成了坑人的陷阱。越权无效的规则受到了人们的激烈批评。

在英国加入欧共体之后，改革这一制度的契机终于到来。1972 年，英国接纳了《1972 年欧共体法》。其中第 9 条使善意的与公司交易的人受到保护，只要这一交易是由公司董事在其被授权的范围内决定作出的。以后，英国又通过了《1985 年公司法》和修改该法的《1989 年公司法》。这些法律规定："由一个公司实施的行为的有效性，不能因公司章程中的任何内容所导致的能力的缺乏而受到质疑。”至此，传统的越权无效的规则被废弃了。

在美国，早期的判例也接受了越权无效的规则。然而从 19 世纪末开始，美国法院在审判实践中已经表现出对公司章程中的营业目的条款作扩大解释的倾向。在 20 世纪，越权无效的规则在各州的制定法中已逐步被放弃。目前，美国各州的制定法几乎都废弃了这一规定。

2. 大陆法系

法国在《商事公司法》中规定：对于有限责任公司，“在与第三人的关系中，经理拥有在任何情况下以公司的名义进行活动的最广泛的权利，公司甚至应对经理的不属于公司宗旨范围的行为负责，但公司举证证明第三人已知道或根据当时情况不可能不知道该行为超越了公司宗旨范围的除外。仅公布公司章程不足以构成此种证据。限制经理根据本条所产生的权利的章程条款不得对抗第三人”。根据同一法令而在第 113 条中增加的内容规定：上述规定也适用于股份有限公司的董事会和董事长。

在德国，民法典规定：对社团法人，“董事具有法定代理人的身份”；“董事会代表权的范围得以章程加以限制，限制得对抗第三人”。可是，依德国《股份有限公司法》第 82 条和《有限责任公司法》第 37 条的规定，公司章程中对公司营业目的的限制不得对抗第三人。根据特别法优于一般法的原则，至少对股份有限公司和有限责任公司而言，公司的行为越权并不会导致行为无效。

3. 中国法

在 20 世纪 90 年代之前，中国法院基本上奉行了公司的越权行为为无效行为的宗旨。例如，最高人民法院在 1987 年发布的《关于审理经济合同纠纷案件中具体适用〈经济合同法〉的若干问题解答》中说：“工商企业、个体工商户及其他经济组织……超越经营范围或者违反经营方式所签订的合同，应认定为无效合同……全部为超营项目的，全部无效，部分为超营项目的，超营部分无效。”20 世纪 90 年代以来，为了适应社会主义市场经济发展和使中国的法制环境与国际接轨的需要，上述立场已不再被坚持。

1993 年，最高人民法院在《全国经济审判座谈会纪要》中指出：“合同约定仅一般违反行政管理性规定的，例如一般地超范围经营、违反经营方式等，而不是违反专营、专卖及法律禁止性规定，合同标的物也不属于限制流通的物品的，可按照有关的行政管理规定进行处理，而不因此确认合同无效。”

1999 年 12 月通过并施行的《〈中华人民共和国合同法〉若干问题的解释(一)》第十条规定：“当事人超出经营范围订立合同的，人民法院不因此认定合同无效。但违反国家限制经营、特许经营以及法律、行政法规禁止经营规定的除外。”也就是说超出经营范围签订的合同不当然无效，除非是国家限制经营、特许经营以及法律、行政法规禁止经营的。因此超出经营范围签订的合同也是有一定的风险的。

4. 法人的权利能力和行为能力

1)法人的权利能力

法人的权利能力即法人参与民事活动、享受民事权利或承担民事义务的资格。法人的权利能力取决于法人成立的宗旨和它的业务性质。

2)法人的行为能力

法人的行为能力与其权利能力同时开始、同时终止；其次，法人作为一个团体组织，其本身是无法为具体民事行为的，因此，法人的行为能力由它的法定代表人或代理人行使。

法人对其法定代表人的越权行为承担责任的问题，大陆法系与英美法规定有所不同。

在英美法系国家，规定应保护善意第三人的利益，如果与公司订立越权合同的第三人不了解公司章程，而合同越权又出于董事会的授意，则合同仍应履行。

德国法规定，法人章程和公司规则只对法人内部有约束力，因此法人应对其代表人的一切合法行为和侵权行为负责，但第三人与法定代表人恶意串通损害法人利益者除外。

在我国，对法人的行为能力的规定与大陆法系国家相似，法人或其他组织的法定代表人或负责人超载权限订立的合同，除相对人知道或应当知道其超越权限的以外，该代表行为有效。

2.4　对价和约因

对价，也称约因，它是英美法上所独有的概念。在英美法上，对价最初来源于合同法上的对价原则。但现在的约因不完全是“对价”的意思。

§经典案例§

哈默诉希德威案 Hamer v. Sidway(1891年)

一个叔叔到侄儿家中做客，和侄儿说如果他能够不抽烟、不喝酒、不赌博，到二十一岁就给他5万英镑。侄儿果真如约履行，到了21岁，这个侄儿就写信向叔叔要钱，叔叔也答应给钱，但是认为他还很年轻，怕他胡乱挥霍掉，所以希望侄儿把钱存在自己这里几年，过几年再给他，侄儿也同意了。不久叔叔去世了，侄儿就要求遗产执行人支付5万英镑，而执行人认为在这个过程中没有约因、没有对价，这个侄儿不抽烟、不喝酒仅对自己有好处，他的叔叔并未因此获得利益，如果侄儿证明这件事对叔叔也有好处，这个约定就有效。

从大陆法来看，这是个赠与性质的合同，合同应当是已经成立了。而从英美法来看，这个过程中有没有对价呢？传统的对价理论中，有效的对价需有一方得到好处或者受到损害。将这个理论适用到本案中，要么叔叔获得利益，要么侄儿受到损失、伤害，二者存其一，即可成为有效的约因，侄儿就可以得到5万元。

案件结果是侄儿胜诉。那么对价在哪里呢？这个侄儿不抽烟、不喝酒，不仅省钱而且也有利于保持身体健康，从经济角度讲，侄儿绝对是占了便宜。但是我们要从法律的角度来看这个问题：任何人不得剥夺另外一个人的权利，侄儿有抽烟、喝酒、赌博的权利，叔叔以5万英镑为代价剥夺了他的这种自由和权利，侄儿是受到了法律上的损害的，叔叔也获得了利益，叔叔可以从这个过程中，获得某种形式上的满足。所以这个约定具有对价，是个有效的约定，叔叔要支付5万英镑。

2.4.1 对价

1. 对价的概念和作用

1)对价的概念

在英美法系国家,日常生活中各种许诺多如牛毛,但不可能都会得到法院的强制执行,只有具有一定约因或对价的许诺,法院才承认其约束力。简单的说,对价就是"购买某种允诺的代价"。根据考证,英美法的对价制度已经有400多年历史了,法院在司法实践中也发展了一系列的规则,但是对于对价的定义却一直有争论,至今没有一个令人满意的定义。

1875年英国高等法院法官路希在柯里诉米萨案中说:"有价值的对价,从法律意义上来说,或是一方当事人所得到的某种权利、利益、利润或好处,或是另一方当事人所作的某种克制、所遭受的某种损害、损失或所承担的某项义务。"被视为是现代英国契约法中经典的对价概念,这是英国一贯采用的"获益—受损"公式,也称获益受损理论。

2)对价的作用

在法律上对价的作用在于,它使诺言对诺言人产生了约束力,进一步说,使诺言发生强制执行的效力,如果诺言人不兑现其诺言,受诺人可以通过起诉,借助法院的强制力,迫使诺言人兑现其诺言。

英美普通法中存在两类合同:一是签字蜡封的合同,这种合同是由当事人签字与加盖印章并把它交给对方而作成的,其有效性完全是由于它所采用的形式,不要求任何对价;二是简式合同,它包括口头合同与并非以签字蜡封式作成的一般的书面合同,这类合同必须有对价,否则就没有约束力。在简式合同里,判断哪些是有效的、可以强制执行的,区分的标准就在于合同中是否有对价。

2. 对价的适用规则

1)对价必须合法

违法的行动不构成支持承诺的对价,抑制或承诺抑制不公开某罪行也是非法的对价,如毒品买卖或以威胁手段签订的合同中都不存在合法对价。

2)对价必须具有某种价值,但不要求充足

对价在法律上必须具有真实价值,即经济价值。完全没有经济价值的,如自然钟爱之情,不是法律认可的对价。凡属对价是否充分问题,应由双方当事人在订约时自行考虑决定,法院不予过问。

西方有一句法谚:"一分钱或一粒胡椒子亦可构成一个有价值的对价。"这种名义上的对价的作用在于使恩惠性或赠与性的诺言对诺言人产生约束力,在一定情况下可使一项选择权或一项担保具有法律上的约束力。

§案例参考§

蒙特夫特诉斯考特案(1971年)

被告斯考特答应以1英镑的价格把房子卖给原告蒙特夫特,但后来被告反悔了,声称1英镑是个不充分的对价。法院认为,对价并不要求对等或充分,合同能否执行取决于有没有对价,而不是对价充分与否的问题。被告败诉。

3)对价必须是已履行或待履行的对价

已履行对价和待履行对价是有效对价,过去的对价是无效对价。已履行对价和过去的对价区别在于,前者是在对方作出允诺之时提供的,是以此作为换取对方允诺的对价,后者是在对方作出允诺之前就已经完成了的,并不是以此来换取对方的允诺。但是,如果某种服务或利益是应对方的请求提供的,那么即使其支付报酬的允诺是在服务或利益提供完毕之后作出,也有约束力,这种情况下提供的服务或利益不被认为是过去的对价。

§小思考 2-3

例 1:

A 写了本书,他的好朋友 B 出于好意为他打成了铅字,A 很满意,答应给 B 50%的稿费,但他后来又拒绝了。

例 2:

A 是公司会计,经理要求 A 在周末加班,事后经理答应给 A 100 英镑。但后来经理又反悔了。

问:这两种情况是否属于过去的对价?

考核知识点:如何认定过去的对价。

参考分析:

例 1 属于过去的对价,B 不能要求强制执行 A 的诺言。

例 2 属于过去的对价,A 可以要求强制执行经理的诺言。如果某种服务或利益是应对方的请求提供的,那么即使其支付报酬的允诺是在服务或利益提供完毕之后作出,也有约束力,这种情况下提供的服务或利益不被认为是过去的对价。

4)对价必须来自受允诺人

只有对某项允诺付出了对价的人才能要求强制执行该允诺,如甲要乙为其工作而后付钱给丙,因丙未提供对价,故其不得请求强制甲履行诺言。但对价如果是由代理人提供为其委托人换取承诺,则不适用这条规则。

3. 不构成对价的情形

1)履行既存义务不构成对价

既存义务包括对承诺人的合同义务和法律上的义务,均不构成对价。如警察履行职责不得作为对价。但如果超出原合同义务或法律规定的义务,承诺或履行对第三者现有合同义务可构成对价。目前倾向于支持履行对承诺人现有合同义务亦可构成有效对价,只要不存在胁迫及履行现有合同义务可替承诺人带来利益。

2)空洞的诺言不构成对价

空洞诺言又称虚幻允诺,指诺言人表面上允诺受诺人做某事,但实质上他所允诺的只是一个空约且没有义务可言,完全不能使诺言人对受诺人承担义务的诺言,这种诺言不具约束力。如甲向乙许诺,如果乙开店甲就可能向其购物,“可能”二字使甲可不受其约束,因而构成空洞诺言,由于欠缺相互性导致一方实际上没有对另一方承担任何义务。

§经典案例§

斯蒂克诉马立克案(1809年)

船方雇佣一批海员作一次往返于伦敦与波罗的海上航行,途中两名海员开了小差,船长答应其余船员,如果他们努力把船开回伦敦,他将把那两名海员的工资分给他们。事后船长食言,船员到法院起诉。法院认为,船长的允诺是不能执行的,因为缺少对价。理由是,船员在开船时,已承担了义务,答应在航行中遇到一般普通意外情况应尽力而为,有两名船员开小差,余下的船员依据其原来签订的雇佣合同有义务尽力把船安全开回目的港。

哈特立诉鲍生比案(1857年)

三分之一的船员开小差,船长答应分他们的工资给别的剩下船员,到了目的港,船长反悔了。法院认为,这种情况与斯蒂克诉马立克案中的情况不一样,本案船员走了三分之一已非普通意外事件,这时船员继续开船属履行了合同义务以外的义务,应视为对价,应得到额外工资,被告败诉。

3)权利的不行使不构成对价

假如某人真诚地提出认真的权利主张或答辩,则放弃该权利主张或答辩构成有效对价。权利之不行使作为对价的,必须是请求权人对于有争执或存有疑惑之标的或请求权,以善意行为表示放弃诉讼请求而与对方所达成的和解约定方构成对价。即使请求权在事实上及法律上均为无效。请求权人不知情而是出于诚信,确信其请求权有法律效力,则放弃或不行使该有争执的请求权或提起给付之诉仍可构成对价,但放弃明知站不住脚的请求权(如赌债)则不构成对价。

4)赠与性允诺一般不构成对价

纯赠与性质的允诺一般不构成对价。对于因取得赠与性约定而有所花费或付出时,受诺人虽有损害,但如其损害仅系取得约定利益之前提,非为交换约定人的诺言而生,仍不具备对价之要件。具备交易磋商性质的赠与性允诺则可构成对价,而不考虑价值是否相当或约定人出于利己或利他动机。

4. 对价规则的例外

根据英美法,某些合同或诺言在特殊情况下无须对价也有拘束力:

1)蜡封文书——盖印契约

盖印契约必须符合三个要件—书面、盖印、交付,并标记 SEAL 或 L. S. 。在大多数英美法系国家,盖印契约无须对价亦有效,在美国某些州则将其视为推定诺言有对价。

2)修改现有买卖合同协议

根据《美国统一商法典》第2—209条的规定:“修改合同无须对价亦有拘束力。”

3)允诺禁反言原则

允诺禁反言原则即言行一致,不得出尔反尔。由英美法中一项古老的原则“禁止反言”原则发展而来。英国丹宁大法官在1947年审理的High Trees案中确立了允诺禁反言原则,丹宁大法官认为："根据传统的约因理论，原告减租的允诺没有任何对价，如果被告基于该允诺而起诉，则被告必败诉；但是本案中，允诺人是原告，允诺只是被被告用来作为一项抗辩，对价是否存在与是否支持原告的诉讼请求并无关联。被告并非寻求强制执行合同，因此也没必要证明它的存在。并且，被告依赖该协议已向房客减收了房租，如果允许原告推翻自己的诺言，则意味着允许一人说谎，而让别人去承受恶果，这是极不公平的。"这段精辟阐述包含了允诺禁反言原则的基本要求：允诺、信赖、公平，第一次正式赋予没有约因的允诺以法律拘束力。

也就是说，如果受诺人对诺言发生实际信赖，诺言人有理由预见到受诺人会对其诺言发生依赖，如果受诺人因信赖蒙受损失，则该诺言无须对价亦得以强制履行。

在国际民商事领域，允诺禁反言原则作为一项"一般法律原则"在各国的司法实践中起着重要作用。经过半个多世纪的演进，其适用范围已得到了拓展，现今在物权、航运、贸易领域只要发生如下情形即可适用该原则：信赖要约而遭受损害；双方当事人订立契约时，由于对必要事项未明确约定，致使契约无效，一方当事人因已开始准备而遭受损害；缔约过程中，一方当事人因信赖对方当事人的允诺而遭受损害。

允诺禁反言原则适用范围的扩大，使得该原则能更充分地发挥维护公平的作用，尽显创立该原则的初衷。

§小思考2-4：

一个学校盖办公楼，一个慈善家就许诺一年给一千万元，帮助学校将操场改建为大楼。前几年一直按时拨款，学校便做了规划，开始动工修建，但几年后这个人就不给钱了，大楼被迫停建，以前的操场也没法用了。

问：这种情况是否可以适用允诺禁反言原则？

考核知识点：允诺禁反言原则的适用。

§案例参考§

里奇兹诉斯科森案(1898年)

原告是一名图书管理员。她的祖父告诉她："我所有的孙子都不工作，你也用不着再工作了，让我来抚养你。"同时开给她一张本票，且附说明道："我答应付给卡蒂里奇兹每年2 000美元，外加6%的利息。"原告因此辞掉了工作。然而其祖父仅支付了1年的利息，并称眼下没有能力继续付钱。若干年后原告的祖父去世，遗产管理人拒绝按本票付钱给原告，理由是此诺言因没有对价而无强制执行力。原告起诉要求法院强制执行该本票。

"允诺禁反言"原则是指在适当个案或情况下，使赠与之允诺或无偿之允诺产生拘束力，而得加以强制执行。当因相信允诺人所做出的无偿赠与的允诺，使允诺相对人作为或不作为因而受有损害时，为避免此等不公平现象的发生，于符合一定要件的情况下，禁止允诺人为与其先前允诺相反的陈述或主张。此原则的建立，最初虽然是作为对价之替代，以强制执行赠与的允诺，但其发展至今，已不限于无偿允诺一项，在允诺相对人有“信赖损害”的情况下也可适用。

本案是在“允诺禁反言”原则未正式建立的时期发生的，法官的判决援引了“衡平禁反言”并将其进行扩展适用——从该原则仅适用于一方当事人对一事实进行虚伪陈述，而他方当事人合理信赖而致受有损害的情形，将其扩张适用于具有允诺性质的意思表示。

与本案发生于同一时期的 Devecmon v. Shaw 一案中，原告的叔父允诺“若原告前往欧洲旅行，将弥补其支出之费用”，原告相信其承诺果真前往欧洲旅行，但其叔父死亡后遗嘱执行人(被告)却拒绝弥补原告的旅行费用。法院认为原告叔父的允诺有对价支持——原告因相信该允诺而前往欧洲，因此判决原告胜诉。

另外值得注意的是，美国法律整编契约法第二次汇编将“允诺禁反言”原则加以重新诠释——允诺人对其允诺所致允诺相对人或第三人之作为或不作为系可合理预见，且唯有履行其诺言始可避免不公平结果的产生时，该允诺才有拘束力。其违反允诺之救济方式，以达到公平者为限。由此便可总结出援引“允诺禁反言”原则的要件，即：①须有允诺；②须允诺相对人合理预期其允诺将导致允诺相对人或第三人的作为或不作为；③只有强制履行该允诺，才能避免不公平情势的发生。

与上述情况不同的是，某些事由看似不符合对价的构成，但由于法律或判例的特殊规定而作为例外情况构成对价。

1)有先前法律义务支持的道德义务

道德义务原不足以构成对价，但诺言人过去曾对受诺人负有法律上的义务，诺言人后来又同意履行依法律规定他可不再履行的义务，则这种有先前法律义务支持的道德义务构成对价，包括：债务人同意偿还因超过诉讼时效而被免除债务的诺言；债务人同意偿还因破产而被免除债务的诺言；某种旨在为诺言人提供保护的法律使诺言人原有的义务得到免除，诺言人重新作出的愿意承担其义务的诺言。

2)应受益人之请求而为的行为

受益人事后允诺原为过去对价而不符合对价构成规则，但对过去因诺言人之请求而给付或提供劳务，受益人事后允诺对以前所做行为给予报酬的允诺，可视为过去对价之例外而得以强制执行。

3)空洞的诺言的例外

空洞诺言在一般情况下不足以构成对价，但若以诺言人所不能控制条件的成就作为他允诺履行双务合同的先决条件，则此类附条件的允诺非属空洞诺言而得以执行。现代司法判决中法院有时以下列理由认定对价的成立：合理努力的义务；善意义务。当合同一方有权任意或专断地终止或取消合同时，该方的诺言是空洞诺言，其例外是撤销合同条款受限制，或解除、终止合同的权利是以其无法控制的事件的发生为条件。

2.4.2　法国法上的约因

法国法把约因作为合同有效成立的要件之一。根据法国法的解释，所谓约因是指订约当事人产生该项债务所追求的最接近与最直接的目的。在双务合同中，存在两个约因，即双方当事人之间存在着相互给付的关系。就买卖合同而言，买卖合同的标的就是买方所追求的直接目的，卖方的直接目的则是取得金钱。至于标的物自用还是馈赠他人，金钱用于生产还是消费抑或偿债，则属于当事人的动机，故不同于约因。

原因也不同于标的。例如，在买卖合同中，买受人的义务乃以价金的支付作为标的，但其原因却是出售人交付所售之物的义务。因此，不能混淆《法国民法典》第 1 108 条规定的标的和原因，而且，其第 1 128 条要求的标的的合法性和第 1 108 条规定的合法原因，以及和第 1 131条、第 1 133 条从反面规定的不法原因，也是有区别的。

显然，双务合同中有两个约因，或当事人之间有相互给付关系。按《法国民法典》规定，凡是无约因、基于错误约因或不法约因的债无效。

《法国民法典》没有阐明约因的定义，也没有说明无约因、错误约因、不法约因是如何产生的，约因成为法国法上最复杂的制度。构成英美法上对价的，一般也构成法法国法上的约因，而构成法国法上的约因的不一定构成英美法上的对价。

2.4.3　其他国家的相关制度

德国、日本民法典、瑞士债务法典等虽同属大陆法国家成文法，但并无约因的规定。

德国在合同成立的问题上，没有采用约因原则。德国法与法国法不同，它不以约因作为合同成立的必要条件。德国法有所谓“不当得利”的制度，这是指没有法律上的任何原因而取得他人财产或其他利益。

德国法虽然不把“原因”(即约因)作为合同成立的要件，但是实际上，“原因”在德国民法的其他方面仍然起着很大的作用。德国民法典中对不当得利有所规定。所谓不当得利是指无法律上的原因，取得他人的财产或其他利益。取得方依法必须将其归还真正的所有人。不当得利制度实际上从反面确立了无对价或无合法的约因的合同无效的原则，可收到与英美法和法国法异曲同工之效。

2.5　当事人意思表示的真实性

合同是双方当事人意思表示一致的结果，如果当事人意思表示内容有错误或意思表示不一致，或是在受诈欺或胁迫的情况下订立了合同，这时，双方当事人虽然达成了协议，但这种合意是不真实的主张，或者该合同无效，或者当事人可以要求撤销。

2.5.1　欺诈

1. 英美法系

在英美法上，不真实表示，必须是关于事实的表示。这一规则，将不真实表示与关于表意人主观见解的表示区别开来。在许多情况下，被表示人对表意人的个人见解，只应在参考的基础上形成自己独立的判断，而不应产生依赖。在这样的情况下，表示作为见解，不能成为法律意义上的不真实表述。

英美法把欺诈称为“欺骗性的不正确说明”，并且认为欺诈是一种侵权行为。

§知识小贴士§

认定不正确说明的条件

①不正确说明只能针对事实，而不包括法律方面(指国内法)的错误陈述，因为法律是公开的资料，不存在被隐瞒的问题。

②对于事实的陈述，也必须是对方所不知悉的事实，并且对方依赖该陈述订立了合同，才可能构成不正确陈述。

③这种事实必须是过去的或现在的事实，而不是对将来的预测。

④对将来的保证则不能被理解为预测，这种保证可以构成不正确说明。

⑤对事实的沉默原则上不构成不正确说明，但如果这种沉默是对整体事实的隐瞒，或合同属于最高诚信合同，如保险合同，则一方的沉默也会构成不正确说明。

在特定的案件中，一项表示是关于事实的还仅仅是见解，是一个事实问题，即依据案件的具体情况由事实的裁判者(由陪审团或者在没有陪审团参加的诉讼中由法官)决定的问题。在这方面，英美法院在长期的审判实践中发展了大量的具体规则。例如，当卖方基于自己的专业知识就其出售的产品的品质或性能等发表意见时，这种意见很可能被视为对事实的表述，因为缺乏专业知识的买方对该意见很难形成自己的判断，因而往往会对其发生信赖。反之，当卖方的表示涉及产品的价值时，作为一项确定的规则，买方通常没有理由对其发生信赖。英美法院经常判决，有关货物价值的表示只构成见解。

1)英国

英国普通法把不正确说明分为三类(见表 2-6)：欺诈性的不正确说明、疏忽性的不正确说明和完全无意的不正确说明。

表 2-6　英国法中不正确说明的分类

名　称	含　义	后　果
欺诈性的不正确说明	是指作出不正确说明的当事人自己并不真诚地相信其陈述的真实性，甚至故意作出错误的陈述。表意人不相信表示是真实的，或者，对它的真实性抱着一种无论真假都无所谓的态度	受骗方可要求赔偿损失，并可撤销合同或拒绝履行其合同义务
疏忽性的不正确说明	是指作出不正确说明的当事人真诚地相信其陈述是真实的，但是在陈述中有疏忽	受骗方既可撤销合同也可要求索赔，但法官或仲裁员有自由裁量权，他们可以宣布合同仍然存在，并裁定以损害赔偿代替撤销合同

续上表

名　称	含　义	后　果
完全无意的不正确说明	是指作出不正确说明的当事人真诚地相信其陈述是真实的，尽管实际上它可能是不真实的	受骗方可以要求撤销合同而无权主动要求索赔，但法官或仲裁员同样有自由裁量权，可以宣布合同仍然存在，并裁定以损害赔偿代替撤销合同

需要注意的是，无论在什么情况下，都只有受欺骗的一方才能要求撤销合同，作出不正确说明的一方不能以其自身的错误行为作为撕毁合同的借口。

2)美国

美国法将欺诈分为签字欺诈和缔约欺诈(见表 2-7)。

表 2-7　美国法中欺诈的分类

名　称	含　义	后　果
签字欺诈	是指欺诈方通过对所签的合同作不正确的陈述和说明骗取对方签字	这可能导致合同无效，但法院一般对此持慎重态度
缔约欺诈	是指在谈判过程中，一方以欺诈性的陈述骗取对方的同意	受害方可以要求金钱赔偿，也可宣布合同无效

§知识小贴士§

英美法中的"买主自慎"原则

"买主自慎"原则是指，沉默不构成虚假表示。因此，合同一方即使知道另一方对某些情况存在误解，也不负有披露义务。

"买主自慎"原则的例外：

①表意人负有"最大诚信"义务的情况(例：保险合同、股票的卖方和不动产的卖方)。

②原来的陈述因情况变化而变得不真实。

③因片面披露事实而不真实。

④因存在信义关系而有义务披露。信义关系是存在于特定的当事人之间的信任关系。(例：律师和当事人之间、医生和病人之间、牧师和教徒之间、委托人与代理人之间，被认为存在这样的关系。当存在信义关系时，受到信任的一方不能对影响彼此间的权利义务的事实保持沉默。)

2. 大陆法系

1)德国

在德国，关于因欺诈而订立的合同的效力，这方面的细节主要是靠德国法院的判例发展的。

《德国民法典》第 123 条规定：因被欺诈或被不法胁迫而为意思表示者，表意人得撤销其意思表示。只有当一方当事人负有对某种事实提出说明的义务时，不作这种说明才构成欺诈。

依据德国法，当事人在订立合同的谈判过程中不负有将有关的信息告知另一方的一般性的义务，但是在审理案件的过程中，法院可依案件的具体情况，基于对贸易惯例、当事人之间的关系等因素的考虑，依诚信原则，决定当事人有无这样的披露义务。

欺诈使合同成为可撤销的合同。此外，法院允许被欺诈人就欺诈所致的损害获得赔偿。

§知识小贴士§

德国法中披露义务在买卖合同中的认定

①对买卖合同而言，如果卖方知道货物的有关情况会影响买方作出购买的决定，并且知道，买方没有意识到该情况的存在，在当时的情况下也没有能力发现该情况，那么，法院就可能认为，卖方负有披露这一情况的义务。

②当卖方拥有某种专业知识而买方没有时，法院将更有可能认为卖方有披露义务。特别是，在不披露将使买方处于危险境地的情况下，卖方有义务将全部相关的信息通知买方。

③如果双方都是专业人员，卖方的披露义务就减轻了。不过，如果一方过去曾经就有关事实通知另一方，而这一通知是不正确的，前者有义务再发通知给予纠正。

④片面地披露有利的情况而掩盖不利情况是构成欺诈的情况之一。在一个案件中，债务人本来无义务向担保人披露有关债务人财产状况的情报，但该方因片面地披露乐观的情况而构成欺诈。

2)法国

法国民法上的欺诈，是指使用狡猾的手段以使他人发生认识错误而决定订立合同。

因此，欺诈须具备下列条件：

(1)欺诈行为的存在；

(2)欺诈行为应为一方当事人所实施，如欺诈行为系第三人实施，则当事人仅有权要求第三人赔偿损失；

(3)欺诈行为对合同的订立具有决定性作用。

欺诈作为影响当事人一方立约意志的决定性因素一旦被证实，受欺诈方有权决定是宣布合同无效和要求赔偿，还是对合同条件加以调整。

§知识小贴士§

法国法中披露义务在买卖合同中的认定

①对于有关的情况，相对方"不可能自行了解"(并不是"绝对不可能"，而是有"严重困难"即可)。

②一方拥有相对方所没有的专业知识，而这种知识涉及合同的标的。特别是，当买方是

消费者时，那么卖方就具有披露义务。

③法院还依据诚信原则决定卖方是否有披露义务，同时，也考虑依商业习惯，让一方披露其掌握的信息是否公正。此外，相对方有无“不可原谅”的轻率和疏忽，也是考虑的因素。

3. 中国

中国《合同法》中明确规定：“一方实施欺诈，使对方在违背真实意思的情况下订立合同的，受损害方有权请求人民法院或仲裁机构变更或撤销合同。”“一方故意隐瞒与订立合同有关的重要事实或者提供虚假情况，给另一方造成损失的，应当承担损害赔偿责任。”所以，按照我国法律规定，因欺诈而订立的合同，受损害方有权请求人民法院或仲裁机构变更或撤销合同，同时可以要求损害赔偿。

2.5.2　胁迫

1. 英美法系

英美法中胁迫是指对人身实施暴力威胁的行为。以揭发对方的犯罪行为进行要挟，亦构成胁迫，但如以对对方提起民事诉讼为要挟，则一般不能认为是胁迫。

受胁迫的对象不仅包括订约当事人本人，而且还包括该当事人的丈夫、妻子或近亲属。如果对后者施加威胁，迫使当事人不得不同意订立合同，也构成胁迫，当事人可以撤销合同。

对于来自第三者的胁迫，英美法规定，只有合同的相对人知道有胁迫事情时，受胁迫的一方才能撤销合同。

当合同基于胁迫而成立时，英美法的一般原则是，该合同可以被受胁迫方撤销。但依美国《第二次合同法重述》第 174 条，当胁迫表现为对人身的强制时，被胁迫的行为不发生效力，故合同不能成立。

§案例参考§

巴顿诉阿姆斯特朗案(1975 年)

阿姆斯特朗和巴顿争夺一家公司的控股权。在多轮的谈判过程中，巴顿签署了一份契据(和相关补充契据)。巴顿声称这份契据是在阿姆斯特朗的胁迫之下签署的，应归于无效。初审法院查明阿姆斯特朗曾扬言要杀死巴顿。新南威尔士最高法院上诉庭判决，巴顿负有举证责任，他必须证明，如果没有被告的威胁，他不会签署该契据。

本案是有关人身胁迫的案件。枢密院明确指出，①针对生命的威胁属于非法行为，足以构成胁迫；②否定了新南威尔士最高法院上诉庭的判决，即巴顿必须证明该人身威胁是他签署合同的唯一原因，而是认为只要胁迫构成了原告签署合同的一项原因(而不是唯一原因)，就足以说明合同是在胁迫下成立的，原告就有权撤销合同；③法院推定胁迫对原告的行为产生影响，被告如欲免除其责任必须证明该胁迫对原告的决定没有丝毫影响。由于本案被告未能完成这一举证，因此法院判决巴顿有权撤销合同。应当说这一举证规则对胁迫方来说是相当严格的，在实践中这样的举证往往很困难。

2. 大陆法系

1)德国

《德国民法典》在原则上规定,因不法威胁而为意思表示的人,可以撤销表示。不法威胁一词并不包含暴力在内。在德国,以暴力手段实施强制,并没有意思和意思表示可言,因而谈不上撤销合同的问题。

威胁是关于某种未来的危害的宣告,进行威胁的人宣称,对于该危害的发生或不发生,他具有影响;而该危害将会实现,除非受到威胁的人作出该进行威胁的人谋求的意思表示。

在德国,如果威胁的手段违法,无论目的是否合法,合同成为可撤销的合同。

例如,甲对乙说:"如果你不签这个合同,我就打断你的腿。"这构成不法威胁。同样,从原则上说,如果合同一方以违约相威胁,迫使另一方让步,也构成不法威胁。

2)法国

《法国民法典》规定:"对订立契约承担义务的人进行胁迫构成无效的原因,即使胁迫由为其利益订立契约的人以外的第三人所为时,亦同。"本条所包括的胁迫行为,仅指精神上的压迫,即一方或第三方对他方的威胁。

该法典还规定:"如行为的性质足以使正常人产生印象并使其担心自己的身体或财产面临重大且现实的危害者,即为胁迫。在这方面,应考虑到受胁迫人的年龄、性别及个人情况。"也就是说此种威胁既可以作用于人身,也可以作用于财产。只有当威胁导致了重大而现实的危害时,胁迫才能发生。因此,如果威胁的事项不是近期将发生的,或是荒谬可笑的,则不能构成胁迫行为。

如果是对人身的强制,当一方受到这样的强制时,由于缺乏该方的同意,合同并不存在。

如果威胁的目的是为了实现合法的权利,但所采用的方式是不适当的,比如对相对方进行恫吓,该行为同样有可能被视为胁迫。由此可见,动机的善意并不能排除构成胁迫的可能。

一方以行使权利相威胁,不构成合同无效的原因。为了实现自己的权利,当事人可以威胁提起民事诉讼,也可以威胁提起刑事诉讼。在法国最高法院第一民事庭 1959 年 3 月 11 日的判决的案件中,雇主以起诉相威胁,迫使被非法雇用的职员同意辞职。法官认为,这并不构成胁迫。不过,当行为合法但目的不正当或方式不适当时,也会构成胁迫。

对缔约人的配偶、直系亲属以及合同的义务承担人进行胁迫,也成为使合同无效的原因。

3. 中国

中国《合同法》中规定,当一方以胁迫手段使对方在违背真实意思的情况下订立合同时,受损害方有权请求人民法院或者仲裁机构变更或者撤销。

2.5.3 错误

1. 英美法系

1)概念

在英美法上,错误指合同当事人对有关事实情况的误解,如果没有这样的误解,该当事人本来不会依现有的合同条件签约。例如,在英国法院 1903 年判决的 Scott v. Coulson 案中,一张人寿险保险单发出时被保险人已经死亡,投保人和保险人都以为他当时并没有死亡。法院判决,保险人没有义务支付赔偿金。在这个案件中,当事人双方误认为被保险人依然在世,保险人如果知道他已经过世，就不会签署该保险合同。

(1)英国法。英国学者在合同法上倾向于将错误定义为“系协议错误，指合同当事人基于对方陈述行为、默示或隐瞒而对合同部分或全部事实的错误认识，并基于这一错误认识作出了错误的允诺。”可见，英美法上的错误含义广泛，其内容包含了大陆法上的错误、误解、诈欺等情形。

(2)美国法。美国法中认为，合同法上的错误是指：“主题的重述中，错误指与事实不符的心理状态。”基于此，有学者认为错误就是一种想法，所谓错误的想法，就是按他人通常持有的想法加以评判，与他人的想法或与我们所称的事实、真相或现实不相符的想法。

2)分类及后果

英美法系国家一般将错误区分为单方错误和共同错误两类，如表 2-8 所示。

表 2-8　英美法中错误的分类及后果

名　称	含　义	后　果
单方错误	指合同双方在签约时，合同双方并没有共同的错误假定，只有一方作了这样的假定	合同有效，单方错误原则上不允许撤销
共同错误	指合同双方在签约时存在着共同的对事实的假定，而这种假定与事实不符。 共同错误的构成要件： 第一，合同各方当事人共同的真实意志的存在； 第二，错误的存在； 第三，这种错误是双方共同的； 第四，已经成立的合同内容没有将双方的真实意志表达出来	如果交易的双方对于构成其交易的基础的事实在认识上发生了错误，任何一方均可主张交易无效，只要强制执行这一交易给该方造成的负担实际上比在当事人双方所相信的事实存在时本应承受的负担更重

需要了解的是，单方错误合同有效的原则有几种例外情况：一是如果相对方知道错误方的认识发生了错误，但将错就错地签约，合同无效或者可撤销。二是如果一方的错误是另一方诱使的结果，合同则不能约束错误方。

2. 大陆法系

1)概念

(1)德国法。德国法上的错误泛指某人对任何事情、过程或联系具有不正确的认识，亦即他所设想的或认为的东西不符合现实。在这里，“现实”一词是在最广泛的意义上理解的，因此心理方面的以及有效力的事实都属于“现实”的范畴。

(2)法国法。在法国合同法上，错误作为同意的瑕疵，指合同的订立是基于对实际存在的事实的一种相反的认识，亦即至少有一方当事人对行为的基本条件发生认识上的错误。这就是说，错误首先是指当事人对客观事实的认识错误，包括视假为真或视真为假。

2)分类及后果

大陆法中错误的分类及后果如表 2-9 所示。

表 2-9 大陆法中错误的分类及后果

国家	名 称	后 果
德国	内容错误	德国法中认为两种错误都可以产生撤销合同的后果。但基于公平原则,错误方在行使撤销权时,应对相对方因信赖其表示有效而蒙受的损失作出赔偿;该赔偿以该表示有效时所拥有的利益为限;但是,如果受害人明知无效或可撤销的原因,或因过失而不知,不发生赔偿义务
	表达错误	
法国	关于标的物性质方面的错误	因错误而订立的合同属相对无效的合同,即可撤销的合同
	关于涉及与其订立合同的对方当事人所产生的错误	

3. 中国

我国《民法总则》第 147 条、《合同法》第 54 条及《民法通则》第 59 条等共同建立起来的重大误解制度,与大陆法系和英美法系中的意思表示错误制度比较相似。

我国《民法总则》中规定,基于重大误解实施的民事法律行为,行为人有权请求人民法院或者仲裁机构予以撤销。

我国《合同法》中规定,合同因重大误解而订立的,合同一方有权请求人民法院或仲裁机构变更或撤销合同。

我国《民法通则》中规定,行为人对行为内容有重大误解的,一方有权请求人民法院或者仲裁机关予以变更或者撤销。《民法通则若干问题的意见》第 71 条规定:"行为人因对行为的性质、对方当事人、标的物的品种、质量、规格和数量等的错误认识,使行为的结果与自己的意思相悖,并造成较大损失的,可以认定为重大误解。"该规定解释了重大误解的合同的基本内容。

综上所述,在我国所谓重大误解的合同,是指行为人因对合同的重要内容产生错误认识而使意思与表示不一致的合同。因重大误解而订立的合同,属可变更或可撤销合同。

2.5.4 显失公平

1. 英美法系

1)英国

(1)英国判例法的规定。根据普通法,已经订立的合同不能以合同的条件不公平为由不予执行(普通法仅在有关海难救助的案件中允许撤销有利于救助人的敲诈性的交易)。然而,当合同的条件显失公平时,受到不利影响的一方在一定的条件下可以获得衡平法上的救济。

即使在衡平法院,仅仅证实合同条件不利于自己,还不能证明显失公平的存在。法院要介入当事人的交易,必须先审查三个要件是否得到了满足:

首先,一方处于严重不利的地位,比如,贫困,未能意识到对自己不利的合同条件,或未能得到相关的咨询;其次,另一方以一种不道德的方式利用了这种弱势地位;再次,所产生的交易对于弱方不仅是苛刻的或“没有远见的”,而且是极为过分的和让人不能容忍的。最后一个要件意味着,当合同是一个货物买卖时,价格过低还不够,而是要实质性地过低以至于触动了法院的良知。

(2)英国关于不公平合同的相关制定法。英国在1977年制定了《不公平合同条件法》,以及英国加入欧盟之后依照欧盟在1993年发布的《关于消费者合同中的不公平条件的指令》而制定的《1994年消费者合同中的不公平条件条例》,里面关于公平原则的适用作出了比较细致的规定。

§知识小贴士§

英国《1977不公平合同条件法》中关于公平原则的适用

①因过失所致的死亡或人身伤害不能免责。

②当货物被消费者使用时,涉及货物的品质缺陷,生产者和批发商的担保责任不能被免除。

③因违反制定法规定的默示条件而承担的责任不能被免除。

④当合同一方为消费者时,或合同基于一方的“书面的标准商业条件”而订立时,有三种免责条款是无效的,除非它们是合理的:第一种是,免除或限制了一方违反合同的某一条件的责任。这方面的例证是,航空合同在其拟定的格式合同中规定,不就飞行的延误承担责任,或者,只承担有限的责任。第二种是,一方有权以某种方式履约,而这种方式与另一方的预料有实质性的不同。这方面的典型例子是,由旅游公司起草的合同规定,旅游公司可以任意改变旅行计划中的时间或设施等因素。第三种是,合同规定,对于某种合同义务的全部或其一部分,一方可以完全不予履行。例如,音乐会的门票上写明,主办人可以取消音乐会并返还购票款而不必给予消费者任何补偿(包括往返于音乐厅的交通费)。

⑤当合同一方为消费者时,合同中包含的消费者须就其过失行为或违约行为所致的另一方的损失对另一方负赔偿责任的条款只有在合理的情况下才是有效的。

§知识小贴士§

英国《1994年消费者合同中的不公平条件条例》

依《1994年消费者合同中的不公平条件条例》,合同中包含的不公平条件是没有强制执行效力的。关于什么合同条件构成不公平条件,该法规定:“不公平条件”指与诚信要求相抵触,导致当事人在合同项下的权利和义务的“重大失衡”,使消费者受到损害的任何条件。

在决定某一条件是否具有不公平的性质时,应考虑合同所涉及的货物或服务的性质,并考虑影响合同的订立的全部情况,合同的其他条件或合同所依赖的另一个合同的条件。为了向法院提供参考,该法列举了17类可能被法院视为“不公平条件”的合同条件。其中主要包括:

①排除对人身伤害或死亡的责任的条件。

②不适当地排除或限制消费者的合法权利的条件。

③不加补偿地约束消费者的条件，而消费者在签约之前没有真正的机会了解该条件。

④允许卖方在无合法理由的情况下变更合同的条件。

⑤允许卖方在买方取消合同时扣留预付款，而当合同被卖方取消时买方却得不到同等程度的保护。

2)美国

(1)显失公平的分类。在美国，现代意义上的显失公平由两种情况构成：

第一，是合同的条件不合理地有利于一方而不利于另一方，这是指所订立的合同已经“实质性显失公平”。

第二，是合同另一方当事人在合同订立时没有作出有意义的选择，这是指合同的“程序性显失公平”。程序性显失公平的原因可以归结为两个方面：一种原因是，一方由于不能归咎于自己的原因未能理解合同的内容；另一种原因是，一方由于其所处的地位完全没有同对方讨价还价的余地。

(2)显失公平订立合同的后果。从原则上说，显失公平的合同是可撤销的合同。当合同中的某一条款会导致显失公平的后果时，受到不利影响的一方通常有权否认该条款的效力，同时认可合同的其他条款的效力。法院有权以实现公平为出发点，限制对显失公平的条款的效力，比如对其内容作适当的调整。

2. 大陆法系

1)德国

(1)合同公平性的含义。按德国法的传统理论，只要合同是当事人自愿签订的，不论其内容是否有利于一方而不利于另一方，都不应否认其效力。但是，随着经济的发展，格式合同的制定方利用格式合同将合同弱势群体置于不利地位的现象越来越多。所以，《德国民法典》第 242 条的规定，合同当事人必须遵守诚信原则并照顾到交易的习惯。因此，当合同一方通过其加入格式合同的标准条款免除或限制其责任，从而构成了对第 242 条的违反时，该条款是无效的。

德国在法院干预格式合同中的标准条件的大量判例基础上，于 1977 年制定了《标准合同条件法》。该法规定，标准合同条件是指“使用者”为了在未来的数次交易中使用而预先单方面地确定的；它由使用者向另一方出示，以便让另一方接受；在出示时，使用者具有确定的坚持使之成为合同的基础的动机；它是否已纳入一份由双方签署的合同并不重要；合同条件如果已经由合同各方进行个别的协商，就不再是标准条件。

(2)后果。当合同条款违反了诚信原则并违背了交易习惯时，该条款是无效的；当合同条款违反 1977 年《标准合同条件法》中标准条件时也是无效的。

2)法国

“契约自由”体现于《法国民法典》第 1134 条第 1 款，体现了法国民法典对当事人意思自治的高度重视。从 20 世纪 60 年代起，合同法中出现了一个新的原则——“合同正义”。这一概念包含着合同内容的实质公平。通过司法手段对不公平合同条款予以纠正，是实现“合同正义”的最直接方式。法国法院通过适用“合同损害”与“错误”两大原则，以实现对不公平条款的救济。

"合同损害"往往直接地体现为，合同标的的价格存在极大的不公平。根据法国最高法院的观点，价格是交易中最重要的构成要件，法庭有义务通过它的判断来检验合同中的价格是否合理。故一旦合同中存在不公平因素导致价格出现扭曲，造成交易双方利益不均衡时，法庭通常采取撤销合同的做法，进而撤销不公平交易，实现对交易弱者的保护。该"撤销合同"的做法，或许同时包含着对交易强势一方缔结不公平条款予以惩罚的意味。

"竞业禁止"条款通常出现在劳动合同中，但并非劳动合同中的核心条款，不会对劳动合同的解除产生实质性的影响。竞业禁止条款的目的仅在于规范劳动者离职后的再就业行为。于是，一方面考虑到保护前雇主的竞争利益，实现竞业禁止条款的目的；另一方面对劳动合同缔结过程中处于弱势的劳动者施以保护，对不公平合同条款进行修改，而非"一刀切"地否定其效力，不失为一种尊重合同当事人意愿的折中选择。

2.6　合同的担保

合同的担保，是指合同的当事人根据法律规定或者双方的约定，为保证合同的切实履行而设立的一种权利义务关系。合同担保的主要作用是促使承担义务的一方当事人认真履行合同规定的义务，从而给享受权利的一方当事人实现合同权利提供物质保证。如果出现负有履行义务的一方当事人不履行合同规定的义务的时候，另一方当事人即可按照担保约定采取补救措施，以保障自己权利的实现。合同担保对于提高合同的法律效力、维护当事人的合法权益是十分必要的。合同的担保从担保形式上可分为人的担保和物的担保两种。

2.6.1　人的担保

人的担保又称为信用担保或保证，即由保证人保证合同当事人履行合同义务的担保方式。

1. 英美法系

英国 1677 年著名的《防止欺诈法》中首次立法确定了保证作为债的担保的一种方式，称为"为他人偿还债务之约定"。通常对保证的定义是：保证是由某人承担的一种合同义务，他允诺另一个人将履行合同或者完成某种其他义务，如果该另一人不履行义务，则保证人将为他履行。在英美法中，保证并不仅仅是债权式担保，可能也包括了物上保证人的担保方式。

一般而言，在英国法中，保证是指由某人做出的一项允诺，根据这一允诺，他将在另一人不按照要求履行义务（无论是合同义务还是法定义务）时，替代其履行适当的义务。因此，保证是一种人的担保，一种契约性的担保利益。然而英美法中保证并不总是对人的债务。保证人可以通过提供担保物使对人的债务转化为对物的债务。在此种情形下，保证人仅以其提供保证的物的价值为他人担保，在此范围之外，保证人不承担其他责任。

2. 大陆法系

大陆法系各国和地区民法都规定了保证制度,《法国民法典》规定,为某项债务作保证的人,在债务人本人不履行债务时,对债权人负履行该债务之责任。《德国民法典》中规定,根据保证合同,对于第三人的债权人,保证人有义务对该第三人的债务的履行负责。

需要注意的是,在大陆法系中还设有代位追偿权制度,所谓代位追偿权,是指保证人在代替债务人履行合同或赔偿损失后,保证人就在其清偿的范围内取得代位追偿权,即取代债权人的位置,有权向债务人追偿。

我国《担保法》第 6 条,保证是指保证人和债权人约定,当债务人不履行债务时,保证人按照约定履行债务或者承担责任的行为,人的担保的分类及法律责任如表 2-10 所示。

表 2-10 人的担保的分类及法律责任

法系	名称	责任	区别
英美法系	连带责任保证人(surety)	其所承担的责任与债务人相同,只要债务人到期没有偿还债务,债权人就可以直接要求保证人承担责任	英美法中保证制度要求保证合同必须有主债权人,主债务人和保证人三方当事人存在
	次位责任担保人(guarantor)	其承担责任是有条件的,通常只有在主债务人失去清偿能力时他才承担责任,所以负次位的责任	
大陆法系	连带保证责任	在债务人不履行合同时,债权人既可请求债务人履行债务或赔偿损失,又可请求保证人履行债务或赔偿损失,而不论债务人是否有履约能力或赔偿能力	大陆法系中保证当事人只涉及保证人及债权人,主债务人并非保证责任的当事人
	补充保证责任	只有在债务人不能履行债务时,保证人才有义务代为履行或承担赔偿责任。保证人在补充责任保证中享有先诉抗辨权,即:补充责任是第二性责任,债权人未起诉债务人之前,保证人有权拒绝承担保证责任	

2.6.2 物的担保

物的担保是指通过在债务人或第三人的所有物上设定担保物权的方式保证合同履行的行为。物的担保包括抵押、质权、留置、定金等方式。

1. 抵押

抵押是指由债务人或第三人向债权人提供一定财产作为抵押物但不转移物的占有的法律行为。债务人如到期不履行合同,债权人有权依法以抵押物折价,或从变卖抵押物的价款中优先受偿。抵押通常要由债务人或第三人与债权人签订书面抵押协议,但德国、日本等国采取了非要式主义,抵押合同可以是书面的,也可以是口头的。

英美法中设有按揭制度,我国法学者称之为抵押。美国学者斯蒂芬·贾奇在其《商法》中这样阐述按揭的概念:按揭的本质就是按揭人(借方)以自己的财产作为向受按揭人(贷方)贷款的担保。如果按揭人不履约或不按期履约,则受按揭人可以通过变卖按揭财产来获得本金和利息。许明月教授在《英美担保法要论》将按揭的含义进行了概括,认为按揭是一种通过债务人将特定财产权利转移与债权人而担保债权在约定的清偿期得到清偿的担保形式。

《德国民法典》没有给抵押下一个明确的定义，只是规定了抵押权的法定内容。德国民法学者认为所谓抵押权，即为担保债权的清偿以土地为标的而设立的物权变价权。

法国法上的抵押权是一种担保权利，通过抵押权，不动产的价值特别用于对某一债权的清偿担保。抵押权不会对不动产所有人造成财产利用上的严重障碍，该所有人仍保有对不动产的占有。

1)抵押财产

抵押财产多限于不动产。但为适应社会经济发展的需要，逐步确立了动产抵押制度，法律所规定的特定的动产可以进行抵押。我国的抵押制度不限于不动产，根据我国法律规定，不动产和动产均可用于抵押。

英美法在传统上也将抵押限于不动产，但美国《统一商法典》第9部分规定的担保制度则适用于动产担保。

2)抵押登记

抵押协议是否需要登记，各国法律规定不同。

(1)法国、日本采取登记对抗原则，即：抵押权的生效不以登记为条件，但未登记的抵押权不得对抗善意第三人；德国、瑞士则采取了登记成立要件主义，即：未经登记，抵押权不成立。

(2)美国《统一商法典》的原则与法国法类似。根据美国《统一商法典》的规定，受担保方可以凭州或地方相应部门所出具的"资金调度表"来完善担保物权，但这种资金调度表制度只是用于"完善"担保特权，而不是担保生效的法定条件。也就是说，没有这种资金调度表的登记，担保特权一般也可以产生，但缺少对抗第三人的竞争力。对于机动车辆、船只等还需要所有权证明。

(3)我国《担保法》采取了两种原则相结合的做法。我国《担保法》规定，抵押物为无地上定着物的土地使用权、城市房地产或乡镇企业厂房等建筑物、林木、航空器、车辆、船舶、企业设备和其他动产的，抵押必须依法登记，抵押合同自登记之日起生效；抵押物为其他财产的，当事人自愿登记，是否办理抵押物的登记不影响抵押合同的生效，在这种情况下，抵押合同自签订之日起生效。但是，未办理抵押物登记的，抵押权不得对抗第三人。

2. 质权

质权是债权人为担保合同履行，而占有债务人或第三人移交的财产，如果债务人到期不履行合同，债权人可就该项财产优先享有清偿的权利。质权和抵押的区别在于：

(1)质权转移标的物的占有，而抵押不转移占有；

(2)质权分为动产质权和权利质权，尤以动产质权为主，而抵押常为不动产。

质权的产生，各国法律均以占有质物为生效条件，即：质押合同属于实践合同。英美法认为，只要受担保方占有附属担保品，一份口头协议也具有同样的效力。

我国将质权称为"质押"。在我国，质押包括动产质押和权利质押。动产质押的标的物为可转移占有之动产；权利质押则包括：汇票、支票、本票、债券、存款单、仓单、提单；依法可以转让的股份、股票；依法可以转让的商标专用权、专利权、著作权中的财产权；依法可以质押的其他权利，包括公路桥梁、隧道或公路渡口等不动产的收益权等。在我国质押合同应当采用书面形式。

3. 留置

留置是指债权人因一定的合同关系而占有债务人的财物，债务人不履行债务时，债权人有权将其扣留；如果经过催告，债务人在合理期限内仍不履行债务，债权人有权变卖所扣留的财物，从价款中优先受偿的一种担保方式。

英美法系所称留置权，是指债权人在债务人特定财产上设定的一种担保权益，一般至债务清偿时止，债务人如逾期清偿，债权人可通过变卖留置物等法定程序优先受偿。英美法系的留置又可分为占有性留置，海事留置，衡平法上的留置和卖主留置几种，其中海事留置和衡平法上的留置不以占有担保物为条件。

法国和德国沿袭了罗马法的立法模式，视留置权为一种拒绝给付的抗辩权，而未将其规定到物权中。如《法国民法典》规定的加工人对加工制成之物的留置权；出卖人拒绝交付标的物的权利，都是对这一抗辩权的体现。

我国《担保法》中所称留置，是指债权人按照合同约定占有债务人的动产，债务人不按照合同约定的期限履行债务的，债权人有权依照本法规定留置该财产，以该财产折价或者以拍卖、变卖该财产的价款优先受偿的一种物的担保方式。留置担保的范围包括主债权及利息、违约金、损害赔偿金、留置物保管费用和实现留置权的费用。我国《物权法》第236条规定，留置权人与债务人应当约定留置财产后的债务履行期间；没有约定或者约定不明确的，留置权人应当给债务人两个月以上履行债务的期间，但鲜活易腐等不易保管的动产除外。债务人逾期未履行的，留置权人可以与债务人协议以留置财产折价，也可以就拍卖、变卖留置财产所得的价款优先受偿。

4. 定金

定金制度最早起源于罗马法，因此在大陆法系国家中定金制度比较严格。定金是订约的证明和履约的保证。

《法国民法典》将定金的性质定义为解约定金，在该法有关买卖的篇章中规定："如果采用定金预约买卖之时，缔结合同的双方当事人需要以下列方式解除合同约定；接受定金一方，加倍返还定金。交付定金的一方失去本方所给付的定金。"

《德国民法典》对定金的一般种类划分为成约定金与违约定金，规定：在订立合同之时，如果通过某物品作为定金，此物品则当作合同成立的证明，因可归责于给付物品一方当事人的原因导致合同不能履行的情况出现时，物品不予以返还，若接受人一方不能履行之时，则由接受人返还接受物品或者将其计入损害赔偿金额中。

根据我国《民法通则》和《担保法》的有关规定，当事人可以向对方给付定金作为合同的担保，债务人履行债务后，定金应当返还或者抵作价款；给付定金一方如不履行合同就失去定金，接受定金一方如不履行合同则应加倍返还定金。

我国《合同法》作了同样的规定，并规定合同中的定金不得超过合同标的额的20%，超过部分人民法院不予支持，但英国、德国的法律中，返还定金时则无须加倍。

我国《合同法》中还规定，当事人既约定违约金，又约定定金的，一方违约时，对方可以选择适用违约金或者定金条款，但二者不能并用。

2.7　违约与违约救济

2.7.1　违约的概念及构成要件

1. 概念

违约是指合同当事人一方由于某种原因,完全没有履行其合同义务,或没有完全履行其合同义务的行为。

2. 违约的构成要件

关于违约的构成,大陆法和英美法存在重大差异,主要体现在以下两个方面。

1)关于违约的归责原则

对于违约的归责原因,英美法和大陆法国家分别实行无过失责任原则和过失责任原则。

英美法认为,只要当事人没有履行在合同中约定的义务,即使其没有任何过失,也构成违约,应承担相应的法律责任。美国合同法重述第 314 条中的"凡没有正当理由的不履行合同中的全部或部分许诺者,构成违约",即是此意。

大陆法则不同,大陆法中违约的构成要件,不但包括合同义务人有不履行义务的事实,而且存在归责于他的过失,还要在两者之间有因果关系。如违约方的相对人要求其赔偿损失,则须证明违约造成了这些损失。

2)关于判定违约的时间界限即催告制度

催告是指债权人向债务人请求履行合同的通知。在合同没有明确规定履行日期的情况下,债权人必须向债务人催告,才能使债务人承担延迟履行的责任。催告的方式为口头、书面均可。

英美法中没有催告这个概念。凡合同规定履行期限,债务人届时不履行;合同未规定履行期限,债务人在合理的期限内不履行,即构成违约。我国亦采用此原则。

德国法中则有不同于上述原则的催告制度。法国法的规定大体相同,只是对催告的方式规定须采取书面形式,德国则口头催告也可。

2.7.2　违约的形式及其后果

对违约形式的规定,英美法和大陆法差异很大。

1. 英美法

1)英国

英国把合同条款分为"条件"和"担保",违约相应地分为违反条件和违反担保,近年又发展起来的一种新的违约类型称之为违反中间性条款,英国违法行为的分类及法律后果如表 2-11 所示。

表 2-11 英国违约行为的分类及法律后果

分类	含　义	法律后果
违反条件	所谓条件条款，是指合同中十分重要、必不可少的条款。对这类条款的违反，将导致合同目的无法实现、剥夺非违约方实质性的利益。 条件条款的判断标准： ①成文法中明文规定； ②合同中明显指出是条件条款的； ③案例表明是条件条款的(但案例可能会被推翻)； ④根据合同条款、合同背景所表示的双方的意图确定，例如：航次租船合同中的船名、船型、船舶现处的位置、船级等条款	违反条件条款的行为被视为根本违约。如果一方当事人违反了条件，对方有权解除合同并要求赔偿损失，或者继续维持合同，只要求赔偿损失
违反担保	所谓保证条款，是指合同中相对次要、从属性的条款。对这类条款的违反，并不会导致合同目的无法实现。 需要说明的是，租约中船东或承租人可能会作出特别的保证(warranty)，以保证某些事项的真实性等，这不意味着这个条款就是保证条款，在此的 warranty 是中文通常使用的“保证”一词的含义，而不是关于合同分类中的保证条款的保证	若违反保证条款，无权解除合同，只能提出损害赔偿请求
违反中间性条款	所谓中间条款，是指重要性间于条件条款和保证条款之中的条款。中间义务条款介于条件条款和保证条款之间。违反中间性条款是英国近年发展起来的一种新的违约类型。 在英国法中，船速及燃油消耗量条款、船舶适航保证条款	不是根据合同条款本身来确定对方是否有权解除合同，而是依违约的性质和后果来确定补救方法的合同条款： ①当一方违反中间条款情形严重，达到足以影响到合同的根本时，或者剥夺了非违约方就其签订合同意图可获得的实质的全部利益时，其效果如同违反了条件条款。 ②若违反程度较轻微，不能解除合同。但无论是否撤约，都可提出损害赔偿请求

2)美国

美国违约行为的分类及法律后果如表 2-12 所示。

表 2-12 美国违约行为的分类及法律后果

分类	含　义	法律后果
轻微违约	是指当事人一方在履约中，尽管存在一些违约行为，但另一方已经从中得到该项交易的主要利益的违约	无过错的一方只能请求赔偿，但不能拒绝履行自己的合同义务

续表

分类	含　义	法律后果
重大违约	是指由于债务人没有履行合同或履行合同有缺陷致使债权人不能得到该项交易的主要利益的违约	受损害的一方可以解除合同，即解除自己对合同履行的义务，同时也可以要求赔偿全部损失

英美法除了上述形式，还有另外两个形式：

一是预期违约。是指在合同履行期限到来之前，一方虽无正当理由但明确表示其在履行期到来后将不履行合同，或者其行为表明在履行期到来后将不可能履行合同。

二是履行不可能，包括两种情况：一种是订约时合同就不可能履行的，这种被认定为无效合同；另一种是发生在合同成立之后的履行不可能的，这种合同是可以解除的。

2. 大陆法

德国违法行为的分类及法律后果如表 2-13 所示。

表 2-13　德国违约行为的分类及法律后果

分类	含　义		法律后果
给付不能（不履行）	自始给付不能	指在合同成立时，该合同就不可能履行	①如果双方共同错误，则合同无效； ②但如果一方当事人在订约时已经知道或者应该知道该合同履行不可能，则应对无过错的一方负赔偿责任
	嗣后给付不能	是指合同成立时，该合同是可以履行的，但合同成立后至履行前，由于发生了阻碍合同履行的原因，造成合同不能履行	①如果不是由债务人过失造成，债务人不承担不履行义务的责任； ②如果是由债务人过失造成给付不能，债务人应当承担损害赔偿责任； ③如果合同双方当事人因不可归责于双方当事人的事由，致使自己不能履行时，双方均可以免除其义务
给付延迟（履行迟延）	债务人没有过失地履行延迟	是指履行期满前，由于不可抗力事故，致使债务人无法按期履行债务	债务人可以免除迟延给付责任
	债务人有过失地履行延迟	是指在履行期届满后，经债权人催告仍不给付的，对此，债务人自受催告时起负迟延给付责任	债务人不但要对延迟履行期间由于他的过错所造成的一切损失负责，而且还须对他的非过错（如不可抗力事故）所造成的损失负责

根据大陆法系许多国家的规定，如果在合同中没有明确规定履行日期，债权人必须首先向债务人作出催告，然后才能使债务人承担延迟履行的责任。否则，如果债权人不向债务人作出催告，则表示债权人不拟追究债务人延迟履约的责任。

3. 中国的有关法律规定

在我国，根据不同标准，违约行为可分为：单方违约与双方违约；根本违约与非根本违约；实际违约与预期违约；不履行、不完全履行与迟延履行等几种类别。

2.7.3 违约的救济方法

1. 实际履行

实际履行有两重意思：一是指债权人要求债务人按合同的规定履行合同；一是指债权人向法院提起实际履行之诉，由执行机关运用国家的强制力，使债务人按照合同的规定履行合同。大陆法和英美法在实际履行问题上有不同的规定和要求：

1)英美法

英美普通法认为，如一方当事人不履行其合同义务，对方的唯一权利是提起违约之诉，要求损害赔偿。因为，普通法是没有实际履行这种救济办法的。但是，英美的衡平法院在处理某些案件时，如果原告能证明仅仅采用损害赔偿的办法还不足以满足他的要求，则可以考虑判令实际履行。但即使如此，在英美衡平法中，实际履行也只是作为一种例外的救济方法，而且法院对于是否判令实际履行有自由裁量权，根据英美法院的审判实践，在下列情况下法院将不予作出实际履行的判决：

(1)凡金钱损害赔偿已可以作为充分的救济方法者，即不得请求实际履行；

(2)凡属提供个人劳务的合同，法院将拒绝作出实际履行的判决；

(3)凡法院不能监督其履行的合同，如建筑合同等，法院也不会作出实际履行的判决；

(4)对当事人一方为未成年人的合同，法院不判决强制执行；

(5)如判决实际履行会造成对被告过分苛刻的负担，法院也不会作出这种判决。

2)大陆法

德国法认为实际履行是对不履行合同的一种主要的救济方法。凡是债务人不履行合同时，债权人都有权要求债务人实际履行。但法院只有在债务人履行合同尚属可能时，才会作出实际履行的判决，如属于履行不可能的情况，就不能作出实际履行的判决。如在房地产买卖中，房屋因为发生火灾被烧毁，或者在订立租船合同后，船只被政府征用等。

法国法规定请求实际履行或请求解除合同并要求损害赔偿，二者之中任择其一。

2. 损害赔偿

损害赔偿是指当事人一方违反合同规定的义务并给对方造成损失，依法由违约方给予补偿。它是对违约的一种主要救济方法，为各国法律所普遍采纳。而在赔偿的依据、方法、范围等方面尚有差别。

1)损害赔偿的依据

英美法则认为一旦一方当事人违约，对方即可要求损害赔偿，无须证明违约方有过错，也无须以实际损害为前提。

大陆法国家损害赔偿需依据 3 个条件，即有损害事实；有归责于债务人的原因；损害的发生与债务人违约间有因果关系

中国从大陆法通例。

2)损害赔偿的方法

损害赔偿的方法有恢复原状和金钱赔偿两种。英美法基本上采取的方法，称为金钱上的恢复原状，为了在金钱所及的范围内，使权利受到损害的一方处于合同得到履行时同样的地位。

大陆法中德国法以恢复原状为原则，而以金钱赔偿为例外。法国法正相反，以金钱赔偿为原则，而以恢复原状为例外。

3)损害赔偿的范围

英美法原则上要求因违约而受到损害的一方，在经济上能处于合同得到履行时同等的地位。债权人可索赔的损失包括按照违约的一般过程自然发生的损失；当事人在缔约时已预见或应预见到的因违约而产生的损失。

大陆法认为应包括违约所造成的实际损失和可得利益损失。前者是由合同明确规定，因债务人的违约而直接受到损害的利益。后者是债权人在合同履行的情况下本应可以获取，而因债务人的违约所丧失的利益。以货物买卖合同为例，卖方交付不合格品，买方未取得合格品为直接损失，此合格品转售的利润为间接损失。

我国合同法认为赔偿的范围应按以下两个标准来确定：一是违反合同一方的赔偿责任，应当相当于另一方因其违约所受到的损失；二是赔偿的责任不得超过违约一方在订立合同时应当预见的因违反合同可能造成的损失——预见损失。

3. 违约金

违约金是指以保证合同履行为目的，由双方当事人事先约定，当债务人违反合同时，应向债权人支付的金钱。就违约金的性质来说，大陆法中德国法和法国法的界定是不相同的。

1)英美法

英美法认为合同双方当事人地位完全平等，一方违约，另一方只能要求赔偿，而不能加以惩罚，但允许当事人预先约定损害赔偿金额。

2)大陆法

大陆法中有惩罚性违约金和补偿性违约金之分。德国规定为惩罚性违约金，债权人除依约向违约方要求支付违约金外，还可请求损害赔偿。法国规定为补偿性违约金，由当事人在缔约时预先约定，一旦违约，债权人可要求违约方支付，但不允许同时请求损害赔偿。

另外，依各国法例，违约金或预先约定损害赔偿金额过高或过低，当事人可请求法院酌量增减。

我国《合同法》规定的违约金，既有惩罚性，又有补偿性。

4. 解除合同

解除合同是指一方当事人违约时，另一方当事人径自或通过法院判决解除自己履行合同的义务的一种救济方法。它不同于当事人在正常情况下解除合同关系。

1)英美法

英美法中规定在一方违反条件或重大违约时，另一方才有权通知违约方解除合同。

英美法中，美国法认为解除合同应产生恢复原状的效果，各当事人均应将从对方取得的东西返还；而英国法则认为，由于违约造成的合同的解除时，只是在解除合同时尚未履行的债务不再履行，已履行的债务原则上不返还。

2)大陆法

大陆法并不区分违约方式，一方违约另一方就有合同解除权，只是法国须通过法院判决，德国法中规定无须涉讼。

德国民法典规定，在解除合同时，各方当事人互负返还其受领的给付的义务。如已履行的给付是劳务的提供或以自己的物品供对方利用者，因无法恢复原状，应补偿其代价。

法国法对这一问题主张解除合同是使合同的效力溯及既往地消灭，未履行的债务不再履行，已履行的债务，要恢复原状，相互返还从对方得到的东西。我国合同法的规定与法国法相似。（法国须通过法院判决）

我国《合同法》规定了与违约补救直接有关的两种可以解除合同的情况：一是一方违反合同，以致严重影响订立合同所期望的经济利益；二是一方在合同约定的期限内没有履行合同，在被允许推迟的合理期限内仍未履行，另一方就可径自通知违约方解除合同，毋需订立协议或法院判决。

5. 发出禁令

禁令是英美衡平法特有的一种救济方法，是由法院颁布的司法令状。如：制止侵犯他人专利权或商标权的禁令，法院向银行发布的止付令等。

§知识小贴士§

英美法禁令制度

禁令是一种衡平法上救济形式。由于普通法上的金钱赔偿通常只能弥补原告过去受到的损失，对于将来可能继续或发生的损害基本无能为力，而“衡平法不能容忍对侵害权利的行为没有救济”，对于商标侵权，禁令救济作为防止未来损失继续和扩大的有效手段，往往是最主要最常见的救济形式。

禁令主要有临时禁令、预先禁令和终局禁令三种，临时禁令和预先禁令实际上是诉讼上的保全措施，对法院随后的审理并无拘束力，终局禁令则常常构成判决的主要内容，对诉讼当事人的利益有重大影响，法院应对其效力范围和有效期限进行精确界定。

2.7.4 免除合同责任的事由

如果在合同成立后，发生了某些情况阻碍了当事人一方履行其合同义务，而这些事件的发生是不属于当事人所应承担的风险范围之内的，在这种情况之下，债务人不承担违约责任。如果在订立合同之后，非由于债务人的过失，发生了某种事先未预料到的情况变化，但这种情况的变化并未达到使债务人不可能履行合同的程度，而是使合同的履行变得困难得多或者需要花费更多的钱。如果坚持按原合同履行，将会使合同的双方完全失去平衡，造成极不公平的结果。对于这种情况，如果合同中没有规定不可抗力条款，大陆法国家就要考虑这些意外事故是否构成情势变迁，英美法国家就要考虑是否构成合同落空。

§案例参考§

英皇爱德华士七世登基典礼的案例

某甲有房屋一座，位于英王爱德华七世登基典礼的游行必经之路旁，乙向甲租用房屋一天，目的是为了观看登基典礼，但这目的并未载入合同。后来，登基典礼宣告取消，乙拒绝支付房租。甲向法院起诉。

法院应驳回某甲的请求，因为该合同的目的已告落空，乙无支付租金的义务。合同虽然没有载明租房的目的，是为了观看登基，但从有关背景可以发现这是合同的基础。

1. 英美法的合同落空制度及其适用情形

合同落空是英美法的术语，它是与大陆法上的情势变迁原则相类似的概念。合同落空是指在合同成立之后，非由于当事人自身的过失，而是由于事后发生的意外情况而使当事人在订约时所谋求的商业目标受到挫折。在这种情况下，对于未履行的合同义务，当事人得予免除责任。

按照英美国的法律和判例，合同落空主要适用于下列情形：

(1)标的物灭失。是指合同的履行取决于某一特定的人或物的继续存在，而在合同订立之后，该特定的人或物已经灭失。在此情况下，履行合同已属不可能，则当事人可以免除履约义务。

(2)合同签订后变成违法。

(3)情况发生根本性的变化。即如果在合同订立之后，情况发生了根本变化，致使合同失去了基础，则该合同可以作为落空来处理。

(4)政府实行封锁禁运和进出口许可证制度。

2. 大陆法的情势变迁原则和不可抗力

1)情势变迁原则

情势变迁原则是大陆法系的一项原则。它是指在法律关系成立之后，作为该项法律关系的基础的情势，由于不可归责于当事人的原因，发生了非当初所能预料得到的变化，如果仍然坚持原来的法律效力，将会产生显失公平的结果，有悖于诚实信用的原则，因此，应当对原来的法律效力作相应的变更(如增加或减少履行的义务，或解除合同等)的一项法律原则。

情势变迁原则的一个重要的理论依据是“合同基础论”，即认为合同的有效性应以合同成立时所处的环境继续存在为条件；如果合同成立后，订约时所依据的环境条件已发生重大变化或已不复存在。则合同的效力亦应随之变更，不能按原来的合同规定去履行。

2)不可抗力

(1)不可抗力的含义。不可抗力是指事先规定的双方在发生他们所不能控制的某些意外事故，不论这种意外事故从法律角度看是否能构成合同落空或情势变迁，他们都可以延迟合同或解除履行义务，任何一方对此都不能请求损害赔偿，这种条款称为不可抗力条款。

(2)不可抗力的条件。不可抗力的条件包括以下 3 点：

①它是在签订合同以后发生的并且当事人事先无法预见。

②它不是由于任何一方当事人的过失或疏忽所造成的。

③它是双方当事人所不能控制的，即这种事故的发生是不可能预见，无法避免，无法预防的。

(3)不可抗力的后果。发生不可抗力后，合同的当事人可以选择解除合同或延迟履行，而无须为此承担损害赔偿。

2.8 合同的转让和终止

2.8.1 合同的转让

合同转让可分为债权让与和债务承担。

1. 债权让与

债权让与，也称为债权移转，是原债权人与新债权人之间的协议，根据这一协议，原债权人将债权转让给新债权人。债权让与又分为民法上的债权让与和商法上的让与。

大陆法系各国的法律都允许债权让与，但各国法律的具体规定不尽一致。德国法认为债权让与是一种非要因合同，即不以给付原因为成立要件的合同。法国法认为债权让与是受让人与让与人之间买卖债权的协议，因而是种要因合同。

英美法原则上承认债权让与，但是具有人身性质的合同权利，如雇主要求雇员为他提供劳务的权利，不能转让。英国法将债权让与分为成文法的让与和衡平法的让与。根据1925年《英国财产法》，债权让与必须符合以下三项规定：让与必须是绝对的、无条件的；让与必须采用书面形式；必须以书面通知债务人。

2. 债务承担

债务承担，又称为债务转移，是指由新债务人代替旧债务人履行合同义务。债务转移涉及债务人的变更，而不同债务人的资信情况和履约能力往往不同，因此债务承担必须经债权人的同意。

大陆法系中德国和瑞士等国的法律都承认债务承担制度。法国法则规定债务承担主要通过债的更新的方法实施。

按照英美普通法，合同义务非经债权人的同意，原则上不得移转。但为了商业上需要，英美法允许以后更新或替代履行的方法移转债务。

2.8.2 合同的终止

合同终止是指合同关系由于某种原因而不复存在。大陆法将合同终止归入债的消灭范畴，与英美法有所不同。

1. 大陆法的规定

大陆关于债的消灭原因。主要有：清偿、提存、抵销、混同和免除。

1)清偿

清偿是履行给付、实现合同内容的行为。清偿是终止合同关系最普遍、最基本的原因。

2)提存

提存是指债务人在债权人无理拒绝受领、迟延受领或下落不明时，将应交付的标的物寄存于法定的提存机关以代替清偿的行为。

3)抵销

当事人双方互相有种类相同的到期债务，主要是金钱债务，可以相互终止债权债务关系。

抵销有两种情形：一是约定抵销，即互有债务的双方当事人，按照合同的约定抵销各自的债务；另一种是法定抵销，即当事人双方互有债务，因具备法定要件而归于消灭，而无须双方另有约定。

法定抵销的条件通常是：当事人以双方互为债权人和债务人；债的种类相同；双方债务都已到清偿期。

4）混同

混同是指债的关系因债权与债务人合为一人而归于消灭。除德国民法典未作规定外，大陆法系法国、奥地利、瑞士、日本等国的民法典都将混同为债的消灭原因之一。

5）免除

免除是指债权人放弃债权从而解除债务人义务的行为。关于免除的性质，各国立法规定有所不同。法国、德国、瑞士等国的立法，因受罗马法的影响，把免除看作是双方法律行为，即免除需经债务人同意才能成立；而日本民法认为免除是单方法律行为，只需债权人一方作出免除的意思表示，债的关系即告终止。

6）其他

除以上几种情况外，在大陆法终止债的原因还有：诉讼时效、标的物的灭失、解除条件的成就等。

2. 英美法的规定

在英美法中，合同通常因履行、违约（违反要件、重大违约或预期违约）、合同落空、混同、免除等而终止或解除。此外，英美法中合同终止的原因还有：和解与清偿、合同更新、诉讼时效已过、破产等。

（1）和解与清偿，是指合同双方当事人之间，一方同意另一方替代履行，从而解除原合同的协议。

（2）合同更新，即以新合同代替现有合同的协议，合同一经更新，原有的合同即告终止。

（3）诉讼时效，在英美法国家，合同因超过诉讼时效而终止。根据 1939 年英国时效法，简式合同的诉讼时效为 6 年，签字蜡封合同的诉讼时效为 12 年。这些诉讼时效也适用于仲裁。

美国《统一商法典》第 2—725 条第 1 款规定，买卖合同的诉讼时效为 4 年；当事人可以在合同中规定将时效缩短至 1 年，但不得延长时效。

（4）破产。宣告破产的债务人，经过破产清算程序，取得法院的解除令后，他的债务便随之解除，其所承担的合同义务也随之终止。

3. 中国法的规定

我国《合同法》规定，有下列情形之一的，合同的权利义务终止：

（1）债务已经按照约定履行；

（2）合同解除；

（3）债务相互抵销；

（4）债务人依法将标的物提存；

（5）债权人免除债务；

（6）债权债务同归于一人；

（7）法律规定或者当事人约定终止的其他情形。

思 考 题

1. 什么是合同？合同的分类有哪些？

2. 影响合同效力的因素有哪些？

3. 什么是意思表示？哪些意思表示不真实的情形会影响到合同的效力？

4. 什么是合同的担保？抵押与质权的区别是什么？

5. 西方两大法系中对于违约行为是如何界定的？对违约行为的救济方式有哪些不同的规定？

技能训练题

案例 1：

一德国商人与一英国商人签订了一份小麦买卖协议，出售一批小麦给英国商人。如果德国人违约，拒绝出售该批小麦，而英国商人又非常想得到这批小麦，英国商人向德国法院起诉德国商人，要求法院判决德国商人实际履行合同。英国商人能否胜诉？

反过来，英国商人向德国商人出售小麦，英国商人违约，德国商人向英国法院起诉英国商人，要求判英国商人实际履行。德国商人能否胜诉？

案例 2：

K 是一家出口公司，与购货商签订了一份供货合同。为交货，K 又与承运人 A 订立了海洋运输合同。运输合同开始履行后，A 发现自己计费有误，致使这次运输合同所订的运价不合算。于是，A 对 K 声称，除非改变运价，否则将终止运输。K 的生意很大程度上依赖该购货商，不及时交货将损失惨重，而且当时已经很难迅速找到其他承运人替代。K 只好答应 A 调整运费的要求，但合同履行后，K 以受到胁迫为由拒绝支付增加的运费，双方发生争执。

问：

(1)K 是否可以以受到胁迫为由拒绝支付增加的运费？

(2)A 可否认为：运费计费有误属于重大错误，可以主张合同无效？

(3)若 A 以政府法令发生变化为由要求调整运费，而未主张计费错误，K 同意增加运费，但事后 K 发现并不存在政府法令发生变化导致调整运费的事实，K 是否可以主张 A 采取欺诈手段订立合同而要求其承担责任？

第3章 联合国国际货物销售合同公约

【本章重点】

1. 常用的国际贸易术语
2.《公约》的适用范围
3.《公约》中规定的卖方义务和买方义务

【本章难点】

1.《公约》中的违约救济方法
2.《公约》中的风险转移规则

3.1 国际货物买卖法概述

货物买卖是指卖方将货物及其所有权有偿地转让给买方，由买方接受货物并向卖方支付价款的交易行为。广义的买卖法包括动产和不动产，但是本章讨论的仅限于动产买卖。

国际货物买卖的法律，主要包括三部分：

(1)各国有关国际货物买卖的国内立法及其冲突规范；

(2)国际贸易惯例；

(3)国际货物买卖公约。

§知识小贴士§

各国关于货物买卖的国内立法

在资本主义各国，无论是大陆法系还是英美法系国家，调整货物买卖的法律只有一套，既适用于国内货物买卖也适用于国际货物买卖。

1. 大陆法系国家货物买卖的立法

在民商合一的国家，只有民法典，而没有商法典，关于货物买卖一般在民法典中的债编中加以规定。例如，意大利只有民法典，瑞士只有债务法典。在民商分立的国家，民法典作为一般法，商法典作为特别法。商法典就商行为、海商、保险、票据或公司等方面的法律分别作出具体的规定。民法的一般原则适用于商事活动，但是商法典有特别规定的事项，则应适用商法的有关规定。比如法国民法典、德国民法典、日本民法典。

2. 英美法国家货物买卖的立法

英美法国家没有民法典，也没有商法典，这些国家的买卖法由两部分构成：一是普通法，即由法院以判例形式所确定的法律原则，属于不成文法；二是成文法或制定法，即有关货物买卖的立法。

有代表性的是英国《1893 年货物买卖法》，是在总结英国法院数百年来就有关货物买卖案件所作出的判例的基础上制定的，现在生效的是 1979 年修订的。

美国以此为蓝本，制定了《1906 年统一买卖法》(Uniform Sale of Goods Act，1906)。随着形势的发展需要对之进行修改，1942 年，美国统一各州法律委员会和美国法学会即着手起草新的《美国统一商法典》(简称 U. C. C)，于 1952 年正式颁布，现在使用的是 1977 年文本，该法第二章标题即为“买卖”。

但是，由于它并不是由联邦立法机关制定的一部法律，按照美国法律的规定，关于贸易方面的立法权属于各州，联邦只对涉及州之间的贸易和国际贸易享有立法权。所以，各州是否采用该法典其有完全的自主权。除了保持大陆法传统的路易斯安那州之外，其他各州均已采用该法典。

3. 中国法

在中国，调整货物买卖的基本法律是《民法总则》《民法通则》和《合同法》。对于国际货物买卖，我国《合同法》第 126 条、129 条做了详细规定。《合同法》第 126 条第 1 款规定，“涉外合同的当事人可以选择处理合同争议所适用的法律，但法律另有规定的除外。涉外合同的当事人没有选择的，适用与合同有最密切联系的国家的法律。”

《合同法》第 129 条规定，“因国际货物买卖合同和技术进出口合同争议提起诉讼或者申请仲裁的期限为四年，自当事人知道或者应当知道其权利受到侵害之日起计算。因其他合同争议提起诉讼或者申请仲裁的期限，依照有关法律的规定。”

3.1.1 关于国际货物买卖的国际贸易惯例

1. 国际贸易术语解释通则

《国际贸易术语解释通则》(缩写 INCOTERMS)是国际商会为统一各种贸易术语的不同解释于 1936 年制定的，随后，为适应国际贸易实践发展的需要，国际商会先后于 1953 年、1967 年、1976 年、1980 年和 1990 年进行过多次修订和补充。1999 年 7 月公布《2000 年国际贸易术语解通则》(简称《INCOTERMS 2000》或《2000 年通则》)，于 2000 年 1 月 1 日起生效。2010 年 9 月 27 日，国际商会正式推出《2010 年国际贸易术语解释通则》(INCOTERMS 2010)，如表 3-1 所示，与 INCOTERMS 2000 并用，新版本于 2011 年 1 月 1 日正式生效。2010 年通则的出台并不代表以前的版本失效，以往版本只要经过当事人的明确选择仍可以得到适用，2010 年通则贸易术语责任示意简图如图 3-1 所示。

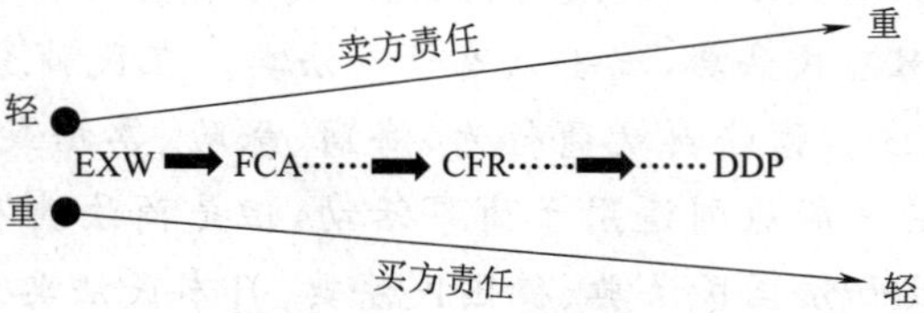

图 3-1 2010 年通则贸易术语责任示意简图

表 3-1　《2010 年国际贸易术语解释通则》中贸易术语内容简介

术语名称	交货地点	风险转移时间	运输	保险缴纳	出口手续办理	进口手续办理
EXW 工厂交货	卖方工厂	交货时	买方	（买方）	买方	买方
FCA 货交承运人	交承运人	交货时	买方	（买方）	卖方	买方
FAS 船边交货	装运港船边	交货时				
FOB 船上交货	装运港船上	装运港装上船				
CFR 成本加运费	装运港船上	装运港装上船	卖方	（买方）	卖方	买方
CIF 成本加保险费加运费	装运港船上	装运港装上船		卖方		
CPT 运费付至	交承运人	交货时		（买方）		
CIP 运费和保险费付至	交承运人	交货时		卖方		
DAP 目的地交货	指定目的地	交货时	卖方	（卖方）	卖方	买方
DAT 运输终端交货	指定目的地					买方
DDP 完税交货	指定目的地					买方

§小思考 3-1:

德国 A 能源公司与我国 B 制造企业签订一 CFR 合同，由德国 A 公司向我国 B 公司出口化工原料。合同中规定：德国 A 公司在 2018 年 4 月交货。德国 A 公司按合同规定时间交货后，载货船舶于当日驶往目的港青岛。5 月 10 日，德国 A 公司向我国 B 制造企业发出传真，通知货已装船。我国 B 制造企业当天向保险公司投保。但货到目的港后，经 B 企业检验发现，货物已经于 5 月 8 日在海上运输途中发生损失。

问：(1)上述期间发生的损失由哪一方承担？

(2)本案中哪一方当事人负责安排海上运输？

考核知识点：国际贸易术语解释通则。

2. 华沙——牛津规则

该规则是由国际法协会所制定的。该协会于 1928 年在华沙举行会议，制定了关于 CIF 买卖合同的统一规则，共 22 条，称为《1928 年华沙规则》。后又经过 1930 年纽约会议、1931 年巴黎会议和 1932 年牛津会议修订为 21 条，定名为《1932 年华沙－牛津规则》（简称 W. O. Rules 1932）。本规则是为了对那些愿按 CIF 条款进行货物买卖但目前缺乏标准合同格式或共同交易条件的人们提供一套可在 CIF 合同中易于使用的统一规则。如果没有明示采用本规则，那么，按照 CIF 条款进行买卖的当事人，其权利和义务不受本规则的约束。

3. 1941 年美国对外贸易定义修订本

《1941 年美国对外贸易定义修订本》是 1941 年 7 月 30 日，美国商会，美国进口商会理事会和全世界对外贸易理事会所组成的联合委员对外贸易定义的统一解释。在同年为美国商会、美国进口协会和全国对外贸易协会所组成的联合委员会所采用。值得注意的是，该定义把 FOB 分为六种类型。其中只有第五种，即指定的装运港船上交货（FOBVessel）才同国际贸易中一般通用的 FOB 的含义大体相同，而其余五种 FOB 的含义则完全不同，为了具体说明买卖双方在各种贸易术语下承担的权利和义务，在此修订本所列各种贸易术语之后，一般附有注解，这些注释，实际上是表明贸易术语定义不可分割的组成部分，因此，为充分了解在各种贸易术语下买卖双方积压自承担的权利和义务。不仅应考虑定义本身，还应明了附加的有关贸易术语的注释。

该《定义》本身并无法律约束力，只有当买卖双方接受此项定义作为买卖合同的一个组成部分时它才对各有关当事人产生约束力。由于《1941 美国对外贸易定义》对明确买卖双方权利与义务、简化贸易手续和便利合同的签订与履行等方面具有积极意义因此它曾在南北美洲各国有很大的影响。然而由于国际商会制定的《国际贸易术语解释通则》在国际上的影响越来越大绝大多数国际贸易从业人员都接受了《通则》的解释，美国制定《定义》的团体已同意不再继续使用该项定义。

4.《国际商事合同通则》

《国际商事合同通则》(简称《通则》)旨在为国际商事合同制定一般规则，在当事人约定其合同受《国际商事合同通则》管辖时，应适用《国际商事合同通则》；在当事人约定其合同适用法律的一般原则、商人习惯法或类似措辞时，可适用《国际商事合同通则》；在当事人未选择任何法律管辖其合同时，可适用《国际商事合同通则》；《国际商事合同通则》可用于解释或补充国际统一法文件；《国际商事合同通则》可用于解释或补充国内法；《国际商事合同通则》也可作为国内和国际立法的范本。《国际商事合同通则》从统一法分类宽泛的角度看，它既可以被称为示范法、统一规则，也可被称为国际惯例。

2004 年版《国际商事合同通则》有十章共 185 项条文及相关注释。第一章，总则(12 条)；第二章，合同的订立与代理人的权限，分为 2 节，第一节合同的订立(22 条)，第二节代理人的权限(10 条)；第三章，合同的效力(20 条)；第四章，合同的解释(8 条)；第五章，合同的内容，分为 2 节，第一节合同的内容(9 条)，第二节第三人权利(6 条)；第六章，合同的履行，分为 2 节，第一节履行的一般规定(17 条)，第二节艰难情形(3 条)；第七章，不履行，分为 4 节，第一节不履行的一般规定(7 条)，第二节要求履行的权利(5 条)，第三节合同的终止(6 条)，第四节损害赔偿(13 条)；第八章，抵消(5 条)；第九章，权利的转让、债务的转移与合同的转让，分为 3 节，第一节权利的转让(15 条)，第二节债务的转移(8 条)，第三节合同的转让(7 条)；第十章，时效期间(11 条)。《通则》规范国际贸易的合同内容不仅包括有形贸易还包括无形贸易，它所适用的国际商事合同类型，既有国际货物销售合同，又有国际服务贸易合同和国际知识产权转让合同，即适用于国际商事合同的全部。

3.1.2 关于国际货物买卖的国际公约

1. 1964 年《国际货物买卖统一法公约》与《国际货物买卖合同成立统一公约》

《国际货物买卖统一法公约》简称《海牙第一公约》，国际统一私法协会于 1964 年 4 月 25 日在海牙召开的有 28 个国家参加的外交会议上通过了《国际货物买卖统一法公约》及其附件《国际货物买卖统一法》，同年 7 月 1 日开始签字，1972 年 8 月 18 日起生效。1964 年海牙会议同时通过的还有《国际货物买卖合同成立统一法公约》(简称《第二海牙公约》)。

2. 1980 年《联合国国际货物销售合同公约》

1980 年《联合国国际货物销售合同公约》(以下简称《公约》)是到目前为止关于国际货物

买卖的一个最重要的国际公约。我国是该公约的缔约国，我国企业同营业地位于其他缔约国的当事人之间所订立的货物买卖合同都将适用这一公约，除非当事人在合同中排除了其适用的可能性。中国政府于 1981 年 9 月 30 日在公约上签字并于 1986 年 12 月 11 日批准该公约。

§小思考 3-2：

英国某公司与我国外贸企业面谈洽购某商品。我方口头发盘后，对方未置可否，散会后当日下午该英国公司来电表示无条件接受我方上午的发盘，那时，我方已获知该项商品的国际市场价格有趋涨的迹象。对此，你认为我方应如何处理为好，为什么？

分析：中国与法国均系《公约》缔约国，洽谈过程中，双方对《公约》均未排除或作出任何保留。因此，双方当事人均应受该《公约》约束。按《公约》规定：对口头要约，须立即接受方能成立合同。上午我方发盘后，英国公司未置可否，也未提出任何要求，则合同没有成立。据此，我方鉴于市场有趋涨迹象，可以予以拒绝或提高售价继续洽谈。

1)《公约》的适用范围

《公约》适用范围如表 3-2 所示。

表 3-2　《公约》适用范围

1. 适用公约的货物销售合同	(1)公约适用于营业地位于不同缔约国的当事人之间订立的货物销售合同 (2)国际合同，通过冲突规范导致缔约国法律的适用的(可以保留)
2. 不适用公约的货物或销售	(1)供私人、家人或家庭使用的个人消费品 (2)以拍卖方式进行的销售 (3)依法律执行令状或其他令状进行的销售 (4)公债、股票、证券、流通票据、货币等 (5)船舶、飞机、气垫船 (6)电力
3. 公约排除的合同	公约还排除了对提供货物与提供服务相结合的合同的适用，依公约的规定，下列两种合同排除适用：其一，通过劳务合作方式进行的购买，如补偿贸易；其二，通过货物买卖方式进行的劳务合作，如技贸结合
4. 公约未涉及的问题	(1)合同效力 (2)所有权转移 (3)卖方对货物引起的人身损害责任
5. 公约适用的任意性	(1)双方可以通过约定排除对公约的适用 (2)双方可以通过约定对公约的内容进行修改 (3)如果双方没有通过约定排除公约的适用，则公约自动适用
6. 中国加入公约的保留	1986 年 12 月 11 日中国交存核准书，在提交核准书时，提出了两项保留意见： (1)不同意扩大《公约》的适用范围，只同意《公约》适用于缔约国的当事人之间签订的合同。 (2)不同意用书面以外的其他形式订立、修改和终止合同。 2013 年 1 月中国政府正式通知联合国秘书长，撤回对《公约》所作“不受公约第十一条及与第十一条内容有关的规定的约束”的声明，该撤回已正式生效。

2)《公约》规定的合同形式

《公约》第11条:“销售合同无须以书面订立或书面证明,在形式方面也不受任何其他条件的限制。销售合同可以用包括人证在内的任何方法证明。”

《公约》第13条:“为本公约的目的,书面包括电报和电传。”

3)《联合国国际货物买卖合同公约》内容

《公约》除序言外,四个部分,共101条。第一部分是公约的适用范围和总则;第二部分规定合同的订立;第三部分规定货物销售(双方权利义务、违约救济、风险转移等);

第四部分是最后条款(公约的加入、签字、批准、生效、退出、保留声明、文本、公约正文的保管等)。

4)中国对《联合国国际货物买卖合同公约》的保留

(1)关于书面形式的保留。2013年1月中国政府正式通知联合国秘书长,撤回对《公约》所作“不受公约第十一条及与第十一条内容有关的规定的约束”的声明,该撤回已正式生效。我国1999年颁布实施的《合同法》第10条规定:“当事人订立合同,由书面形式、口头形式和其他形式。”

(2)关于《公约》适用范围的保留。《公约》第一条(1)规定:本《公约》适用于营业地在不同国家的当事人之间所订立的货物买卖合同:(a)如果这些国家是缔约国,或(b)如果国际私法规则导致适用某一缔约国的法律。

我国对(b)予以保留。这项规定的目的是为了扩大《公约》的适用范围,使该《公约》不仅适用于营业地处在缔约国的当事人之间订立的买卖合同,而且还有可能适用于营业地处在非缔约国当事人之间所订立的买卖合同,只要依据国际私法的规则导致该合同适用任何一个缔约国的法律;我国认为该《公约》的适用范围仅局限于双方的营业所处于不同缔约国的当事人之间所订立的货物买卖合同。但营业地在非缔约国的当事人自愿明示选择《合同公约》作为合同准据法的除外。

3.1.3 《公约》中国际货物买卖合同订立的程序

1. 要约(发价)

1)发价的概念及构成要件

在《公约》中将要约称之为发价,是指向一个或一个以上的特定人提出的订立合同的建议。由于大陆法系认为要约必须向特定的人发出,而英美法系认为要约可以向任何人发出,为了折中,《公约》规定如果十分确定并且表明发价人在得到承诺时愿意承受约束的意旨。也就是不是向一个或一个以上特定人发出的建议原则上应视为要约邀请,但如果明确表示该建议就是发价,那么该建议也构成发价。

一个有效的发价必须具备以下几个条件:

第一,要向一个或一个以上特定的人发出。

第二,内容必须明确、肯定。

第三,要约人必须有当其发价被接受时愿意受约束的意思。

2)发价的生效时间及撤回

各国法律都承认,要约可以撤回。《公约》第15条也规定,“发价于送达受发价人时生效。

一项发价，即使是不可撤销的发价，都可以撤回，只要撤回的通知能在该发价到达受发价人之前或与其同时送达发价人。”因为发价到达才生效，所以可以用更快捷的通信方式撤回，撤回通知于要约送达发价人之前或同时到达受要约人。

3）要约的撤销

英美法系认为要约人随时可以撤销要约；大陆法系认为要约人通常不得撤销或修改其要约。

《公约》对此作了平衡。《公约》原则上采用英美法系的原则，认为发价可以撤销，但又根据大陆法系的原则，对发价的撤销规定了严格的限制：

（1）在合同成立之前，写明或以其他方式表示发价是不可撤销的，则不能撤销；比如：“我方将保持发价中列举的条件不变，直到你方答复为止”“这是一个不可撤销的要约”等。

（2）受发价人有理由相信发价是不可撤销的，并且已经为履行合同做了准备，则发价不可撤销。像“款到即发货”“如同意，请尽快发货”等。而且，受发价人开始购买原材料；办理借贷筹备货款；购买车船机票准备到要约人指定的地点去完成工作等。

§知识小贴士§

要约与要约邀请的区别

①要约是当事人自己主动愿意订立合同的意思表示，以订立合同为直接的目的；要约邀请是当事人希望对方主动向自己提出订立合同的意思表示。

②要约必须包括将来可能订立的合同的主要的内容，要约中含有当事人表示愿意接受要约约束的意思，而要约邀请则不含有当事人接受约束的意思。

③要约大多数是针对特定的相对人的，故要约往往采用对话方式和信函的方式，而要约邀请一般针对不特定的相对人的，故往往通过电视、报刊等媒介手段。

2. 承诺（接受）

1）接受的含义

按照《公约》第18条的规定，受要人以作出声明或以其他行为对某一发价表示同意，即为接受。接受的实质是对要约表示同意。但是，受要约人在收到发价后，仅保持缄默，不采取任何行动对要约作出反应，这就不能认为是对要约的接受。

2）接受生效的时间

接受生效的规定是：受发价人以作出接受通知表示接受时，需于通知到达发价人时才生效；受发价人以做出某种行为表示接受时，接受于做出该项行为时即告生效。

3）对发价中的条件作了变更的接受的效力

按照《公约》的规定，对发价表示接受时，如载有添加、限制或其他更改，应视为对发价的拒绝，并构成反要约。但是，为了避免由于接受的内容与发价稍有出入，而影响到合同的有效成立，《公约》吸收了《美国统一商法典》的有关规定，采取了一项比较灵活的处理办法。

按照《公约》第19条第2款的规定，对发价表示接受但载有添加或不同条件的答复，如所载的添加或不同条件在实质上并不变更该项发价的条件，则除发价人在不过分迟延的期间内以口头或书面方式提出异议外仍可作为接受，合同仍可有效成立。在这种情况下，合同的条件就以该项发价所提出的条件以及接受时所附加或更改后的条件为准。

对于哪些变更是属于"实质性"的变更的问题，《公约》第 19 条第 3 款用列举的方式作了回答。它规定凡在接受中对下列事项作了添加或变更者，均认为在实质上变更了发价的条件：

(1)货物的价格；

(2)付款；

(3)货物的质量与数量；

(4)交货的时间与地点；

(5)当事人的赔偿责任范围；

(6)解决争议的方法等。

如果受发价人在接受发价时，对发价中所涉及的上述任何一项条件作了添加或变更，那就不能认为是真正的接受，而是反要约，即使发价人没有提出异议，合同亦不能成立。

§小思考 3-3：

我国某进出口公司于 2017 年 2 月 1 日向美商报出某种农产品。中方发盘中除列明各项必备交易条件外还注明"采用牢固的袋子包装"。在发盘有效期内美方公司电称："接受你方 1 日来盘，采用新的袋子包装"。中方收到复电后即着手备货。数日后，当中方准备发货时，该种农产品的国际市场价格猛跌。此时美方又来电称："我对包装条件作了变更，你未确认，故贵公司与我之间并未订立合同"。中方此时则坚持合同早已订立，双方因此发生争议。

本案中美商(受发价人)在表示接受时的确将原发价中的"牢固的袋子"更改为"新的袋子"，从而发生了不一致。但依照公约这种货物包装方面发生的更改或不一致，不属于公约列举的六种实质性的更改或不一致，因此美商这种更改造成的不一致应视为非实质性的不一致。本案中，中方收到复电后并未作任何反对，而是积极地备货和发货。故双方之间已成立了合同，美商的辩解理由不能成立。

4)逾期的接受

逾期的接受又称为迟到的接受，是指接受通知到达发价人的时间已经超过了发价所规定的有效期，或者在发价未规定有效期时，已超过了合理的时间。按照各国的法律，逾期的接受不能认为是有效的接受，而只是一项新的发价。《公约》亦认为逾期的接受原则上是无效的。但是，按照《公约》第 21 条第 1 款的规定，逾期的接受仍具有接受的效力，只要发价人毫不迟延地以口头或书面将其认为该逾期的接受仍属于有效的意思通知受发价人即可。

《公约》第 21 条第 2 款还规定，如果载有逾期接受的信件或其他书面文件表明，依照它寄发时的情况，只要邮递正常，它本来应当是能够及时送达发件人的(但事实却由于传递的延误而迟到了)，则此项逾期的接受应认为具有接受的效力，除非发价人毫不迟延地用口头或书面通知受发价人，表示他的发价已因接受逾期而失效，逾期承诺的效力如表 3-3 所示。

表 3-3　逾期承诺的效力

情　形	效　力
原则上	无效
发价人毫不迟延地以口头或书面将其认为该逾期的接受仍属于有效的意思通知受发价人	有效
本应正常到但因传递的延误而迟到了	有效
传递的延误而迟到时被发价人拒绝	无效

5)接受的撤回

根据《公约》的规定,接受是可以撤回的,只要撤回的通知于该项接受生效之前或与同时送达发价人即可。

3. 合同成立的时间

《公约》第 23 条规定:合同于按照本公约规定对发价的接受生效时订立。这表明,承诺的生效时间,也就是合同的成立时间。

3.2　卖方义务和买方义务

3.2.1　《公约》中卖方的义务

1. 卖方交付货物的义务

1)交货方式

《公约》规定的卖方的交货方式如表 3-4 所示。

表 3-4　《公约》规定的卖方的交货方式

类别	含义	需要注意的问题
实际交货	将货物交给买方实际控制	同时要移交与货物相关的单据
拟制交货	将所有权凭证(仓单或提单)交给买方	卖方要按规定的时间、地方和方式移交单据。 ①如果卖方在合同规定的时间以前已移交了单据,他可以在这个时间以前纠正单据中任何不符合合同规定的情形; ②但卖方行使这项权利不得使买方遭合理的不便 或 承担不合理的开支。

2)交货地点

《公约》中规定,如果合同中对交货地点未作规定,那么按照以下规则处理:

(1)如果涉及货物运输时,卖方把货物交给第一承运人就视作履行了交货义务。

(2)如果货物不涉及运输的,则应将货物交付到特定地点方算履行了交货义务。如果合同指的是特定货物或者是从特定存货中提取,或者将在某特定地点进行生产制造,则交货地点即是该货物存放或生产的特定地点。

(3)其他情况下,在订约时的卖方营业地交货。卖方没有义务在任何其他特定地点交付货款时,卖方在自己的营业所在地向买方提交货物。

3)交货时间

《公约》中规定,卖方应按合同中双方约定的时间提交货物。如果合同中对交货时间没有约定，卖方应在订立合同后一段合理的时间内交货。至于何谓合理的时间，应根据交易的具体情况来确定。

2. 卖方的品质担保义务

1)品质担保义务的含义

卖方的品质担保义务是指卖方对其所售货物的质量、规格、包装、特征或适用等承担的义务。

2)品质担保义务内容

(1)货物适用于同一规格货物通常使用的目的；

(2)货物适用在订立合同时买方明示或默示通知卖方的特定目的；

(3)在凭样品或说明书的买卖中，货物要与样品和说明书相符；

(4)卖方应按照同类货物通用的方式装箱或包装，如果没有通用的方式，则用足以保全和保护货物的方式装箱和包装。

3)品质担保责任的免除

如果买方在订立合同时知道或不可能不知道货物不符合合同，卖方无须承担上述与合同不符的责任

4)买方对货物品质的检验时间

《公约》第38条规定了买方对货物品质的检验时间，具体要求如下：

(1)买方必须在按情况实际可行的最短时间内检验货物或由他人检验货物。

(2)如果合同涉及货物的运输，检验可推迟到货物到达目的地后进行。

(3)如果货物在运输途中改运或买方须再发运货物，没有合理机会加以检验，而卖方在订立合同时已知道或理应知道这种改运或再发运的可能性，检验可推迟到货物到达新目的地后进行。

买方在检验货物，发现不符情形后一段合理时间内通知卖方，说明不符合同情形的性质，否则就丧失声称货物不符合同的权利。如果买方不在实际收到货物之日起两年内将货物不符合同情形通知卖方，他就丧失声称货物不符合同的权利，除非这一时限与合同规定的保证期限不符。

3. 卖方的权利担保义务

1)权利担保义务的含义

卖方的权利担保义务是指卖方应保证对其出售的货物享有合法权利，不会侵犯任何第三方的权利，且任何第三方不会就该货物向买方提出任何权利要求。

2)权利担保义务的内容

(1)卖方应向买方担保他有权出售该货物。

(2)卖方应担保货物不存在任何不为买方所知的留置权、抵押权等他人的权利要求。(卖方所交付的货物必须是第三方不能提出任何权利或要求的货物)

(3)卖方应向买方担保第三者对所提交的货物不得以侵权或其他类似理由提出要求。(卖方应确保其交付的货物不会侵犯任何第三方的工业产权或知识产权。以卖方在订立合同时已知道或不可能不知道的权利或要求为限。

3)权利担保义务的免除

《公约》第42条第2款规定了例外情形，即不适用卖方在前款中的义务的两种情形：

一是若买方在订立合同时已知道或不可能不知道此项权利或要求(而卖方不知情)；

二是第三方提起知识产权的权利或要求的原因是由于卖方要遵照买方所提供的技术图样、图案、程式或其他规格，则应由买方自己承担责任。

3.2.2　《公约》中买方的义务

1. 支付价款

《公约》第 53 条规定，买方应根据合同和公约的规定履行支付价金的义务。支付价金的义务包括根据合同或任何法律和规章规定的步骤和手续，在约定的时间和地点支付货款。

1)价格的确定

如果合同已有效的订立，但没有明示或暗示地规定价格或规定如何确定价格，在没有任何相反表示的情况下，双方当事人应视为已默示地引用订立合同时此种货物在有关贸易的类似情况下销售的通常价格。如果价格是按货物的重量规定的，如有疑问，应按净重确定。

2)付款地点

如果买方没有义务在任何其他特定地点支付价款，他必须在以下地点向卖方支付价款：卖方的营业地；或者如凭移交货物或单据支付价款，则为移交货物或单据的地点。卖方必须承担因其营业地在订立合同后发生变动而增加的支付方面的有关费用。

3)付款时间

买方必须按合同和本公约规定的日期或从合同和本公约可以确定的日期支付价款，而无须卖方提出任何要求或办理任何手续。

(1)如果买方没有义务在任何其他特定时间内支付价款，他必须于卖方按照合同和本公约规定将货物或控制货物处置权的单据交给买方处置时支付价款。卖方可以支付价款作为移交货物或单据的条件。

(2)如果合同涉及货物的运输，卖方可以在支付价款后方可把货物或控制货物处置权的单据移交给买方作为发运货物的条件。

(3)买方在未有机会检验货物前，无义务支付价款，除非这种机会与双方当事人议定的交货或支付程序相抵触。

2. 收取货物

《公约》第 60 条规定，买方应采取一切理应采取的行动，以期卖方能交付货物和接收货物。

3.2.3　《公约》中违反买卖合同的补救方法

违约是指卖方或买方未履行或未全部履行其合同义务的一种行为。当事人应当对其违约行为承担责任。《公约》在违约的归责原则上采取无过错原则，即当事人不履行合同所应承担的违约责任，不得以自己无过错作为未履行合同义务的抗辩。只要违反合同义务，有关责任人就应承担违约责任。

1. 卖方违约时的补救方法

卖方不交货时，买方可以采取的补救方法包括：

(1)要求卖方履行交货义务，即实际履行，但要受到两项限制：

①在英美法系国家，对可替代货物，法院一般不会作实际履行的判决。

②如果买方已采取与实际履行相抵触的其他救济方法，例如，已宣告合同无效，则不能再要求履行交货义务。

(2)在卖方完全不交付货物构成根本违约时，买方可以要求解除合同，即宣告合同无效。

(3)请求损害赔偿，买方享有的这一权利，不因行使其他补救方法的权利而丧失

卖方交货迟延，并在买方规定的一段合理额外时间内仍未交货，买方就可以宣告合同无效

卖方所交货物与合同不符时的救济方法：

(1)卖方的行为构成根本违约时，买方可以要求交付替代货物；卖方的行为属非根本违约时，买方则要采用其他补救办法，如修理、减价、赔偿损失等。

(2)买方可以要求对不符合同货物进行修理，但修理的要求必须在发出货物不符合同的通知同时提出或者在该项通知发出后一段合理时间内提出，除非买方考虑了所有情况后认为这样做是不合理的。

(3)如果货物不符合同，不论价款是否已付，买方都可以减低价格，减价按实际交付的货物在交货时的价值与符合合同的货物在当时的价值两者之间的比例计算。

§知识小贴士§

减价的计算方法

合同规定价(T)；卖方交货时不符货物的实际价值(D)；卖方交货时相符货物价值(C)

减价计算公式为：T－T＊(D/C)＝买方应减付的价款

所以，按此公式计算，合同订立后，市价下跌，买方要求减低价格比要求损害赔偿更有利；市价上涨，买方要求损害赔偿比要求减低价格更有利。

但是，买方减价的要求也有限制性要求：如果卖方已对货物不符合同规定做出补救，或买方拒绝接受这种补救，则买方不得减低价格。

(4)买方可以在卖方构成根本违约时宣告合同无效。

卖方提前交货时，买方可以收取因提前收取而产生的费用，也可以拒绝收取货物

卖方超量交货时，对于多交的货物买方可以收取，但必须按合同价格付款；也可以拒收。

卖方有权在交货日期后，对任何不履行义务之处加以补救，具体的适用规则如下：

(1)补救费用由卖方承担，即自付费用；

(2)买方没有宣告合同无效；

(3)不得给买方造成不合理的迟延和不合理的不便；

(4)买方保留要求损害赔偿的权利。

如果卖方要求买方表明他是否接受卖方履行义务，而买方不在一段合理时间内对此要求作出答复，则卖方可以按其要求中所指明的时间履行义务，买方不得在该段时间内采取与卖方履行义务相抵触任何补救办法。

2. 买方违约时的补救方法

(1)要求损害赔偿,此种权利不因卖方采取其他补救办法的权利而丧失。

(2)要求买方继续履行合同义务。

(3)规定一段合理的额外期限,让买方履行义务。除非卖方收到买方的通知,声称他将不在所规定的时间内履行义务,卖方不得在这段时间内对违反合同采取任何补救办法。但是,卖方并不因此丧失 由于买方迟延履行义务可能享有的 要求损害赔偿的权利

(4)宣告合同无效。在下列两种情形出现时,卖方可以宣告合同无效:

①买方不履行合同或公约中规定的义务,构成根本违约的;

②买方不在卖方给予的一段合理额外的时间内履行支付价款或收取货物的义务,或者买方声明他将不在规定的时间内履行义务。

(5)请求支付利息。如果一方当事人没有支付价款或其他任何拖欠金额,另一方当事人有权对这些款额收取利息,但不妨碍要求损害赔偿的权利。

(6)卖方自行确定货物的品质规格,该救济方式要符合以下两个条件:

①如果买方应根据合同规定订明货物的形状、大小或其他特征,而他在议定的日期或在收到卖方的要求后一段合理时间内没有确定这些规格,则卖方在不损害其可能享有的任何其他权利的情况下,可依照他所知的买方的要求,自己订明规格。

②如果卖方自己订明规格,他必须把订明规格的细节通知买方,而且必须规定一段合理时间,让买方在该段时间内可以订出不同的规格。如果买方在收到这种通知后,没有在该段时间内这样做,卖方所订的规格就具有约束力。

3. 买卖双方都可以采用的补救办法

1)损害赔偿

(1)损害赔偿的责任范围。损失赔偿额应与卖方违约给买方造成的实际损失与可得利润相等。损害赔偿的权利不因其行使采取其他救济办法的权利而丧失。

(2)损害赔偿的计算方法。一方当事人违反合同应负的损害赔偿额,应与另一方当事人因他违反合同而遭受的包括利润在内的损失额相等。这种损害赔偿不得超过违反合同一方在订立合同时,依照他当时已知道或理应知道的事实和情况,对违反合同预料到或理应预料到的可能损失。

如果合同被宣告无效,而在宣告无效后一段合理时间内,买方已以合理方式购买替代货物,或者卖方已以合理方式把货物转卖,则要求损害赔偿的一方可以取得合同价格和替代货物交易价格之间的差额以及按照第七十四条规定可以取得的任何其他损害赔偿。

如果合同被宣告无效,而货物又有时价,要求损害赔偿的一方,如果没有根据第七十五条规定进行购买或转卖,则可以取得合同规定的价格和宣告合同无效时的时价之间的差额以及按照第七十四条规定可以取得的任何其他损害赔偿。但是,如果要求损害赔偿的一方在接收货物之后宣告合同无效,则应适用接收货物时的时价,而不适用宣告合同无效时的时价(时价指原应交付货物地点的现行价格,如果该地点没有时价,则指另一合理替代地点的价格,但应适当地考虑货物运费的差额)。

2)预期违约

(1)中止履行。如果合同中另一方当事人将不履行其大部分重要义务,则可以中止履行合同,中止履行方应立即通知对方,如经保证,则必须继续履行。

(2)宣告合同无效。如果合同中另一方将根本违约,那么非违约方可以直接宣告合同无效。但是宣告合同无效方要对对方进行合理通知,使其可以提供充分保证。如果另一方已声明将不履行,则无须通知也无须等待保证。

3.3 货物所有权与风险的转移

3.3.1 货物所有权转移

货物所有权就是财产权。在国际货物买卖合同中,“转移”一词的意思,是指合同标的物即货物所有权的转移,而不是指与货物转移相关的价款的所有权的转移。

根据各国有关的法律以及国际贸易惯例的规定,货物所有权的转移大致有以下三种方式:

(1)货物所有权转移的标志是支付价款,即卖方交货,买方付款,所有权随之转移;

(2)实际交货作为所有权转移的界限,美国统一商法典规定,货物所有权应在卖方完成其交货义务时就转移给了买方,在需要运输的情况下,货物所有权在目的地交货时就转移给了买方;

(3)货物的所有权转移的标志是交付单证,在国际贸易中,单据通常是代表货物所有权的凭证。

3.3.2 货物风险转移的相关规定

1. 各国法律有关风险转移的规定

各国法律规定各不相同,大致有以下两种划分规则:

1)物主承担风险原则

指以货物的所有权转移的时间决定风险转移的时间,即货物的风险是随着所有权的转移而转移的。如英、法等国家的法律。

2)交货时间决定风险原则

指以交货时间决定风险转移的时间。如美、德等国的法律。

3)中国法律的有关规定

(1)我国《合同法》规定以货物的交付划分风险责任,即“标的物毁损、灭失的风险,在标的物交付之前由出卖人承担,交付之后由买受人承担,但法律另有规定或者当事人另有约定的除外。”

(2)中国各外贸企业在对外贸易业务中,一般采用某种贸易术语确定买卖双方分担风险的界限。

各国法律有关货物的所有权和风险转移的规定如表 3-5 所示。

表 3-5　各国法律有关货物的所有权和风险转移的规定

国家 规则	德国	法国	英国	美国	中国	公约
所有权转移规则	以交付为标准	买卖合同成立的时间	货物特定化	卖方交货义务货物划拨到合同项下	交付时起转移	回避
风险转移规则	交货时转货物所有权与风险的转移移风险	物主承担风险	物主承担风险	交货时转移风险	基本上与公约一致	以交货时间确定货物风险转移时间

2.《联合国国际货物买卖合同公约》的有关规定

公约对风险转移问题规定了以下六项原则：

1)允许双方当事人在合同中约定有关风险转移规则

2)风险转移所产生的后果

货物在风险移转到买方承担后遗失或损坏，买方支付价款的义务并不因此解除，除非这种遗失或损坏是由于卖方的作为或不作为所造成。

3)当销售合同涉及运输时风险的转移

《公约》第 67 条规定，如果销售合同涉及货物的运输，但卖方没有义务在某一特定地点交付货物，自货物按照销售合同交付给第一承运人以转交给买方时起，风险就移转到买方承担。如果卖方有义务在某一特定地点把货物交付给承运人，在货物于该地点交付给承运人以前，风险不移转到买方承担。卖方受权保留控制货物处置权的单据，并不影响风险的移转。

但是，在货物以货物上加标记、或以装运单据、或向买方发出通知或其他方式清楚地注明有关合同以前，风险不移转到买方承担。

4)货物在运输途中出售时风险的转移

《公约》第 68 条规定，对于在运输途中销售的货物，从订立合同时起，风险就移转到买方承担。但是，如果情况表明有此需要，从货物交付给签发载有运输合同单据的承运人时起，风险就由买方承担。尽管如此，如果卖方在订立合同时已知道或理应知道货物已经遗失或损坏，而他又不将这一事实告之买方，则这种遗失或损坏应由卖方负责。

5)其他情况下风险何时转移

《公约》第 69 条规定，在不属于合同涉及运输和运输途中出售的情况下，从买方接收货物时起，或如果买方不在适当时间内这样做，则从货物交给他处置但他不收取货物从而违反合同时起，风险移转到买方承担。

但是，如果买方有义务在卖方营业地以外的某一地点接收货物，当交货时间已到而买方知道货物已在该地点交给他处置时，风险方始移转。

如果合同指的是当时未加识别的货物，则这些货物在未清楚注明有关合同以前，不得视为已交给买方处置。

6)根本违反合同对风险转移的影响

如果卖方已根本违反合同，第 67 条、第 68 条和第 69 条的规定，不损害买方因此种违反合同而可以采取的各种补救办法。

思　考　题

1. 常用的国际贸易术语有哪些？其主要内容是什么？
2.《联合国国际货物销售合同公约》适用范围有哪些？
3. 按《公约》的规定，哪些事项的变更会构成要约的实质性变更？
4.《公约》中规定的卖方义务和买方义务分别有哪些？
5.《公约》中的违约救济方法有哪些？
6.《公约》中的风险转移规则是什么？

技能训练题

案例 1：

我国上海某工程公司于 5 月 3 日以电传方式请意大利某供应商发盘出售一批钢材。我方在电传中声明：这一发盘是为了计算一项承造一幢大楼的标价和确定是否参加投标之用，我方必须于 5 月 15 日向招标人送交投标书，而开标日期为 5 月 31 日。意大利供应商于 5 月 5 日用电传方式就上述钢材向上海公司发盘。上海公司据以计算标价，并于 5 月 15 日向招标人递交投标书。5 月 20 日，意大利供应商国钢材市价上涨，发来电传，通知撤销 5 月 5 日的发盘。上海公司当即复电表示不同意撤盘，双方为此发生争执。及至 5 月 31 日招标人开标，上海公司中标，随即电传通知意大利供应商，我方接受其 5 月 5 日发盘。但意大利供应商坚持发盘已于 5 月 20 日撤销，合同不能成立，而上海公司则认为合同已成立。双方争执不下，遂协议提交仲裁。

请问，本案应如何处理？说明理由。

案例 2：

2016 年 1 月，中国上海甲公司与日本 B 公司先后签订合同，由 B 公司按 CIF 交货条件将合同项下的 8 万只用于显像管生产的电子枪按时交予中国上海甲公司。货到后，上海甲公司在实验性使用中发现，电子枪存在质量问题。后经双方协商，同意由中国商检机构进行品质检验，经检验证明，电子枪的质量确实存在较大质量缺陷。上海甲公司随即与 B 公司交涉并达成索赔协议。协议规定：(1)上海甲公司对接受货物中已使用的部分电子枪暂不退还 B 公司；(2)B 公司应该在 3 个月内将符合质量要求的 7.5 万只电子枪发运给上海甲公司；(3)更换的货物运到后，买方将抽样检验，不合格率大于 20%，则整批退货。结果，B 公司交来的货物仍然不符合质量要求。双方在此协商，上海甲公司提出，B 公司可将应该提供的电子枪品牌更换为“月亮牌”或“火星牌”。B 公司表示同意按照上海甲公司的要求提供货物，并将此作为索赔协议的一部分。后由于新供货方的原因，B 公司仍然未能履行义务。2017 年 5 月，上海甲公司向仲裁委员会提起仲裁，请求：(1)B 公司退还 7.5 万只电子枪的价款及利息；(2)已经使用的 5000 电子枪造成的经济损失由 B 公司承担；(3)有关检验的相关费用由 B 公司承担；(4)保管费、货物差价等经济损失由 B 公司承担。

请回答下列问题：

(1)B 公司违反了什么义务？

(2)B 公司是否构成根本违反合同？

(3)上海甲公司有何种权利？为什么？

第 4 章 国际货物运输保险法

【本章重点】

1. 海洋运输货物保险的承保范围
2. 我国海洋运输货物保险条款

【本章难点】

1. 国际货物运输保险的基本原则
2. 我国海洋运输货物保险险别的责任范围

4.1 保险法基本原理

4.1.1 保险的概念

保险，是指投保人根据合同约定，向保险人支付保险费，保险人对于合同约定的可能发生的事故因其发生所造成的财产损失承担赔偿保险金责任，或者当被保险人死亡、伤残、疾病或者达到合同约定的年龄、期限等条件时承担给付保险金责任的商业行为。

4.1.2 保险中的相关概念

1. 保险人

保险人是指与投保人订立保险合同，并按照合同约定承担赔偿或者给付保险金责任的自然人或法人。

2. 投保人

投保人是指与保险人订立保险合同，并按照合同约定负有支付保险费义务的人。

3. 被保险人

被保险人是指其财产或者人身受保险合同保障，享有保险金请求权的人。投保人可以为被保险人。

4. 受益人

受益人是指人身保险合同中由被保险人或者投保人指定的享有保险金请求权的人。投保人、被保险人可以为受益人。

5. 保险经纪人

保险经纪人是基于投保人的利益，为投保人与保险人订立保险合同提供中介服务，并依法收取佣金的机构。

6. 保险代理人

保险代理人是根据保险人的委托，向保险人收取佣金，并在保险人授权的范围内代为办理保险业务的机构或者个人。

7. 保险标的

保险标的即为保险对象。人身保险是以人的寿命和身体为保险标的的保险。财产保险是以财产及其有关利益为保险标的的保险。

4.1.3 保险合同当事人的主要权利和义务

保险合同是投保人与保险人约定保险权利义务关系的协议。订立保险合同，应当协商一致，遵循公平原则确定各方的权利和义务。

1. 投保人的主要权利和义务

1)投保人的主要权利

(1)自主选择权。投保人对保险合同享有自主选择权，主要体现在两个方面。一是订立合同的自主选择权，二是解除合同的自主选择权。具体而言，一般情况下，法律尊重保险合同当事人的自主选择，强调保险合同应在双方自愿的前提下订立，投保人可根据自身需求自主选择信赖的保险人。同时投保人在法律与合同无特别规定的情况下，也可以选择解除保险合同。

(2)协商变更权。变更保险合同的，应当由保险人在保险单或者其他保险凭证上批注或者附贴批单，或者由投保人和保险人订立变更的书面协议。

2)投保人的主要义务

(1)交纳保费的义务。保险合同成立后，投保人应当按照约定交付保险费，如有违约将承担不利后果。

(2)如实告知的义务。订立保险合同，保险人就保险标的或者被保险人的有关情况提出询问的，投保人应当如实告知。

(3)及时通知的义务。投保人在知道保险事故发生后，应当及时通知保险人。故意或者因重大过失未及时通知，致使保险事故的性质、原因、损失程度等难以确定的，保险人对无法确定的部分，不承担赔偿或者给付保险金的责任，但保险人通过其他途径已经及时知道或者应当及时知道保险事故发生的除外。

(4)协助的义务。保险事故发生后，依照保险合同请求保险人赔偿或者给付保险金时，投保人应当向保险人提供其所能提供的与确认保险事故的性质、原因、损失程度等有关的证明和资料。

2. 保险人的主要权利和义务

1)保险人的主要权利

(1)订立合同的自主权。如前所述，在订立保险合同时，双方当事人都享有自主权，保险人可根据具体情况决定是否承保。

(2)对不属于保险责任的，有拒绝赔付的权利。保险人收到被保险人或者受益人的赔偿或者给付保险金的请求后，应当及时作出核定，对不属于保险责任的，应当向被保险人或者受益人发出拒绝赔偿或者拒绝给付保险金通知书，并说明理由。

(3)特定情况下的合同解除权。为保障保险人利益，针对投保人、被保险人或受益人未履行主要义务的特殊情况，法律允许保险人享有单方解除权。如投保人故意或者因重大过失未履行如实告知义务，足以影响保险人决定是否同意承保或者提高保险费率的，保险人有权解除合同。被保险人或者受益人在未发生保险事故的情况下，谎称发生了保险事故，向保险人提出赔偿或者给付保险金的请求的，保险人有权解除保险合同，并不退还保险费。

2)保险人的主要义务

(1)交付保险凭证的义务。投保人提出保险要求，经保险人同意承保，保险合同成立。保险人应当及时向投保人签发保险单或者其他保险凭证。保险单或者其他保险凭证应当载明当事人双方约定的合同内容。当事人也可以约定采用其他书面形式载明合同内容。

(2)按时承担保险责任的义务。保险合同成立后，投保人按照约定交付保险费，保险人按照约定的时间开始承担保险责任。

(3)不得解除保险合同的义务。除法律另有规定或者保险合同另有约定外，保险合同成立后，保险人不得解除保险合同。

(4)给付保险金的义务。保险人收到被保险人或者受益人的赔偿或者给付赔偿金的请求后，应当及时作出核定，并将该核定结果通知被保险人或者受益人；对属于保险责任的，在与被保险人或者受益人达成有关赔偿或者给付保险金额的协议后，履行赔偿或者给付保险金义务。

4.2　国际货物运输保险概述

4.2.1　国际货物运输保险的概念

国际货物运输保险是指保险人(insurer)与投保人(insured)通过订立保险合同，以国际货物运输中的货物及其有关利益为保险标的，由投保人支付保险费，当保险标的出现合同规定范围内的损失时，由保险人向保险金请求权人承担赔偿责任的商业行为。

4.2.2　国际货物运输保险的分类

国际贸易涉及跨越国界，为确保减少风险，商事主体可根据贸易往来的实际情况选择相应的保险。按照不同的标准，国际货物运输保险分类如表 4-1 所示。

表 4-1　国际货物运输保险分类表

序号	分类标准	具体类别
1	运输方式	海洋运输货物保险
		陆上运输货物保险
		航空运输货物保险
2	保险期限	航程保险
		定期保险
		混合保险

续表

序号	分类标准	具体类别
3	承保方式	预约保险
		逐笔保险
		流动保险
		总括保险

1. 按运输方式划分

因以运输方式划分的方式最常见，本章以下几节内容将以此为重点进行介绍，在此不展开论述。

2. 按保险期限划分

1)航程保险

航程保险是指保险人承担规定航程内保险标的所遭受规定损失的赔偿责任的保险。此类保险通常适用于海上货物运输。航程保险的责任期限应以保险单上载明的航程为准。根据航程保险的航程类型可将航程保险进一步划分为单航程保险、往返航程保险和多航程保险。

2)定期保险

定期保险是指保险人承担保险合同规定日期内保险标的所遭受规定损失和赔偿责任的保险。定期保险的保险期限以保险单上注明的日期为准，最长 1 年。如果保险期限届满时，保险标的仍未到目的地，或处于危险中或在避难港或中途港停靠，被保险人有权在保险期限届满前要求将期限延展，直至船舶抵达目的港，保险人需按原保险费率按日比例收取延展期间的保险费，不能拒绝。

3)混合保险

混合保险是指保险人既承担保险标的特定航程所遭受的规定损失，又在一定日期内对其负责的保险。由于其兼具航程保险和定期保险的特点，所以称其为混合保险。

3. 按承保方式划分

1)预约保险

预约保险是指保险双方通过签订预约保险合同约定总的保险范围，在保险期限内，对保险范围内的货物，保险人负有自动承担保险责任的保险。预约保险合同载明货物范围、保险责任范围、保险费率和保险费结算办法等。长期、大量投保的被保险人可采用这种保险。我国进口货物大都采用这种承保方式。

2)逐笔保险

逐笔保险是指由被保险人一笔一笔地向保险人申请，保险人按照每笔业务估计风险，确定费率，收取保费，承担保险责任的保险。企业如未投保预约保险，对货物应采用这类保险。在收到外方的装船通知后，企业应立即填制投保单或装货通知单，内容包括货物名称、数量、保险金额、投保险别及船名、船期、启运日期和估计到达日期、装运港和目的港。

3)流动保险

流动保险是指由被保险人与保险人签订保险合同仅载明保险的总条件，如保险标的的总价值、承保的风险及保险费率等，并预交一定的保险费，其他细节待每批货物发运后，再通知保险人自动承保的保险。每批货物的价值应从投保的货物总价值中扣除，直至总价值保尽为止，保险合同也即告终止，再行结算保险费，对预交的保险费多退少补。

4）总括保险

总括保险又称闭口保险，是指保险当事人约定一个保险范围，明确保险标的、保险总额、运程、险别、保险期限及投保人的保险费总额，保险人在约定保险期间内对所发生的规定损失承担保险责任的保险。这类保险适用于整批成交多次分批出运、运输距离短、每次出运货物的种类及价值相近的货物。在总括保险下，分批运出的货物无须逐一通知保险人，如发生损失，赔款直接在保险总额内扣除，直至保险总额扣完或保险公司终止责任为止。

4.2.3　国际货物运输保险的基本原则

国际货物运输保险作为国际货物运输的保障，广泛地运用在国际贸易活动中。而在国际货物运输保险活动长期发展过程中经过总结经验、吸收商业习惯等方式也逐渐形成了国际货物运输保险的基本原则。国际货物运输保险的各类活动只有在这些原则下才能保证发挥充分的作用。国际货物运输保险的基本原则是国际货物运输保险活动当事人必须遵循的行为准则。根据国际惯例，国际货物运输保险的基本原则主要有最大诚信原则、保险利益原则、近因原则、损失补偿原则。

1. 最大诚信原则

1）最大诚信的含义

最大诚信是指当事人一方必须最大限度地告知对方有关保险的所有重要事实，内容必须充分而准确，不得有任何的伪造、欺骗与隐瞒。

这里所说的重要事实，主要是指那些影响保险人做出是否订立保险合同或以什么条件订立保险合同的所有客观情况。它决定着保险人是否接受投保人的投保和保险费的数额。

2）最大诚信原则的含义

最大诚信原则其实质内容是保险合同当事人在订立保险合同的过程中及合同的有效期内，对可能影响合同订立、效力或合同内容的重要事实依法应向对方提供，并绝对信守合同约定与承诺。否则，受损害方可据此宣布合同无效或不履行约定义务或责任，还可以就对此而受的损失要求赔偿。

最大诚信原则最早以法律形式出现在英国的 1906 年《海上保险法》中，规定："海上保险是建立在最大诚信原则的基础上的保险合同，如果任何一方不遵守这一原则，他方可以宣告合同无效。"在国际货物运输保险中合同当事人应当重点做到：

(1)告知。在国际货物运输保险中投保人对已知或应知的危险或与保险标的有关的重要事实有向保险人做口头或书面的陈述或申报义务。同时，保险人也有义务将关系投保人或被保险人利益的重要情况据实通知投保人或被保险人。

投保人的告知主要包括：①在保险合同订立过程中对保险人的询问，如实回答；②在保险合同订立之后，对保险标的的危险程度增加时，应及时告知；③保险事故发生后及时通知保险人。④保险合同有关事项发生变动时，投保人或被保险人应及时通知保险人。

保险人的告知主要包括：①保险合同订立过程中，就保险合同条款内容，特别是免责条款内容必须明确告知;②发生保险事故时,保险人应按合同约定如实履行赔偿义务,若拒赔条件存在,应发送拒赔通知书。

§小思考 4-1:

A 国际货运公司与 B 保险公司就运输船舶订立保险合同,但投保人向保险人提供的资料中就船舶的实际情况存在虚假陈述(实际购买时为部分破损,但在资料上显示其购买的是新船),后保险人向法院主张保险合同无效。

问:如果你是处理本案的法官,你对本案的处理结果是什么,依据是什么?

考核知识点:最大诚信原则。

(2)保证。保证是保险人要求被保险人在保险期间内对某一事项作为或不作为、某种事实存在或不存在的承诺。对于保证被保险人要严格遵守,否则将承担法定的不利后果。对于以书面形式记载于保险合同之上的称为明示保证,如开航保证、船舶状态保证、船员人数保证。对于那些并未在合同中明确表明,但双方在订立合同时都知晓的保证称为默示保证,如船舶适航保证、船货合法保证、不改变航程或不绕航的保证。

2. 保险利益原则

1)保险利益的含义

保险利益是指投保人或被保险人对投保标的享有的法律上承认的利益。判断投保人或被保险人对保险标的是否具有保险利益的关键是判断投保人或被保险人是否会因保险标的的毁损或灭失而遭受经济损失。也就是说,如果保险标的的毁损或灭失会给投保人或被保险人造成经济上的损失,我们就承认投保人与被保险人对该保险标的具有保险利益,相反则不具有保险利益。

在这里要注意保险利益并不是保险标的。保险标的是保险利益产生的前提,保险利益是保险标的与投保人或被保险人的经济利益关系。

2)保险利益原则的含义

保险利益原则是指投保人或被保险人在投保时必须对保险标的享有保险利益,否则保险人可单方宣布合同无效,同时如产生保险责任,被保险人不能获得保险利益额度以外的利益。

在国际货物运输保险活动中,因国际贸易交易习惯,并不要求投保人或被保险人在投保时必须享有保险利益,仅要求其具有预期的保险利益即可,即要求投保人或被保险人在保险标的发生责任损失时具有保险利益。

§小思考 4-2:

国际贸易双方按 FOB 条件达成交易,买方为保障货物安全向 A 保险公司投保了平安险。后运输船舶发生火灾造成货物全部损失,买方要求 A 保险公司承担保险责任,但保险公司以合同订立时买方对货物不享有保险利益为由,拒绝赔付。

问:A 保险公司的这一理由是否成立?

考核知识点:保险利益原则。

3. 近因原则

1)近因的含义

在保险实践过程中,保险责任的承担是依据导致保险标的损失的原因而确定的,即导致保险标的损失的原因属于保险范围的,保险人应承担保险责任,相反则不需要承担保险责任。而国际货物运输过程中造成保险标的损失的原因往往不是单一的,经常是比较复杂的。为了能够确定是否承担保险责任,我们要追溯损失发生的近因。近因是指导致保险标的损失的最直接、最有效、起决定性作用的原因。

2)近因原则的含义

所谓近因原则是指造成保险标的损失的近因属于保险范围,则保险人需承担赔偿责任;相反若造成保险标的损失的近因属于除外责任,则保险人无须承担赔偿责任。

在实践过程中,因为导致标的损失的原因的错综复杂性,认定近因有一定的难度,因此在适用该原则时,要以事实为依据,认真分析,并遵循国际的惯例。

4. 损失补偿原则

损失补偿原则是指当保险标的发生保险责任范围内的损失时,保险人有义务按被保险人要求履行保险责任,弥补被保险人保险限额内损失。损失补偿以保险责任范围内的损失发生为前提,以被保险人的实际损失为限,一方面维护保险双方当事人的合法权益,同时也防止被保险人通过保险赔偿而得到额外利益。

在保险实践过程中,被保险人可获得的保险赔偿金受到实际损失、投保金额和保险利益的限额影响,其中金额最少的限额为实际保险赔偿的最高额。

4.3　海洋运输货物保险

4.3.1　海洋运输货物保险的概念

海洋运输是国际贸易最常见的一种货物运输方式,因为海洋运输受天气等自然条件的影响严重,在运输的过程中风险较大,人们在长期的航海实践中逐渐形成了由多数人分摊海上不测事故所致损失的方式,这也是近代保险的最初起源。而后随着时间的推移,海洋运输货物保险制度不断完善,各国也都相继制定了详细的条款内容。

海洋运输货物保险是指保险人与被保险人约定以船舶、货物及其他海上标的的价值为保险标的的保险形式。被保险人向保险人交纳保险费,当规定时间内出现当事人之间约定的风险并造成损失的,保险人承担约定的赔偿责任。

4.3.2　海洋运输货物保险的承保范围

海洋运输货物保险的承保范围一般包括风险、损失和费用三个方面,海洋运输货物保险承保范围示意简图如图 4-1 所示。

1. 风险

海洋运输货物保险的风险一般包括海上风险和外来风险。

1)海上风险

海上风险又称海难,一般是指船舶或货物在海上航行中发生的或随附海上运输所发生的风险，包括自然灾害和意外事故。

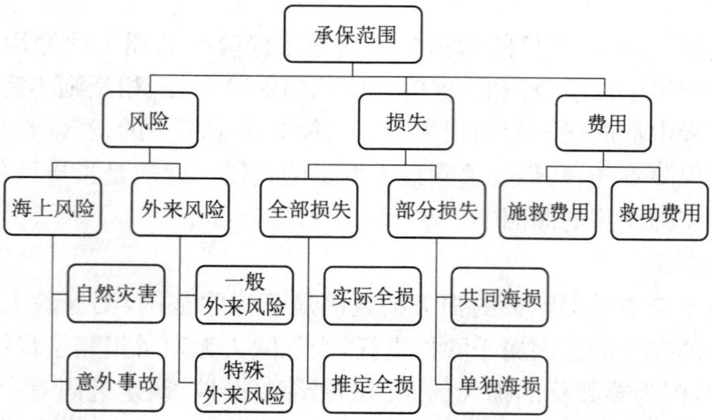

图 4-1　海洋运输货物保险承保范围示意简图

(1)自然灾害。自然灾害是指由于自然异常变化造成的损失。人们印象中的自然灾害有许多种，但并不是所有的灾害，都是海运保险人要承保的范围，这里所说的自然灾害仅指以下几类情况：

①恶劣气候。一般是指海上运输过程中出现的海上飓风、暴雨等气候情况。在恶劣气候的条件下，货船有可能出现颠簸、倾斜，进而导致船体设备损坏或货物相互挤压、碰撞而破碎、泄漏、凹瘪等，破坏货物的价值。

②雷电。海上运输过程中出现的因雷电直接导致的或由于雷电引起的火灾造成的货物的损失属于海洋运输货物保险中的雷电风险。

③海啸。因海底地壳发生严重变化，而产生巨大海浪，致使保险的货物发生毁损和灭失，属于海洋运输货物保险中的海啸风险。

④地震。因地壳发生剧烈变化而导致地面震动、塌陷等情形，致使被保险货物遭受损失，属于海洋运输货物保险中的地震风险。

⑤洪水。因江河泛滥、山洪暴发、湖水上岸及倒灌或暴雨等致使被保险货物泡损、淹没、冲散等损失，属于海洋运输货物保险中的洪水风险。

⑥火山爆发。因火山喷发所导致的地震、火山灰造成的被保险货物的损失，属于海洋运输货物保险中的火山风险。

⑦浪击落海。一般指存放于船舱面上的货物因受航行过程中的海浪剧烈冲击而落海造成的损失，属于海洋运输货物保险中的浪击落海风险。

(2)意外事故。意外事故一般是指由于偶然、非意料的原因所造成的损失的客观情况。海洋运输货物保险所承保的意外事故风险并不是泛指海上所有的意外事故，而仅指运输工具发生的风险，一般意外事故包括以下几种：

①搁浅。搁浅是指海洋运输货物船舶在航行过程中，因意外，船体进入水浅处，无法正常行使的状态。

②触礁。触礁是指海洋运输货物船舶在航行中触及海中岩礁或其他障碍物等造成的一种意外事故。

③沉没。沉没是指海洋运输货物船舶因特殊原因，船体全部或部分沉入水中，无法正常航行的状态。如船体部分沉入水中，确仍能正常航行，则不属于船舶沉没责任。

④碰撞。碰撞是指海洋运输货物船舶与流冰或其他海水以外的物体发生强烈的接触。碰撞是海洋运输货物最常见的风险情况。

⑤失踪。失踪是指海洋运输货物船舶因意外或异常的原因，去向不明，找不到踪迹。因此产生的损失，属于失踪责任。

⑥失火。海洋运输货物因燃烧失去控制，而直接或间接的产生损失，均属于失火风险。

⑦爆炸。爆炸是爆炸物指在极短时间内，释放出大量能量，产生高温，并放出大量气体，对周围物体产生严重破坏的情形。

2）外来风险

外来风险是指海上风险以外的其他原因所产生的风险，可分为一般外来风险和特殊外来风险。

（1）一般外来风险。一般外来风险是指由于一般外来原因所造成的风险。主要包括，偷窃、破碎、雨淋、受潮、受热、发霉、串味、玷污、短量、渗漏、钩损、锈损等。

（2）特殊外来风险。特殊外来风险是指由于政治、军事、国家法令、政策及行政措施等特殊外来原因所造成的风险。主要包括战争、罢工等。

2. 损失

海洋运输货物途中，因风险而产生的损失，即为海上损失简称为海损。这里所说的海损不仅仅只指在海上发生的损失，还包括与海上运输相连的陆上运输和内河运输中所发生的损失。

按照货物损失的情况，海损一般分为全部损失和部分损失两类。

1）全部损失

全部损失简称全损，是指在海洋运输货物过程中，保险标的物全部灭失或等价全部灭失。全损根据损失的情况不同分为实际全损和推定全损。

（1）实际全损。实际全损又称绝对全损，是指保险标的物完全灭失或虽未完全灭失但却失去原有价值即等同于完全灭失的情况。构成实际全损的一般有以下四种情况：

①保险标的物全部灭失。例如，海洋运输货物航行过程中发生火灾，保险标的物烧成灰烬，实体完全灭失。

②保险标的物的物权完全丧失或已无法挽回。例如，海洋运输货物船舶被海盗抢劫，或被敌对国扣押等，此种情况下，虽然保险标的物存在，但被保险人已实际失去了标的物的物权。

③保险标的物完全丧失了原有商业价值或用途。例如，水泥受海水浸泡后变硬、烟叶受潮发霉等。

④保险标的物所在船舶失踪，无音讯已相当长一段时间。

（2）推定全损。推定全损又称商业全损，是指保险标的物在运输途中遭遇保险事故后，虽未发生实际全损，但可预见实际全损不可避免，或者为避免实际全损所需支付的抢救、修理等费用与继续将保险标的物运至目的地的费用之和超过保险价值的情况。

下列情况推定为全损：

①保险标的物遭遇风险受损后，其修理费用超过其修复后的价值。

②保险标的物遭遇风险受损后，其整理和继续运往目的港的费用，超过其到达目的港后的价值。

③保险标的物遭遇风险受损严重，为了避免全部损失所需的施救费用，将超过获救后标

的物的价值。

④保险标的物遭遇责任范围内的事故，使被保险人失去了保险标的物的所有权，若收回所有权，其所需费用将超过该保险标的物的价值。

2)部分损失

部分损失是指保险标的物的一部分在运输途中遭受损失或灭失。部分损失根据保险标的物的损失性质分成共同海损和单独海损。

(1)共同海损。共同海损是指保险标的物所在船舶在海运途中遭遇风险时，船方为了保障船货的共同安全，使航程得以继续完成，有意而合理地做出的特殊牺牲，或采取合理救难措施而产生的特殊损失和合理的额外费用，这些合理的牺牲、损失和费用被称为共同海损。

想要认定共同海损，必须满足以下条件：

①危险必须是真实存在的，不可避免的。

只凭主观臆测可能会有危险发生而采取某些措施所造成的损失都不能构成共同海损。

②危险必须是船、货双方共同的。

任何仅属于船、货一方的危险所产生的费用均不属共同海损，而确为危害船、货共同安全的危险出现时所产生的合理牺牲、损失和费用才是共同海损。例如船在航行中搁浅，涉及船主和货主的共同利益。

③所产生的费用必须是额外的或非常性质的。

产生的费用是船舶运营所应支付费用以外的费用，是为了解除危险造成的，若为履行合同而做出的正常牺牲或费用不属于共同海损。

④救助措施必须是有意识的、合理的。

共同海损的发生必须是人为的、经过人的周密计划的，不是意外的，即有意识的。在采取共同海损行为时，必须符合当时实际情况的需要，并能在节约的情况下较好地解除危险，做到合理。例如，为了使搁浅的船只浮起，恢复正常航行，应该抛出较重的、价值较低的、便于抛出的货物，而非价值较高、较轻的、不易抛出的货物。

⑤共同海损所做的牺牲必须是有效的

经过采取相应抢救、牺牲之后，船或货的全部或部分得到保护，安全抵达目的港。如牺牲仍未避免船货全部损失，则不属于共同海损。

§知识小贴士§

共同海损的类型

常见的共同海损有以下几种类型：

(1)为船货共同安全，减轻船重，防止船舶沉没，将部分货物或船舶设备抛入海中；

(2)为急于抛弃货物，在船边或舱面开凿洞口，使船身、甲板等遭受的损失；

(3)为扑灭船上火灾，灌浇海水、淡水或化学灭火剂造成船或货的损失；

(4)采取紧急的人为搁浅措施造成船或货的损失；

(5)为使船舶搁浅后能重新起浮，过度开动船上机器造成机器损坏；

(6)船舶遇到意外事故后支付其他船的救助报酬。

由于共同海损的牺牲和费用是为了使船、货免于遭受损失而做出，因此，应该由船方、货方及运费方按解救共同危险最后结算的价值共同按比例分摊，这种分摊称为共同海损分摊。现今国际上对于共同海损的理算，大多采用《约克一安特卫普规则》。

§知识小贴士§

约克一安特卫普规则

《约克一安特卫普规则》是国际上通用的共同海损理算规则。这一民间规则虽然不具有强制约束力，但由于当事人普遍采用，成为海商法领域典型的国际惯例。该规则最初由英、美和欧洲大陆海运国家的理算、海运、贸易和保险界等方面的代表于 1860 年在英国格拉斯哥开会制订的，称为格拉斯哥决议，这个决议在 1864 年英国约克城召开的会议上和 1877 年比利时安特卫普召开的会议上两次进行重大修改和补充，并于 1877 年正式定名为《约克·安特卫普规则》。自 1877 年产生以来，经历了 1890 年、1924 年、1950 年、1974 年、1990 年、1994 年、2004 年、2016 年修改，但仍保留原名称，只是在规则名称前冠以修改的年份，由于每次修改都不废止旧规则，供有关方面选择使用。

(2)单独海损。单独海损是指船舶在运行过程中发生的，仅涉及船或货单方面利益的损失。

例如，由于触礁使船体部分撞坏，但船仍可航行，货物并无损失。又如，由于暴风雨使海水入舱，部分货物发生损失。如前例船体因触礁而引起的部分损坏、暴雨所致的部分货物损失，仅涉及某一方面利益，属于单独海损，由单方单独负责，共同海损与单独海损的区别如表 4-2 所示。

表 4-2　共同海损与单独海损的区别

标准	共同海损	单独海损
海损产生的原因	为解除或减轻承保风险直接造成的损失而人为的造成的损失	承保风险直接造成的船、货损失
海损产生的时间	经常发生在单独海损之前	往往先于共同海损发生，两者经常是有联系的
损失承担的主体	由受益各方按受益价值比例分摊	一般由受损方单独承担

§小思考 4-3：

货轮在海上航行时，突发火灾，船长命令灌水灭火，大火扑灭后，发现船上所运棉布已烧毁一部分，未烧毁部分，因被水浸只能降价出售，损失原价值的 90%。另有茶叶没有被烧但因水浸，造成损失 20%。

问：棉布 90%的损失与茶叶 20%的损失都是部分损失吗？为什么？

考核知识点：全部海损与部分海损。

3. 费用

海洋运输货物保险中承保的费用是指保险标的物发生保险承保内的事故后，为避免或减轻事故给被保险货物带来的损失而产生的支出。此部分费用由保险公司承担，主要包括施救费用、救助费用。

1)施救费用

施救费用是指保险标的物在遭受承保责任范围内的事故时，被保险人或其代理人、雇佣人与受让人，为了避免或减少损失，采取了相应抢救或防护措施所支付的合理费用。

施救费用一般应同时满足如下条件：

(1)做出施救行为的主体具有特定性，即施救行为必须是由被保险人或其代理人、雇佣人与受让人所采取的，第三人参加的抢救产生的救助费用，保险人无义务赔偿。

(2)施救费用必须是承保风险引起的，超出承保范围的费用，保险人不负责。

(3)施救费用应当是必要的、合理的。施救主体对不合理施救所产生的费用无权向保险人要求赔偿。

(4)施救费用的赔偿总额以保险金额为限。

2)救助费用

救助费用是指保险标的物在遭受承保责任范围内的事故时，保险人和被保险人以外的第三人采取避免或减少货物损失的救助行为，成功救助后，受益方支付给救助人的费用。保险人对救助费用的赔偿责任以保险金额为限。

4.3.3 我国海洋运输货物保险条款

我国现行的海洋运输货物保险条款是中国人民保险公司参照国际保险习惯做法，并结合我国实际而制定的1981年1月1日修订的《中国人民保险公司海洋运输货物保险条款》，其主要内容包括：责任范围(险别结构)、除外责任、责任起讫、被保险人的义务及索赔期限等。

1. 责任范围

1)基本险条款

《海洋运输货物保险条款》规定，海洋运输货物保险的基本险别分为平安险、水渍险和一切险三种。

(1)平安险。平安险(free from particular average，FPA)，英文原意为“单独海损不赔”，其负责赔偿：

①被保险货物在运输途中由于恶劣气候、雷电、海啸、地震、洪水等自然灾害所造成的整批货物的全部损失或推定全损。

②由于运输工具搁浅、触礁、沉没、互撞，与流冰或其他物体碰撞以及失火、爆炸等意外事故所造成的货物全部或部分损失。

③在运输工具已经发生搁浅、触礁、沉没、焚毁意外事故的情况下，货物在此前后又在海上遭受恶劣气候、雷电、海啸等自然灾害所造成的部分损失。

④在装卸或转运时，一件或数件货物落海所造成的全部损失和部分损失。

⑤被保险人对遭受承保责任内危险的货物采取抢救、防止或减少货损的措施而支付的合理费用，但以不超过该批被救货物的保险金额为限。

⑥运输工具遭受海难后，在避难港由于卸货所引起的损失以及在中途港或避难港由于卸货、装货、存仓以及运送货物所产生的特别费用。

⑦共同海损的牺牲、分摊和救助费用。

⑧运输合同中订有“船舶互撞”责任条款，根据该条款规定应由货方偿还船方的损失。

§小思考 4-4：

英国籍“蒙斯特尔”轮满载货物从上海港开往卡拉奇，于 1997 年 1 月 2 日途经西沙群岛，因偏高航线在浪花礁处搁浅。中国广州救助打捞公司派出救助船，救出了海上全部船员，并与船方签订了劳氏"无效果，无报酬"的救助合同。由于受到强风袭击，轮船大部分双层底破裂，机舱和四、五号货舱破裂进水，救助工作极其困难。经过救助方的多次努力，终于在 1997 年 2 月 18 日将难船托绞出滩，船上所载货物完好，但船舱受损十分严重。船东向救助人支付了救助报酬 1 239 250 美元后，遂向其投保平安险的保险公司提出索赔，包括船舱损失及救助费用，共计 1 973 200 美元，并宣布船舶推定全损，将“蒙斯特尔”轮委付给保险公司。

问：船东主张是否具有法律依据？为什么？

考核知识点：平安险的保险范围。

(2)水渍险。水渍险(with particular average，WPA / WA)，其英文原意为“负责单独海损责任”。《海洋运输货物保险条款》规定，它的责任范围除包括“平安险”各项责任外，还负责被保险货物由于恶劣气候、雷电、海啸、地震、洪水等自然灾害所造成的部分损失。

(3)一切险。一切险(all risks，AR)，此险除包括平安险、水渍险的各项责任外，还负责被保险货物在运输途中由于一般外来原因所造成的全部或部分损失，基本险责任范围对照表如表 4-3 所示。

表 4-3　基本险责任范围对照表

序号	风险类别	平安险	水渍险	一切险
1	自然灾害所造成的全部损失或推定全损	√	√	√
2	意外事故所造成的货物全部或部分损失	√	√	√
3	意外事故发生前后货物自然灾害所造成的部分损失	√	√	√
4	在装卸或转运时货物落海的全部或部分损失	√	√	√
5	救助费用	√	√	√
6	避难港产生的损失与费用	√	√	√
7	共同海损的牺牲、分摊和救助费用	√	√	√
8	依据“船舶互撞”责任条款产生的损失	√	√	√
9	自然灾害造成的部分损失	×	√	√
10	一般外来风险所造成的全部或部分损失	×	×	√

2)附加险条款

附加险是对基本险的补充，不能独立投保，投保人需在选择基本险的前提上根据自身实际情况选择使用。海洋运输货物保险的附加险别分为一般附加险和特殊附加险。

(1)一般附加险。一般附加险(General Additional Risk),承保一般外来原因造成的货物全损或部分损失,共有11种。

①偷窃、提货不着险(Theft, Pilferage and Non-Delivery,TPND)。保险有效期内,被保险货物因偷窃所致的损失,货物运抵目的港后,货物的全部或整件提货不着,以及根据运输合同规定船东和其他责任方免除赔偿的部分,由保险公司按保险价值负责赔偿。

②淡水雨淋险(Fresh Water Rain Damage,FWRD)。此险对被保险货物因直接遭受雨淋或淡水所致的损失负责赔偿。但包装外部应有雨水或淡水痕迹或有其他适当证明。被保险人必须及时提货,并在提货后十天内申请检验,否则,保险人不负赔偿责任。

③短量险(Shortage Risk)。本保险对被保险货物在运输过程中,因外包装破裂或散装货物发生数量散失和实际重量短缺的损失负责赔偿,但正常的途耗除外。

④混杂、沾污险(Inter-Mixture & Contamination Risk)。此险对被保险货物在运输过程中,因混入杂质和沾污所致的损失,负责赔偿。

⑤渗漏险(Leakage Risk)。渗漏险对被保险货物在运输过程中,因容器损坏而引起的渗漏损失,或用液体储藏的货物因液体的渗漏而引起的货物腐败等损失,负责赔偿。

⑥破损、破碎险(Clash & Breakage Risk)。破损、破碎险指保险人承保货物在运输过程中因震动、碰撞、受压造成的碰损和破碎的损失。

⑦串味险(Taint of Odour Risk)。串味险指承保货物在运输途中因受其他带异味货物的影响而造成的串味损失。

⑧受潮受热险(Sweating & Heating Risk)。受潮受热险指承保在运输过程中因气温突然变化或由于船上通风设备失灵致使船舱内水汽凝结、发潮或发热所造成的损失。

⑨钩损险(Hook Damage Risk)。被保险货物在装卸过程中因为使用手钩、吊钩等工具所造成的损失,钩损险负责。

⑩锈损险(Rust Risk)。保险公司承保货物在运输过程中因为生锈造成的损失。

⑪包装破损险(Breakage of Packing Risk)。保险人承保因包装破裂造成货物短少、沾污等损失。

以上11种一般附加险,属于一切险的责任范围。

(2)特殊附加险。特殊附加险是指附属于基本险别项下,对因特殊风险造成的被保险货物的损失负赔偿责任的险别,共8种。

①海上货物运输战争险(War Risk)。海上货物运输战争险是保险人承保战争或类似战争行为导致的货物损失的特殊附加险。

根据中国人民保险公司于1981年1月1日修订的海洋运输货物战争险条款规定,战争险的保险责任包括:直接由于战争、类似战争行为和敌对行为、武装冲突或海盗行为所致的损失;由于上述原因所引起的捕获、拘留、扣留、禁制、扣押所造成的损失;各种常规武器,包括水雷、鱼雷、炸弹所致的损失;由于上述原因所引起的共同海损的牺牲、分摊和救助费用。

②罢工险(Strikes Risks)。罢工险也称罢工、暴动、民变(民众骚扰)险(SRCC),是指保险人承保被保险货物因罢工等人为活动造成损失的特殊附加险。

罢工险的责任范围包括:罢工者、被迫停工工人或参加工潮、暴动、民动、民众斗争的人员的行动所造成的直接损失；任何人的敌意行动所造成的直接损失；因上述行动或行为引起的共同海损的牺牲、分摊和救助费用。

③交货不到险(Failure to Delivery Risk)。交货不到险保险人自货物装船开始，不论任何原因，造成货物不能在预定运达目的地的日期起6个月内交货，都按全部损失予以赔偿。

因为造成交货不到的原因并非运输上的，而是某些政治原因(如被另一国在中途港强迫卸货等)，所以该险生效要求一定的前提，即被保险人保证已获得一切许可证。保险人承担该保险责任后被保险人应将货物的全部权益转移给保险人。

同时为防止该险与提货不着险和战争险承保范围重叠，我国还特别规定了提货不着险和战争险项下所承担的责任，不在该险的责任范围之内。

④进口关税险(Import Duty Risk)。被保险货物在到达目的港前因保险单承保责任范围内的原因造成货物受损，但目的港仍要求按完好货物完税时，投保该项附加险的被保险人可要求保险人对该项货物损失部分的进口关税负赔偿责任。

进口关税险主要是针对那些规定进口货物不论是否短少、残损均需按完好价值纳税的国家。

⑤舱面险(On Deck Risk)。舱面险保险人除按基本险责任范围承担保险责任外，还负责赔偿被保险货物存放舱面时因被抛弃或风浪冲击落水所造成的损失。此险主要保障那些因体积大或有毒性或有污染性必须载于舱面的货物。

⑥拒收险(Rejection Risk)。被保险货物由于在进口港被进口国政府或有关当局拒绝进口或没收而产生损失时，附加拒收险的保险人应对此承担赔偿责任。但如果进口国是在被保险货物起运后抵达进口港之前宣布禁运或禁止进口的，保险人只负责赔偿将该货物运回出口国或转口到其他目的地所增加的运费，且以该货物的保险金额为限。

在下列情况下保险人免责：被保险人在投保时未取得进口所需的一切必需且有效的手续(特许证或许可证或进口限额)；被保险货物的生产、质量、包装和商品检验不符合产地国和进口国的有关规定；被保险货物记载有错误、商标或标记有错误、贸易合同或其他文件有错误或遗漏；违反产地国政府或有关当局关于出口货物的有关规定；被保险货物在起运前，进口国已经宣布实行禁运或禁止。

拒收险可以自被保险货物卸离海轮存入卸货港的仓库时为止，也可在被保险货物在目的港卸离海轮满二十天终止，如被保险货物已被进口国的政府或有关当局允许进口则保险责任也终止。终止的时间以首先发生者为准。

⑦黄曲霉素险(Aflatoxin Risk)。黄曲霉素险从性质上而言可以说是一种特别指明的拒收险。原因在于黄曲霉素是一种带有毒性严重的物质，因此各进口国对其进口货物该毒素的含量进行了规定，超过进口国规定的限制标准时，就会被拒绝进口、没收或强制改变用途。

承保该险的被保险货物(主要是花生)一旦在进口港或进口地经卫生当局检验证明，其所含黄曲霉素超过进口国限制标准，被拒绝进口、没收或强制改变用途所造成的损失应由保险人承担。

该险条款还规定，如发生损失，被保险人有责任应保险人要求尽力处理拒绝进口或强制改变用途的货物，或申请仲裁。

⑧运输货物到香港(包括九龙)或澳门存仓火险责任扩展条款(Fire Risk Extension

Clause For Storage of Cargo at Destination Hong Kong, Including Kowloon ,or Macao/FREC)。我国运输到港澳地区的货物,有一部分是买方向我国在港澳的银行办理进口押汇的,在买方未向银行偿还货款之前,货物的权益属于银行,在保险单上必须注明货物过户给放款银行。如果货到目的地货主仍未还款,货物往往就存放在过户银行指定的仓库里,此时运输险的责任已经终止,为避免在此期间货物发生损失而损害银行及货主的正常利益,就需要加保本保险。它承保货物抵达中国香港或中国澳门卸离运输工具后,直接存放于保单载明的过户银行指定的仓库时发生火险造成的损失。

本险责任自运输险责任终止时开始,终止则有两种情形:一是银行收回押款解除对货物的权益为止;二是自运输险责任终止时起满 30 天为止,若被保险人在保险期限届满前向保险人书面申请延期的,在加缴所需保险费后可以继续延长。终止情形以先发生者为准。

2. 除外责任

除外责任是《中国人民保险公司海洋运输货物保险条款》规定的保险人不负赔偿责任的情况。

1)基本险的除外责任

条款规定基本险在以下情况不负赔偿责任:

(1)被保险人的故意行为或过失所造成的损失。

(2)属于发货人责任所引起的损失。

(3)在保险责任开始前,被保险货物已存在的品质不良或数量短差所造成的损失。

(4)被保险货物的自然损耗、本质缺陷、特性以及市价跌落、运输延迟所引起的损失或费用。

(5)本公司海洋运输货物战争险条款和货物运输罢工险条款规定的责任范围和除外责任。

2)战争险与罢工险的除外责任

(1)战争险的除外责任。保险人对由于敌对行为使用原子或热核制造的武器(如原子弹、氢弹等)所致的损失和费用以及根据执政者、当权者或其他武装集团的扣押、拘留引起的承保航程的丧失和挫折而提出的任何索赔不负赔偿责任。

(2)罢工险的除外责任。保险人对在罢工期间由于劳动力短缺或不能运输所致被保险货物的损失,包括因此而引起动力或燃料缺乏使冷藏机停止工作所致冷藏货物的损失不负赔偿责任。

3. 责任起讫

1)基本险的责任起讫

基本险的责任起讫采用"仓至仓"原则,即自被保险货物运离保险单所载明的起运地仓库或储存处所开始运输时生效,包括正常运输过程中的海上、陆上、内河和驳船运输在内,直至该项货物到达保险单所载明目的地收货人的最后仓库或储存处所或被保险人用作分配、分派或非正常运输的其他储存处所为止。如未抵达所述仓库或储存处所,则以被保险货物在最后卸载港全部卸离海轮后满 60 天为止。如在此 60 天内被保险货物需转运到非保险单所载明的目的地时,则以该项货物开始转运时终止。

由于被保险人无法控制的运输延迟、绕道、被迫卸货、重行装载、转载或承运人运用运输合同赋予的权限所作的任何航海上的变更或终止运输合同，致使被保险货物运到非保险单所载明目的地时，在被保险人及时将获知的情况通知保险人，并在必要时加缴保险费的情况下，保险仍继续有效。此种情况下保险责任按下列规定终止：一被保险货物如在非保险单所载明的目的地出售，保险责任至交货时为止，但不论任何情况，均以被保险货物在卸载港全部卸离海轮后满 60 天为止。被保险货物如在此 60 天期限内继续运往保险单所载原目的地或其他目的地时，保险责任仍按正常运输规定终止。

2）战争险的责任起讫

战争险的责任期限不同于基本险，并不采用"仓至仓条款"，按国际保险法惯例一般以"水上危险"为限。即保险责任自被保险货物装上保险单所载起运港的海轮或驳船时开始，到卸离保险单所载明的目的港的海轮或驳船时为止。如果被保险货物不卸离海轮或驳船，本保险责任最长期限以海轮到达目的港的当日午夜起算满 15 天为限，海轮到达上述目的港是指海轮在该港区内一个泊位或地点抛锚、停泊或系缆，如果没有这种泊位或地点，则指海轮在原卸货港或地点或附近第一次抛锚、停泊或系缆。

如在中途港转船，不论货物在当地卸载与否，保险责任以海轮到达该港或卸货地点的当日午夜起算满 15 天为止，待再装上续运海轮时恢复有效。

如运输合同在保险单所载明目的地以外的地点终止时，该地即视为保险目的地，按规定终止责任，如需运往原目的地或其他目的地时，在被保险人于续运前通知保险人并加缴保险费的情况下，可自装上续运的海轮时重新有效。

如运输发生绕道、改变航程或承运人运用运输合同赋予的权限所作的任何航海上的改变，在被保险人及时将获知情况通知保险人，在必要时加缴保险费的情况下，保险仍继续有效。

4. 被保险人的义务

被保险人应按照以下规定的应尽义务办理有关事项，如因未履行规定的义务而影响保险人利益时，本公司对有关损失，有权拒绝赔偿。

(1)当被保险货物运抵保险单所载明的目的港(地)以后，被保险人应及时提货，当发现被保险货物遭受任何损失，应即向保险单上所载明的检验、理赔代理人申请检验，如发现被保险货物整件短少或有明显残损痕迹应即向承运人、受托人或有关当局(海关、港务当局等)索取货损货差证明。如果货损货差是由于承运人、受托人或其他有关方面的责任所造成，并应以书面方式向他们提出索赔，必要时还须取得延长时效的认证。

(2)对遭受承保责任内危险的货物，被保险人和本公司都可迅速采取合理的抢救措施，防止或减少货物的损失，被保险人采取此项措施，不应视为放弃委付的表示，本公司采取此项措施，也不得视为接受委付的表示。

(3)如遇航程变更或发现保险单所载明的货物、船名或航程有遗漏或错误时，被保险人应在获悉后立即通知保险人并在必要时加缴保险费，本保险才继续有效。

(4)在向保险人索赔时，必须提供下列单证：保险单正本、提单、发票、装箱单、磅码单、货损货差证明、检验报告及索赔清单。如涉及第三者责任，还须提供向责任方追偿的有关函电及其他必要单证或文件。

(5)在获悉有关运输合同中"船舶互撞责任"条款的实际责任后，应及时通知保险人。

5. 索赔期限

《中国人民保险公司海洋运输货物保险条款》明确规定，保险索赔时效，从被保险货物在最后卸载港全部卸离海轮后起算，最多不超过二年。

4.3.4 英国伦敦保险协会海洋运输货物保险条款

在国际海运保险业务中，英国是一个具有悠久历史和比较发达的国家。长期以来，它所制定保险单和保险条款对世界各国影响很大。许多国家目前在海上保险业务中直接采用《英国伦敦保险协会海洋运输货物保险条款》(Institute Cargo Clause，ICC)

《英国伦敦保险协会海洋运输货物保险条款》(以下简称《协会货物条款》)，最早制订于1912年，经多次修改，最后的版本是在1982年版本的基础上做出的，于2009年1月1日生效。条款经过修订后，更易理解，更重要的是扩大保障范围，令受保人获得更全面的保障。

1.《协会货物条款》的险别

现行《协会货物条款》的保险险别有6种，分别为协会货物(A)险条款(Institute Cargo Clauses A，ICC(A))、协会货物(B)险条款(Institute Cargo Clauses B，ICC(B))、协会货物(C)险条款(Institute Cargo Clauses C，ICC(C))、协会战争险条款(货物)(Institute War Clauses-Cargo)、协会罢工险条款(货物)(Institute Strikes Clauses-Cargo)、恶意损害险条款(Malicious Damage Clauses)。

以上保险险别中，前三种是基本险，后三种则为附加险。但不同于我国海洋运输货物保险条款的是其附加险中战争险与罢工险是可独立投保的。

2. 协会货物(A)险

1)责任范围

ICC(A)采用"一切险减除外责任"的办法，即除了"除外责任"项下所列风险保险人不予负责外，其他风险均予负责。其承保风险包括：

(1)除除外责任以外的一切风险。

(2)除外责任以外原因引起的共同海损和救助费用。

(3)根据运输合同船舶互撞责任条款规定而应承担的责任。

2)除外责任

除外责任部分在《协会货物条款》中，分列条款4、5、6、7。其中条款4所列情况属于一般除外责任，条款5、6、7为特殊除外责任。

(1)一般除外责任。一般除外责任包括以下情形：

①被保险人故意的不法行为造成的损失、损害或费用。

②自然渗漏、正常的重量或体积的损失、自然磨损所造成的损失或费用。

③包装不牢固或包装不当或配载不当造成的无法抵抗运输途中发生的平常事故而产生的损失和费用。此款项所指的包括或配载仅指由被保险人或其雇员在保险责任开始之前完成的。而且强调"不牢固""不当"的程度是以"无法抵抗运输途中发生的平常事故"为标准。

④保险标的物的内在缺陷或特性所造成的损失或费用。

⑤延迟所造成的损失或费用。

⑥船舶所有人、经理人、承租人或经营人破产或经济困难造成的损失或费用。此情况适

用在“被保险人在保险标的物装上船时已经知道或者在正常业务经营中应当知道,这种破产或不履行债务将会导致该航程的取消”。同时,该除外责任不适用“保险合同已经转让给已购买或已同意购买这批保险标的物且善意受让该保险合同的另一方索赔”的情况。

⑦使用任何原子或核子裂变和聚变或其他类似反应或放射性物质的武器或设备直接或间接所造成的损失或费用。

(2)特殊除外责任。特殊除外责任包括以下情形:

①不适航、不适货除外责任。此种除外责任有两种具体情况,一是被保险人在货物装船时已经知道船舶或驳船不适航或不适货的情况,由于船舶或驳船不适航或不适货引起的损失和费用,绝不承保。此情况不适用保险合同已经善意转让给另一方,另一方已经受保险合同的约束购买或同意购买保险标的的情况。二是由于集装箱或运输工具不适货所引起的损失或费用不承保,但前提是被保险货物在保险责任生效前已经开始装船,或者被保险人或其雇员在被保险货物装船时已经知道此种不适货的情况。但要注意如果“保险人放弃船舶适航或适货的默示保证”,他就不可以以违反保证为由不承担责任。

②战争除外责任。此种除外责任共三种具体情况不承保:一是战争、内战、革命、叛乱、颠覆或因而引起之内乱,或来自交战国或针对交战国的敌对行为所造成的损失或费用。二是因捕获、扣押、拘管、禁制或扣留(海盗行为除外),以及这种行为的后果或企图进行此类行为的后果所造成的损失或费用。三是遗弃之水雷、鱼雷、炸弹或其他武器所造成的损失或费用。

③罢工除外责任。在以下四种情况下不承保:一、由于罢工工人、被迫停工工人、或参与劳工骚乱、暴动或内乱之人所造成的损失或费用。二、由于罢工、停工、劳工骚乱、暴动或内乱所造成的损失或费用。三、由于任何恐怖主义行为造成的损失或费用。四、任何人出于政治、信仰或宗教目的实施行为所造成的损失或费用。

3)保险期间

协会货物(A)险保险期间部分主要体现在三个条款规定上,即运输条款(Transit Clause)、运输合同终止条款(Termination of Contract of Carriage Clause)和航程变更条款(Change of Voyage Clause)。

(1)运输条款。从保险期间的起点来看,该条款规定了保险责任自被保险标的首次从仓库或储存处所为开始运输而装入或装上运输车辆或其他运输工具而移动时生效,包括正常运输过程,直至运达下列地点时终止。

①保险合同所载目的地最终仓库或储存处所,保险标的物从运输车辆或其他运输工卸载完毕;

②保险合同所载明目的地或之前的由被保险人或其雇员用作在正常运输过程以外的储存或分配或分派的任何其他仓库或储存处所,保险标的物从运输车辆或其他运输工具上卸载完毕;

③保险标的物被储存在由被保险人或其雇员选择用作正常运输过程以外储存的任何运输车辆或其他工具或集装箱;

④货物在最后卸载港全部卸离船舶后满60天。如果保险标的物在最后卸货港卸离海轮后,到本保险责任终止前,需被转运至非保单载明的其他目的地时,则该项保险标的开始转运之时保险责任即告终止。

在被保险人无法控制的运输延迟、绕道、被迫卸货、重新装载或转运，以及承运人运用运输合同赋予的权限所作的任何变更航程等情况，保险合同仍然有效，而且无须告知保险人也不须另行交费。

(2)运输合同终止条款。该条款规定了因被保险人无法控制的原因，运输合同在非保险单载明的目的地港口或处所终止，或者运输过程在保险标的物未能如运输条款规定卸载完毕之前即已终止时保险的终止时间。条款明确规定，上述情况下保险效力也随之终止，除非被保险人在获悉后立即通知保险人并要求继续保险效力并同意加缴保险费，则保险继续有效，直至在下列任何一种情况发生时终止：

①货物在该港口或处所出售或交付，或者货物自船舶运抵该港口或处所后在无特别约定的情况下届满 60 天，二者以先发生的为准；

②货物在 60 天内(或同意延长的承保期间内)继续运往保险单载明的目的地或任何其他目的地，保险责任仍按运输条款(即正常运输情况下)的规定终止。

(3)航程变更条款。该条款规定了航程变更情况下保险合同的保险期间。“保险生效后，如果被保险人变更目的地，应立即通知保险人，并另行商定保险费率和承保条件。如果在协议之前即已发生保险事故损失，本保险只能按照符合合理的市场行情的保险费率和承保条件给予赔偿”。“当保险标的物开始起运时，被保险人或其雇员对载运船舶将驶往其他目的地的情况并不知情，保险仍旧被视作是在保险标的物开始起运时生效。”

3. 协会货物(B)险

1)责任范围

与协会货物(A)险相同的是协会货物(B)险的责任范围也包括风险条款、共同海损条款和船舶互撞责任条款三部分。但不同的是协会货物(B)险在风险条款上采用列明的方式，明确列出所承保的具体范围如下：

(1)因火灾、爆炸所造成的灭失或损害；

(2)因船舶或驳船触礁、搁浅、沉没或倾覆所造成的灭失或损害；

(3)因运输工具倾覆或出轨所造成的灭失或损害；

(4)因船舶、驳船或运输工具同任何外界物体相撞所造成的灭失或损害；

(5)因在避难港卸货所造成的灭失或损害；

(6)因地震、火山爆发或雷电所造成的灭失或损害；

(7)共同海损的牺牲引起保险标的物损失；

(8)由于抛货或浪击落海引起保险标的物损失；

(9)由于海水、湖水或河水进入船舶、驳船、运输工具、集装箱、大型海运箱或储存处引起保险标的物损失；

(10)货物在装卸时落海或跌落造成整件的全损。

凡以上没有列出的风险均不在协会货物(B)险承保范围内。

2)除外责任

协会货物(B)险的除外责任与协会货物(A)险基本相同，仅有以下两点区别：

(1)协会货物(B)险在协会货物(A)险对被保险人的故意不法行为所造成的损失、费用的除外责任基础上，增加了对被保险人之外任何个人或数人故意损害和破坏标的物或其他任何部分的损害的除外责任。

(2)协会货物(B)险对海盗行为不负保险责任。

3)保险期间

协会货物(B)险与协会货物(A)险在保险期间内容上规定完全相同。

4. 协会货物(C)险

1)责任范围

与协会货物(A)险、协会货物(B)险相同的是协会货物(C)险的责任范围也包括风险条款、共同海损条款和船舶互撞责任条款三部分。其风险条款与协会货物(B)险采用相同的明列形式,具体承保以下风险:

(1)因火灾、爆炸所造成的灭失或损害。

(2)因船舶或驳船触礁、搁浅、沉没或倾覆所造成的灭失或损害。

(3)因运输工具倾覆或出轨所造成的灭失或损害。

(4)因船舶、驳船或运输工具与除水以外的任何外界物体碰撞所造成的灭失或损害。

(5)因在避难港卸货所造成的灭失或损害。

(6)因共同海损引起的保险标的物的损失。

(7)由于抛货引起的保险标的物的损失。

凡上述没有列出的风险均不在协会货物(C)险承保范围内。

2)除外责任

在除外责任内容上,协会货物(C)险的除外责任与协会货物(B)险完全相同。

3)保险期间

协会货物(C)险与协会货物(A)险在保险期间内容上规定也完全相同,协会货物(A)、(B)、(C)险条款责任范围对照表如表 4-4 所示。

表 4-4　协会货物(A)、(B)、(C)险条款责任范围对照表

序号	责任范围	ICC(A)	ICC(B)	ICC(C)
1	因火灾、爆炸所造成的灭失或损害	√	√	√
2	因船舶或驳船触礁、搁浅、沉没或倾覆所造成的灭失或损害	√	√	√
3	因运输工具倾覆或出轨所造成的灭失或损害	√	√	√
4	因船舶、驳船或运输工具与除水以外的任何外界物体碰撞所造成的灭失或损害	√	√	√
5	因在避难港卸货所造成的灭失或损害	√	√	√
6	由于抛货引起的保险标的物的损失	√	√	√
7	共同海损的牺牲	√	√	√
8	共同海损分摊和救助费用	√	√	√
9	续运费用	√	√	√
10	运输合同订有"双方有责碰撞条款",根据该条款的规定,应由货方偿还船方的损失	√	√	√
11	合理的施救费用	√	√	√
12	由于浪击落海引起保险标的物的损失	√	√	×

续表

序号	责任范围	ICC(A)	ICC(B)	ICC(C)
13	因地震、火山爆发或雷电所造成的灭失或损害	√	√	×
14	由于海水、湖水或河水进入船舶、驳船、运输工具、集装箱、大型海运箱或储存处引起保险标的物损失	√	√	×
15	货物在装卸时落海或跌落造成整件的全损	√	√	×
16	被保险人之外任何个人或数人故意损害和破坏标的物或其他任何部分的损害	√	×	×
17	因海盗行为带来的损失	√	×	×
18	一般外来原因所造成的损失或费用	√	×	×

5. 协会货物战争险、罢工险和恶意损害险

1)协会货物战争险

(1)责任范围。协会货物战争险的责任范围包括风险条款和共同海损条款两个条款。具体地说,其承保的风险共有四项:

①战争、内战、革命、叛乱、颠覆或由此引起的内乱,或来自交战国或针对交战国的敌对行为所造成的损失或费用。

②由于上述承保风险所引起的捕获、拘留、扣留、禁制或扣押,以及这种行动的后果或这方面的企图所造成的损失或费用。

③遗弃的水雷、鱼雷、炸弹或其他遗弃的战争武器所造成的损失或费用。

④由于所承保风险所导致的共同海损牺牲、分摊和救助费用。

(2)除外责任。协会货物战争险的除外责任与 ICC(A)的"一般除外责任"及"不适航、不适货除外责任"内容基本相同,重点区别在以下两点:

①增加"航程受阻"一项,即规定由于战争原因所造成的航程受阻而产生的间接费用,保险人不予赔偿。

②强调对"由于敌对性地使用任何原子或热核武器或其他类似的放射性物质的战争武器所造成的损失或费用"不承担保险责任。"非敌对性的"是承担保险责任的。

(3)承保期间。

①一般情况下采用"水面负责"原则,即保险责任自被保险货物装上船舶时开始,直至在最后卸载港卸离船舶时终止,或者自船舶到达最后卸载港当日午夜起算满 15 天终止,二者以先发生者为准。

②如果船舶到达最后卸载港后未将被保险货物卸下,而是重又起航,只要被保险人立即通知保险人并加付保险费,保险责任继续有效,直至被保险货物在最后卸载港或替代港卸离船舶时终止,或者自船舶到达最后卸载港或替代港当日午夜起算满 15 天终止,二者以先发生者为准。

③如果被保险货物在中途港卸下并改由其他船舶或飞机续运,或者在避难港被卸离船舶,可在被保险人及时通知保险人和加付保险费的情况下,保险责任继续有效,直至从船舶到达该中途港或该避难港当日午夜起算满 15 天终止。如果在这 15 天内,货物装上续运的船舶或飞机,保险责任继续有效。

④若货物通过驳船在载货海轮和装货港之间往来驳运,或者在载货海轮与卸货港之间往来驳运,则此保险扩展到承保驳运期间遭遇水雷和被遗弃的鱼雷的风险。但除非另有约定,保险责任最长不超过从载货海轮卸货到驳船后起算的 60 天。

2)协会货物罢工险

(1)责任范围。罢工险责任范围在条款中包括风险条款和共同海损条款两个,具体说该险别承保的风险共有四项:

①罢工者,被迫停工工人或参与工潮、暴动或民变人员造成的损失。

②恐怖主义行为,或与恐怖主义行为相联系的行为造成的损失。

③任何人出于政治、信仰或宗教目的而采取行动所造成的损失。

④因承保风险所引起的共同海损和救助费用。

(2)除外责任。罢工险的除外责任与 ICC(A)的“一般除外责任”及“不适航、不适货除外责任”内容基本相同,但增加了以下三项:

①由于罢工、停工、工潮、暴动或民变引起工人缺勤、缺员或怠工所造成的灭失、损坏或费用。

②由于罢工造成航程受阻,致使货物未能运到保险单所载明的目的地而引起的间接损失。

③由于战争、内战、革命、叛乱、颠覆或由此引起的内乱,或来自交战国或针对交战国的敌对行为所造成的损失或费用。

此外,罢工险对使用核战争武器的除外事项规定也不同于战争险,即不仅限于“敌对性地使用”除外,还增加了“非敌对性使用”的除外责任。

(3)承保期间。采用“仓至仓”原则,即保险人承担货物自发货人仓库开始至收货人仓库为止整个过程。

3)协会货物恶意损害险

协会货物恶意损害险是协会货物(B)险与协会货物(C)险的附加险,主要针对两个基本险对于任何个人或数人故意损害和破坏标的物或其他任何部分的损害的除外责任。也就是说,投保协会货物(B)险或协会货物(C)险的投保人可以通过附加恶意损害险来要求保险人对“由于恶意行为、任意毁坏财产的行为所造成保险标的物的损失”承担保险责任。

4.4　其他方式运输货物保险

在国际贸易中,除了海上运输方式外,还采用陆上运输、航空运输、邮包运输方式。随着贸易往来的增加促使相应保险业务的产生与不断完善。

4.4.1　陆上运输货物保险

陆上运输货物保险是指保险人与投保人签订的以陆上运输货物价值作为保险标的,由保险人对被保险货物因自然灾害或意外事故造成的损失承担赔偿责任的协议。陆上运输货物保险始于 19 世纪末期,第一次世界大战爆发后得到较快的发展。陆运的运输工具主要是火车和汽车,国际上保险公司对于采用人力车和牲口驮运等落后工具运输货物的风险一般不予承保。中国人民保险公司现行的陆上运输货物险条款也明确规定以火车、汽车为限,在基本险方面，火车、汽车均采用相同险别和责任范围。而在国际保险市场上，保险公司对于火车和汽车运输往往分别列有不同条款。

1. 陆上运输货物保险的险别

根据中国人民保险公司1981年1月1日修订的《陆上运输货物保险条款》的规定，陆上运输货物保险的基本险别分为陆运险与陆运一切险。另外制定的陆运冷藏货物的专门保险，即陆上运输冷藏货物险，也同属基本险。在附加险中，除仅适用于火车运输的陆上运输货物战争险（火车）条款外，海运货物保险中的附加险，陆运货物保险也同样适用。

2. 陆运险与陆运一切险

1）责任范围

（1）陆运险。陆运险的责任范围与海上货物运输保险的"水渍险"相似，保险人主要对因自然灾害和意外事故造成的全部或部分损失及因此而产生的施救费用承担保险责任。这里所说的自然灾害和意外事故造成的全部或部分损失是指被保险标的物因暴风、雷电、洪水、地震等自然灾害，或由于运输工具遭受碰撞、倾覆、出轨，或在驳运过程中因驳运工具遭受搁浅、触礁、沉没、碰撞，或由于遭受隧道坍塌、崖崩，或失火、爆炸等意外事故所造成的全部或部分损失。施救费用则是被保险人对上述危险采取抢救、防止或减少货损的措施而支付的合理费用。但该费用不得超过该被救货物的保险金额。

§知识小贴士§

陆上货物运输的风险

与海洋货物运输可能遭受的风险不同，陆上货物运输的风有其自身的特点。常见的陆上货物运输的风险主要有：运输工具碰撞、倾覆、出轨；公路、铁路坍塌，桥梁折断、道路损坏及失火、爆炸等意外事故；暴风、雷电、洪水、地震、泥石流、山体滑坡等自然灾害。此外，在海洋运输中由于外来原因可能造成的风险，陆上运输也同样存在。

（2）陆运一切险。陆运一切险的责任范围与海上货物运输保险的"一切险"相似，即保险人除承保陆运险的各项责任以外，还负责"被保险货物在运输途中由于一般外来风险所致的全部或部分损失"。

2）除外责任

陆运险和陆运一切险的除外责任与海上货物运输保险的除外责任基本相同，在此不赘述。

3）责任起讫

陆上货物运输保险的责任起讫也采用"仓至仓"原则，即保险责任"自被保险货物运离保险单所载明的起运地仓库或储存处所开始运输时生效，包括正常运输过程中的陆上和与其有关的水上驳运在内，直至该项货物运达保险单所载目的地收货人的最后仓库或储存处所或被保险人用作分配、分派的其他储存处所为止"。如若未运抵上述仓库或储存处所，则以被保险货物运抵最后卸载的车站满60天为止。

3. 陆上运输冷藏货物险

1）责任范围

陆上运输冷藏货物险是陆上运输货物险中的一种专门险，除负责陆运险所列的自然灾害和意外事故所造成的全部或部分损失外，还负责由于冷藏机器或隔温设备在运输途中损坏所造成的被保险货物解冻融化以致腐败的损失赔偿。另外也承保施救费用,“但以不超过该批被救货物的保险金额为限”。

2)除外责任

陆上运输冷藏货物险的一般除外责任与海上货物运输保险的基本相同,但由于运输冷藏货物的特点,对于因战争、罢工或运输延迟而造成的被保险冷藏货物的腐败或损失,以及被保险冷藏货物在保险责任开始时未能保持良好状况,包括整理、包扎不妥,或冷冻上的不合规定及骨头变质造成的损失保险人也不承担。

3)责任起讫

陆上运输冷藏货物险的责任“自被保险货物运离保险单所载起运地点的冷藏仓库装人运送工具开始运输时生效,包括正常的陆运及其有关的水上驳运在内,直至货物到达保险单所载明的目的地收货人仓库为止,但最长保险责任以被保险货物到达目的地车站后 10 天为限。

4. 陆上运输货物战争险

陆上运输货物战争险是陆上运输货物保险的一种特殊附加险,只有在投保了陆运险或陆运一切险的基础上方可加保。在国外,此险保险公司大都不予承保,为适应外贸业务需要,我国保险公司接受加保,但仅限于火车。

1)责任范围

投保人加保陆上运输货物战争险后,保险公司负责除负责基本险的责任外,对在火车运输途中由于战争、类似战争行为和敌对行为、武装冲突所致的损失,以及各种常规武器(包括地雷、炸弹)所致的损失承担赔偿责任。

2)除外责任

陆上运输货物战争险的除外责任与海上货物运输战争险相同。

3)责任起讫

陆上运输货物战争险的责任起讫与海运战争险相似,即自被保险货物装上保险单所载起运地的火车时开始,到卸离保险单所载目的地火车时为止。如果被保险货物不卸离火车,则以火车到达目的地的当日午夜起计算,满 48 小时为止;如在运输中途转车,则不论货物在当地卸载与否,保险责任以火车到达该中途站的当日午夜起计算满 10 天为止。如货物在此期限内重新装车续运,仍恢复有效。但需指出,如运输合同在保险单所载目的地以外的地点终止时,该地即视作本保险单所载目的地,保险责任在货物卸离该地火车时为止,如不卸离火车,则保险责任以火车到达该地当日午夜起计算满 48 小时为止。

4.4.2　航空运输货物保险

航空运输货物保险是以飞机运输的货物价值为保险标的,保险人承保货物在运输途中因遭受灾害事故而造成的损失的协议。航空运输国际货物始于 20 世纪初,近年因航空运输的快捷高效,在国际贸易货物运输中的重要性日益显著,航空运输货物保险也随着蓬勃发展起来。

1. 我国航空运输货物保险

根据中国人民保险公司 1981 年 1 月 1 日修订的《航空运输货物保险条款》规定,航空运输货物保险的基本险别分为航空运输险和航空运输一切险。此外,还有航空运输货物战争险。

1)航空运输险和航空运输一切险

(1)责任范围。航空运输险的承保责任范围与海洋运输货物保险条款中的“水渍险”大致相同,即“被保险货物在运输途中因遭受雷电、火灾、爆炸或由于飞机遭受恶劣气候或其他危难事故而被抛弃,或由于飞机遭受碰撞、倾覆、坠落或失踪等自然灾害和意外事故所造成的全部或部分损失”以及“被保险人对遭受承保责任内危险的货物采取抢救、防止或减少货损的措施而支付的合理费用,但以不超过被救货物的保险金额为限”,保险人负责赔偿。

航空运输一切险的承保责任范围除包括上述航空运输险的全部责任外,还包括赔偿被保险货物由于一般外来原因所造成的全部或部分损失。

(2)除外责任。航空运输险和航空运输一切险的除外责任与海洋运输货物的除外责任基本相同。

(3)责任起讫。航空运输货物险的两种基本险的保险责任也采用“仓至仓”原则,即保险责任“自被保险货物运离保险单所载明的起运地仓库或储存处所开始运输时生效,包括正常运输过程中的运输工作在内,直至该项货物运达保险单所载明目的地收货人的最后仓库或储存处所或被保险人用作分配、分派或非正常运输的其他储存处所为止”。

特别规定:

①如果被保险货物“未运抵上述仓库或储存处所,保险责任以被保险货物在最后卸载地卸离飞机后满 30 天为止。如在上述 30 天内被保险货物需转送到非保险单所载明的目的地时,则以该项货物开始转运时终止”。

②保险责任“由于被保险人无法控制的运输延迟、绕道、被迫卸货、重新装载,转载或承运人运用运输契约赋予的权限所作的任何航行上的变更或终止运输契约,致使被保险货物运到非保险单所载目的地时,在被保险人及时将获知的情况通知保险人,并在必要时加交保险费的情况下”,保单仍继续有效。如果被保险货物在该非保险单所载目的地出售,保险责任至交货时为止。但不论任何情况,保险责任均以被保险货物在卸载地卸离飞机后满 30 天为止。如果被保险货物在上述 30 天期限内继续运往保险单所载原目的地或其他目的地时,保险责任仍按照正常运输情况下的规定终止。

2)航空运输货物战争险

航空运输货物战争险是航空运输货物险的一种特殊附加险,只有在投保了航空运输险或航空运输一切险的基础上方可加保。

(1)责任范围。航空运输货物战争险承担在航空运输途中“由于战争、类似战争行为和敌对行为、武装冲突所致的损失”,以及由此“引起的捕获、拘留、扣留、禁制、扣押所造成的损失”,还有“各种常规武器,包括炸弹所造成的货物的损失”。

(2)除外责任。航空运输货物战争险与海上货物运输战争险的除外责任基本相同。

(3)责任起讫。航空运输货物战争险的保险责任起讫是自被保险货物装上保险单所载明的起运地的飞机时开始,直到卸离保险单所载明的目的地的飞机时为止。如果被保险货物不卸离飞机,则以飞机到达目的地当日午夜起计算满 15 天为止,如果被保险货物需在中途转运时,则保险责任以飞机到达转运地的当日午夜起计算满 15 天为止,待装上续运的飞机,保险责任再恢复有效。

航空运输货物保险的特殊附加险除战争险外,还可加保罢工险。航空运输罢工险的责任范围与海洋运输罢工险的责任范围相同。

2. 协会航空运输货物保险险别和条款

为适应航空运输保险的特定需要，伦敦保险协会于 1965 年首次制定与航空运输有关的保险条款《协会航空运输货物一切险条款》，并在 1982 年加以修订成为现行的《协会货物险条款(航空)》。此外，伦敦保险协会还于 1982 年颁布了新的《协会战争险条款(航空货物)》和《协会罢工险条款(航空货物)》。

1)协会货物险条款(航空)(邮包除外)

(1)责任范围与除外责任。该条款的承保责任范围较广，对承保风险的规定与 1CC(A)条款一样，是采用一切风险减除外责任的方法。在本保险条款中被特别规定的除外责任是一般除外责任、战争除外责任和罢工除外责任。与 ICC(A)条款不同之处是无不适航、不适货除外责任。此外，在“承保风险”的标题下，该条款 ICC(A)条款相比，没有共同海损条款和互有过失碰撞责任条款，而只有风险条款。

(2)保险期间。协会货物保险条款(航空)的责任起讫亦采用“仓至仓”条款。与我国的航空运输险他和航空运输一切险的规定相同，卸货后的保险期限是在最终卸货地，货物从飞机上卸下以后 30 天。如在上述 30 天内被保险货物运到非保险单所载明的目的地时，则以该货物开始转运时保险责任终止。该条款的其他内容均与海运 ICC(A)条款的各有关内容相同。

2)协会战争险条款(航空货物)(邮包除外)

(1)责任范围与除外责任。投保协会战争险(航空货物)，保险公司承担赔偿在航空货物运输途中因战争、内乱、命、叛乱、动乱及由此而发生的国内斗争或由交战国采取的或对交战国采取的一切敌对行为引起的捕获、扣留、禁制、拘留而造成的保险标的的损失，其中也包括废弃水雷、鱼雷、炸弹以及其他废弃武器造成的损失。

该条款不包括因使用原子武器所造成的损失。此外，在一般除外责任中还包括专门针对航空运输的飞机与集装箱等不合格的除外责任。

(2)保险期间。协会战争险(航空货物)的保险期限是自保险标的或其一部分因开始运输而被装上飞机时开始，直到在最终卸货地卸离飞机时为止。

如保险标的不卸离飞机，则以飞机到达最终卸货地当天午夜 12 时起满 15 天为止。若保险标的在中途转运，在转运地的承保期限是 15 天，装上续运飞机，保险责任再恢复有效。由此可见，航空运输战争险适用的是所谓“空中危险”。该险别具有独立性和完整性，因而也可以单独投保。

3)协会罢工险条款(航空货物)

投保协会罢工险(航空货物)，保险公司负责赔偿在航空货物运输途中因罢工、关厂，劳资纠纷、暴动、骚乱或出于恐怖主义与政治动机而采取的行动所导致的保险标的的损失。

该险别的保险期间与协会货物条款(航空) 的原则一致，采用的是“仓至仓”责任原则，货物卸离飞机后的承保期限是 30 天。该险别的其他条款与协会战争险(航空货物) 条款一样，具有独立性和完整性，可单独投保。

4.4.3　邮包运输货物保险

近年来，国际间采用邮包递送货样或少量质轻价高货品的情况逐渐增多。邮包运输货物保险是保险公司承保邮包在运输途中因自然灾害、意外事故或外来风险所造成包裹内物品的损失。由于邮包运输可能同时涉及海、陆、空三种运输方式，因此，保险公司在确定承保责任范围时必须同时考虑这三种运输方式可能出险的因素，各国保险公司针对邮包运输而使用的险别和条款不尽相同，比较常见的是沿袭海洋运输货物险的"平安险"、"水渍险"与"一切险"的险别名称，但具体条款与海洋运输货物险的同名险别不完全相同。

1. 我国邮政包裹运输保险险别与条款

在我国，中国人民保险公司参照国际上的通行做法，结合我国邮政包裹业务的实际情况于1981年1月1日修订邮包运输保险条款，具体包括"邮包险"、"邮包一切险"及"邮包战争险"三种险别。

1)邮包险和邮包一切险

(1)责任范围。邮包险的责任范围是负责赔偿被保险邮包在运输途中由于恶劣气候、雷电、海啸、地震、洪水、自然灾害，或由于运输工具搁浅，触礁，沉没、碰撞、出轨、倾覆、坠落、失踪，或由于失火和爆炸意外事故造成的全部或部分损失。另外，还负责被保险人对遭受承保责任范围内风险的货物采取抢救、防止或减少货损的措施而支付的合理费用，但不超过该批被救货物的保险金额。

邮包一切险的承保责任范围除包括上述邮包险的全部责任外，还负责被保险邮包在运输途中由于一般外来原因所致的全部或部分损失。

(2)除外责任。保险公司对两种险别因战争、敌对行为、类似战争行为、武装冲突，海盗行为、工人罢工所造成的损失，直接由于运输延迟或被保险物品本质上的缺陷或自然损耗所造成的损失，以及属于寄件人责任和被保险邮包在保险责任开始前已存在的品质不良或数量短差所造成的损失，被保险人的故意行为或过失所造成的损失，不负赔偿责任。

(3)责任起讫。邮包险和邮包一切险的保险责任是自被保险邮包离开保险单所载起运地点寄件人的处所运往邮局时开始生效，直至被保险邮包运达保险单所载明的目的地邮局发出通知书给收件人当日午夜起算满15天为止，但在此期限内邮包一经递交至收件人的处所时，保险责任即行终止。

2)邮包战争险

邮包战争险是邮政包裹保险的一种特殊附加险，只有在投保了邮包险或邮包一切险的基础上，经投保人与保险人协商方可加保。

投保邮包战争险后，保险公司负责赔偿在邮包运输过程中由于战争、类似战争行为、敌对行为、武装冲突、海盗行为以及各种常规武器(包括水雷、鱼雷、炸弹)所造成的损失。此外，保险公司还负责被保险人对遭受以上承保责任危险的物品采取抢救、防止或减少损失的措施而支付的合理费用。但保险公司不承担因使用原子或热核制造的武器所造成的损失的赔偿。

邮包战争险的保险责任是自被保险邮包经邮政机构收讫后自储存处所开始运送时生效，直至该项邮包运达保险单所载明的目的地，邮政机构送交收货人为止。

邮包运输保险的特殊附加险除战争险外，还有罢工险。邮包罢工险的责任范围与海洋运输罢工险的责任范围相同。

2. 协会战争险条款(邮包)

英国伦敦保险协会迄今只对邮包战争险制定了《协会战争险条款(邮包)》，而未制定邮递货物保险的标准条款。

协会战争险(邮包)的责任范围与协会战争险条款的风险条款相同,只是在一般除外责任中,没有特别规定飞机、运输工具、集装箱等不合格的除外责任及海上承运人、航空承运人等破产的风险除外责任条款,而增加了受理国际邮件时由于地址姓名不清楚及不正确所引起的损害的除外责任。

协会战争险(邮包)的保险责任自保险标的运离保险单所载明的发件人住所时开始,至保险标的在邮包上所标明的收件人住所交货后终止。

该险别的其他条款与协会战争险条款类似,具备独立性及自身完整性,可单独投保。

思　考　题

1. 保险合同当事人的主要权利义务有哪些?
2. 国际货物运输保险的基本原则有哪些? 其含义是什么?
3. 简述海洋运输货物保险的承保范围。
4. 简述共同海损与单独海损的区别。
5. 简述我国海洋运输货物保险条款中对于被保险人义务的规定。
6. 简述我国海洋运输货物战争险的承保范围、除外责任与责任起讫。
7. 简述中、英两国海洋运输货物保险条款基本险别的比较。
8. 简述我国航空运输货物保险条款与海洋运输货物保险条款的区别。

技能训练题

某货轮从宁波舟山港驶往美国,航行不久,船舶货舱因雷击起火,大火蔓延到机舱,船长为了船货的共同安全,决定采取紧急措施,往舱中灌水灭火。火虽被扑灭,但由于主机受损无法继续航行,于是船长决定雇用拖轮拖回舟山港修理,检修后重新驶往美国。

事后调查,这次事故造成的损失为:①1 000 箱货物被火烧毁;②600 箱货物由于灌水灭火而受损;③主机和部分甲板被烧坏;④拖轮费用;⑤额外增加的燃料及船长、船员工资。

请分析:以上损失分别属于什么性质的损失? 如被保险人投保了平安险,是否能获得保险人赔偿? 为什么?

第5章 国际商事组织法

【本章重点】

1. 公司的基本类型及特征
2. 公司创立的法律规则
3. 公司组织机构的法律规则
4. 合伙企业内部关系及第三人关系
5. 个人独资企业的特征

【本章难点】

1. 公司的组织机构
2. 合伙企业内部关系及与第三人关系

5.1 国际商事组织法概述

商事组织，亦称商事企业，是指能够以自己名义进行营利性活动，并具有一定规模的经济组织。国际商事组织，顾名思义即为从事国际贸易的商事企业，是国际商事关系的重要主体，是国际商事关系权利义务的享有者与承担者，一切国际商事关系都围绕国际商事主体建立，因此对其进行规范的国际商事组织法在国际商法中具有重要的地位和作用。

从各国从事国际贸易的主体来看，国际商事组织的组织形式多种多样，各国法律法规对其规定也不径相同，对于形式的选择关系到组织的设立程序、投资者的风险与收益、管理权分配等重大事宜，目前，各国商事组织形式主要有三种：公司、合伙企业与个人独资企业。

5.1.1 公司

各国对公司的定义各不相同，但基本上都强调其法定性、营利性及法人性。在所有的国际商事主体中，可以说公司是最重要的一种组织形式，这主要是源于公司独有的特点，如公司的经营权与所有权相分离，股东无须亲自参与就能保持其股份所有权对公司实施控制；公司具有法人资格，可永久存在，不随股东死亡而消灭；股东对于公司的债务仅以出资额为限承担责任，大大降低了股东的投资风险；公司可以募集较多资本，提高竞争力等。

随着公司的发展，规范公司行为的法律制度也不断健全。英美法系国家对于公司的规定一般采用单行法的形式。而大陆法系国家最初并未采用单行法形式，而是将对公司的规定放在民、商法中，后来部分国家基于社会需要逐渐将公司法从民、商法中分立出来。

§知识小贴士§

各国公司法的法律形式

英美法系国家对于公司的规定一般采用单行法的形式。如英国 1844 年《合作股份公司法》《1948 年公司法》《2006 年公司法》，美国 1984 年《修订标准公司法》、1994 年制定并于 2006 年修订的《统一有限责任公司法》等。

大陆法系国家法国最初对于公司法的规定是从 1804 年民法典和 1807 年的商法典中有关合同与商业组织的法律规定中体现的，在 1856 年开始对股份两合公司进行单独规定，之后于 1925 年颁布单行的《有限责任公司法》，1966 年颁布《工商业公司法》。德国于 1892 年颁布了著名的《有限责任公司法》，1965 年当时的联邦德国颁布了《股份有限公司法》。2008 年德国通过《有限责任公司法进行现代化改革和反滥用的法律》，对有限责任公司法中关于公司设立、破产等内容进行了大幅修改。

我国规范意义上的公司立法活动始于 1980 年初期。但由于当时不具备统一公司法的实践基础和外部环境，一直没有形成成文的规范，直到 1992 年 5 月 15 日，在全面总结自改革开放以来的公司制度实践经验的基础上，由国家体改委正式发布《有限责任公司规范意见》与《股份有限公司规范意见》系统规定了有限责任公司与股份有限公司的基本原则、设立、公司资本、合并与分立、解散与清算等基本制度。其后，相关部、委、办也相继发布了十余项配套文件，初步形成了极有特点的中国公司法律制度体系。但随着各项市场化改革的迅猛深入，非国有企业和其他组织、个人也纷纷组建公司，国家迫切需要制定适用范围更加广泛效力位阶更高的公司法。最终于 1993 年 12 月 29 日全国人大常委会第 5 次会议全体会议表决通过《中华人民共和国公司法》，并于 1994 年 7 月 1 日起施行。于此，我国第一部公司法诞生了。之后经历了 1999 年、2004 年、2005 年、2013 年四次修订，现行的《中华人民共和国公司法》是 2013 年 12 月 28 日第十二届全国人民代表大会常务委员会第六次会议通过，2014 年 3 月 1 日起施行的。

5.1.2　合伙企业

合伙企业一般是指由两个或两个以上共同投资、共同管理、共享利润、共担风险的合伙人组成的商事组织。合伙企业相对于公司而言更强调“人”的联合，而非“资本”的联合。大多数国家都不承认合伙企业的法人资格，各个合伙人对合伙的债务承担无限责任，合伙人之间对合伙的债务承担无限连带责任，这种无限连带制度，事实上使合伙人承受的风险要明显大于公司的股东，所以合伙人之间一般情况下一定具有高度的信任关系，也正是这种高度密切关系，使得合伙人的死亡、退出或破产等都可能导致合伙的解散。

在现代大陆法系国家合伙企业法主要规定在民商法典中，如德国在其民法典第二编规定了民事合伙，在其商法典规定商事合伙。在英美法系国家中，合伙企业法如公司法一样大多是以单行法的形式公布的。英国现行的合伙法是由修订后的《1890 年合伙法》《1907 年有限合伙法》《2000 年有限责任合伙法》组成。美国合伙法为州法，没有统一的联邦合伙法。但目前 1914 年统一州法全国委员会起草的《统一合伙法》和《统一有限合伙法》的修订版，是大部分州所采纳并使用的合伙法。值得注意的是,英国《2000年有限责任合伙法》与美国的《统一合伙法》承认合伙的法人地位。近年来大陆法系一些国家的合伙法也承认合伙具有法人地位。

我国对于合伙企业的规范,最早在《中华人民共和国民法通则》及《中华人民共和国私人企业暂行条例》上有所规定。现今适用的单行法《中华人民共和国合伙企业法》经1997年2月23日第八届全国人民代表大会常务委员会第二十四次会议通过,2006年8月27日第十届全国人民代表大会常务委员会第二十三次会议修订,2007年6月1日起施行。修改后的合伙企业法,增加了“有限合伙”这种新的合伙企业形式,并对采用普通合伙形式的专业服务机构的特殊责任形式即特殊的普通合伙企业作出了规定。

5.1.3 个人独资企业

个人独资企业是历史上最早产生的一类企业形式,是由一名投资者单独出资设立的独享权益并自担风险的商事组织。由于其一人投资、一人掌控的特点又被称为个体企业、个人企业、个体商人等。个人独资企业较之公司与合伙,设立更加简便、经营灵活、数量最多。但为了严格其责任,多数国家都不承认其法人资格,投资者的个人财产与企业财产相通,投资者须以其全部财产对企业的债务负责。

我国单行的个人独资企业法是1999年8月30日第九届全国人民代表大会常务委员会第十一次会议通过,自2000年1月1日起施行《中华人民共和国个人独资企业法》,其也不承认个人独资企业的法人资格。

§小思考5-1:

国际商事组织公司、合伙企业、个人独资企业的区别?

考核知识点:公司、合伙企业、个人独资企业的特征。

5.2 公 司 法

5.2.1 公司的概念及特征

1. 公司的概念

关于公司的概念,各国对其解释各有不同。英美法系国家一般没有法定的公司定义。但英国的《1985年公司法》和美国的《标准公司法》对公司的法人性质和商事公司的概念作了规定。如美国《标准公司法》第2条规定:公司是指受法令管辖的营利公司。大陆法系国家对公司的概念有所规定。如《法国民法典》1832条规定,公司是由两人或数人通过契约约定共同投资,以分享由此产生的利润和经营所得的利益的营利性组织。《日本商法典》第2编第52条以及《有限责任公司法》第1条则将公司规定为依法设立的营利性社团。综合各国对公司的解释,我们不难看出对于公司概念各国普遍强调公司依法设立、以营利为目的和法人身份,因此我们将公司定义为:依法定程序设立的,以营利为目的的企业法人。

2. 公司的基本特征

尽管各国对公司的定义有着诸多不同，对于公司的特征，各国都基本确认具有如下几个方面：

1)股东责任的有限性

公司的股东以其出资额或所持股份为限，对公司承担有限责任，这是各国公司法的共同规定，也是商事组织法上历史性的进步。

2)公司拥有自己的财产

股东的出资是公司初始财产的来源，股东完成出资义务，其对投资财产的所有权便移交给公司，公司对其享有直接的使用权和处置权，而股东换来是按照出资比例享受的一系列权利。

3)公司具有独立的法律人格

公司是法人，法律承认其主体地位，公司可以以自己的名义享受民事权利和承担民事责任。如公司与他人发生纠纷，公司有权以自己的名义向法院起诉或应诉。

4)公司管理具有集中性

在管理公司事务问题上，公司采取股东会、董事会(经理)、监事会统一的集中管理体制，而不同于合伙企业的合伙人的分别管理方式。

5)公司存续不受股东变化影响

相对于合伙企业、个人独资企业，公司更多强调的是资本的联合，因此公司不会因为股东股份的转让、股东的死亡和破产影响公司的存续。

§知识小贴士§

揭开公司面纱制度

揭开公司面纱制度指股东为逃避法律义务或责任而违反诚实信用原则，滥用公司法人资格或股东有限责任待遇，致使债权人利益严重受损时，法院有权要求股东直接向公司债权人履行法律义务、承担法律责任的制度。该制度又被称为“公司人格否认”“公司法人资格否认”“股东有限责任待遇之例外”“股东直索责任”。

在具体的案件中，涉及股东对公司债务承担个人责任的情形有如下几种：

➢ 有控制权的股东对其控制的具有独立法人资格的公司进行不公平的管理，它们之间进行的业务活动，收益归有控制权的股东，损失则由子公司承担；

➢ 名义上具有法人资格的被控制公司实际上是有控制权的公司的一个组成部分，实为办事处或分公司，而其不具有事实上的独立法人资格；

➢ 被控制的具有独立法人资格的公司根本没有独立法人资格的设置，包括主要管理人员及董事会人员与母公司的重叠；

➢ 被控制的具有独立法人资格的公司与控制公司从事本质上相同的业务，而且被控制公司的从业资金完全由控制公司控制；

➢ 被控制的具有独立法人资格的公司与控制公司在财务和业务上具有不可分割性，是统一的实体；

➢“资本不实或不足投资”公司的股东就其资本大小向当事人作了错误陈述，以致该第三人误认为其资本充足，并因此与其达成交易，造成严重损失；

➢在公司尚未完成其机构设置或未发行股票就已经开始营业；未召开股东大会或董事会；或在公司未具备完备的公司和财产记录情况下就从事风险投资。在这些情况下，公司的独立法人地位将不被考虑。

我国《公司法》第20条明确规定：“公司股东应当遵守法律、行政法规和公司章程，依法行使股东权利，不得滥用股东权利损害公司或者其他股东的利益；不得滥用公司法人独立地位和股东有限责任损害公司债权人的利益。公司股东滥用股东权利给公司或者其他股东造成损失的，应当依法承担赔偿责任。公司股东滥用公司法人独立地位和股东有限责任，逃避债务，严重损害公司债权人利益的，应当对公司债务承担连带责任。”

5.2.2 公司的主要分类

根据公司股东对公司享有的权利和承担的义务的不同、资金来源及其管理形式的不同，可以将公司划分为无限公司、有限责任公司、两合公司、股份有限公司和股份两合公司。各国公司法对以上分类采用最多的是有限责任公司与股份有限公司。有的国家，主要是大陆法系国家的公司法还规定有无限责任公司、两合公司和股份两合公司，如德国和日本，但这类公司作用很小。英美法系国家公司法主要规定股份有限公司，但通常另辟一章，专门规定有限责任公司。

1. 有限责任公司

1)有限责任公司的概念

有限责任公司首创于19世纪末的德国，目的在于融合合伙企业与股份公司的优点，适应中小型企业，特别是家庭式企业的客观要求，其后被越来越多国家采用。最早的有限责任公司立法为1892年德国的《有限责任公司法》。之后，1919年的法国，1938年的日本也相继制定了《有限公司法》。

有限责任公司是指股东人数较少，不发行股票，股份不得随意转让，股东对公司承担有限责任的公司。

2)有限责任公司的特征

(1)股东人数有上限要求。各国的公司法一般对有限责任公司的人数都有上限要求。例如，英国公司法规定有限责任公司股东人数不得超过50人；美国特拉华州公司法规定不得多于30人；法国公司法规定不得高于50人，如果超过50人，则必须转变成股份有限公司，否则股东人数须降到50人，或者解散该公司；我国公司法规定股东人数为50人以下。

(2)股权对外转让受限。公司法一般对股权在股东内部转让不做任何限制，但股东向股东以外的人转让股权要受到一定的法律限制。为保障股东关系的稳定性，公司法还规定在同等条件下，其他股东对被转让给第三人的股份具有优先购买权。公司法一般允许有限责任公司通过公司章程及内部细则对股权转让进行规定。在股权转让问题上，还有一些其他规定。如德国《有限责任公司法》规定股份转让和股份转让合同必须经过公证形式。

(3)公司不得对外招募股本。各个股东所认购的股份比例通常由股东们相互协商而定之后，由公司向其出具股权证书，以证明其在公司内部享有的权益和承担的风险比例。各国公司法都规定了有限责任公司的法定资本额要少于股份有限公司的法定资本额。

(4)公司组织简便。对于人数较少的公司,一般公司法规定可以不设立股东大会和监事会,董事会是最高权力机构,主要股东一般都是董事会成员,并直接参加公司管理。同时有限责任公司设立和解散程序也相对比较简单。

(5)兼具人合与资合的性质。有限责任公司在具有公司普遍的资合性同时,还具有一定的人合性。这主要表现在公司处理重大事务时,除了强调股权的作用外,还强调了股东作为出资人应具有的作用,如股东会应由全体股东参加公司章程由股东共同起草,股东向股东以外的第三人转让其出资时,必须经全体股东过半数同意等,这与股份有限公司只强调股权的作用是不同的。在实践过程中,有限责任公司很多都是家族企业或朋友一起开设的。有限责任公司股东之间的关系密切,在经营管理及重大问题的决策中,股东作为个人的作用还是比较明显的。

此外,公司的财务报告不予公开,只须按照公司章程规定的期限送交给各股东审阅即可。

2. 股份有限公司

1)股份有限公司的概念

股份有限公司诞生于英国,一般认为,股份有限公司起源于 17 世纪英国、荷兰等国设立的殖民公司,比如著名的英国东印度公司和荷兰东印度公司就是最早的股份有限公司。1807 年,《法国商法典》第一次对股份有限公司作了完备、系统的规定。

股份有限公司是指全部资本划分成等额的股份,其股份以股票形式依法公开发行和自由转让的一种公司企业形式。

2)股份有限公司的特征

(1)全部资本分为等额股份。股份有限公司的注册资本均分为每股金额相等的股份,通过股票形式,由股东享有。也就是说在股份有限公司中,股票是均分股东权益的凭证,股东是以其握有的股票数(即占注册资本的比例)来享有股东权益的。

(2)股票公开发行并可流通。股票可在社会上公开发行,在股份有限公司中获准上市的公司,可以通过发行股票来筹集资本,其股票可依法在证券交易所等法定流通场所进行自由流通。

(3)所有权和经营权相分离。股份有限公司是典型的资合公司,股东作为公司的所有权人,与公司的董事会及管理层是分离的,即负责股份有限公司的日常管理活动的是董事会和管理层。公司法对股东大会、董事会、管理人员及监事会各自的职权作了较为具体的规定。

(4)账目必须公开。公司法规定,以募集设立方式成立的股份有限公司必须公告其财务会计报表。财务会计报表主要包括资产负债表、损益表、股东权益变动表、现金流量表、财务情况说明书及利润分配表等。

(5)规模较大。相对与其他公司股份有限公司尤其是上市公司一般是股本大、资金雄厚、股东人数众多、内部管理机构权责分明、效益高、竞争力强的公司,在一国的经济、政治和社会生活中起着举足轻重的作用。

§小思考 5-2：

以下属于我国公司法承认的公司类型有(　　)：

A. 有限责任公司　　B. 股份有限公司　　C. 无限责任公司　　D. 两合公司

考核知识点：公司的分类。

3. 无限责任公司

无限责任公司是指由两个以上股东组成，股东对公司承担无限连带责任的公司。因为无限责任公司的连带性和无限性，使得股东之间必然存在相互信任，所以无限责任公司是典型的人合公司。此外无限责任公司还具有内外关系的合伙性，经营权和所有权不分离、股本可以任意增加和减少等特征。目前无限责任公司的数量已经不多。

4. 两合公司

两合公司是股东的一人或数人以其一定的出资额而对公司的债务负有限责任，其他股东对公司债务负无限责任的公司，其中负有限责任的股东通常称为有限责任股东，负无限责任的股东称为无限责任股东。

两合公司是大陆法系所特有的公司形式，其兼具有限责任公司与无限责任公司的特征，无限责任股东对公司业务享有执行权，而无限责任股东对公司业务有监督检查权。公司的法律地位与无限责任公司基本相同。

5. 股份两合公司

股份两合公司可以说是一种特殊的两合公司，与一般两合公司的不同在于，其有限责任股东是以认购股份即购买公司股票的形式进行出资，从而使得其在对外吸收社会投资上比一般两合公司更容易。股份两合公司与一般两合公司相比虽具有一定的优势，但同样承担有限责任的股东无权参与公司经营管理，其地位不如股份有限公司股东，对投资人吸引力日渐减弱，所以采用该种公司形式的国家更少，有的国家在立法中已将其废除。

§知识小贴士§

母公司、子公司和分公司

在区分不同公司形式时，必须十分明确母公司、子公司和分公司，这对于深入理解公司以及开展对外经济贸易活动有着重要的现实意义。在我国现行公司法中，尚无母公司的概念，但对于分公司及子公司已有原则的规定。

➢ 母公司：系指通过掌握其他公司的股票(份)或根据协议从而能实际上控制其他公司营业活动的公司。母公司具备法人资格。

➢ 子公司：是指一定数额的股份被另一公司控制或者依照协议被另一公司实际控制、支配的公司。子公司也具备法人资格。我国《公司法》第 14 条第 2 款则规定，子公司具有法人资格，依法独立承担民事责任。

➢ 分公司：是指业务、资金、人事等方面受本公司管辖和控制而不具有法人资格的分支机构。分公司不具备法人资格，其一切行为均代表总公司，其一切法律后果均由总公司承担。

5.2.3 公司的设立

公司设立是各国公司法的一个重要组成部分。一般而言公司法对公司设立的法定程序都作了较为详细的规定。虽然各国对不同种类公司的具体规定不尽相同,但大都要求法定人数的创办人设立公司时履行下列手续:拟定公司章程、募集最低资本金、组织认购股份等。待前期手续履行完毕即可到相关主管部门进行登记,领取营业执照,至此公司即告成立。

1. 创办人

创办人也称发起人,是指发起创立公司的人。每个公司都必须要有公司创办人,这是公司法最基本的一项规定。创办人可以是自然人也可以是法人。当自然人为创办人时,公司法普遍认为其必须具备完全行为能力,无行为能力和限制行为能力的自然人不能充当创办人。

从公司法的历史来看,大多数国家初期对各类公司的创办人都有最低数量的要求,但随着社会经济生活的进步,很多国家对这些方面的要求都有所改变,只对股份有限公司要求严格。如《美国标准公司法》规定,一人或数人,本州公司或外州(国)公司,一经签署并向州务卿递交公司章程都可以充当发起人。

我国2013年修订的《中华人民共和国公司法》把股份有限公司的发起人下限从5人改为2人,上限定为200人,同时也取消了有限责任公司股东人数2人的限制,增加了一人有限责任公司的相关规定。

对于创办人的国籍与居住地的要求,大部分国家公司法一般不做特别规定,但个别国家在一定条件也有要求。如意大利公司法规定,对于占据意大利公司30%以上股份的外国人创办人须经意大利财政部同意批准。又如挪威公司法规定,对向公众公开发出招股书的公司创办人,要求一半人需在挪威居住2年以上。我国的公司法对股份有限公司发起人的住所地也作了要求,即其中须有半数以上的发起人在中国境内有住所。

创办人的职责是负责公司的筹备的各项工作,包括:拟定公司名称、起草公司章程和内部细则、认购必要股本、注册地址、办理公司登记等。在公司创建过程中创办人对公司和股东要履行忠诚、无欺诈、办事公正的义务。在公司成立前,各创办人之间是一种互相委托、共担风险的关系,对设立公司的全部费用和债务负连带责任。一旦公司成立,该责任就由公司承接,而各创办人之间也变为股东合作关系。

2. 公司章程和内部细则

1)公司章程

(1)公司章程的概念。公司章程是组建公司的必备的、核心的文件,是规范公司的宗旨、业务范围、资本状况、经营管理以及公司与外部关系的公司准则。公司章程一般由创立人起草,经股东同意或通过后定稿。各国公司法均要求在公司设立申请时将该文件提交政府的登记部门核准并备案。在英美等国家公司章程还包括内部细则。

(2)公司章程的特征。公司章程有以下3种特点:

①合法性。公司章程的内容必须符合公司法的规定,同时形式也必须合法。公司章程需对公司法规定的必要记载事项进行详细、真实地规定,必须保证内容的合法性、真实性。如果出现违法记载或虚假内容可能直接导致公司设立无效,且要追究责任人的责任。在形式上公司章程必须经核准、公告(如德、法等国要求必须公告)才能生效,同时各国公司法还要求公司

章程须以指定方式予以公开并置于固定办公室,能便于公众查阅了解。另外对公司章程的修改许多国家的公司法也规定了严格的条件。

②自治性。公司章程是创办人或股东共同制定的,除公司法强制规定的内容外,章程可以根据公司的具体情况进行制定,充分体现创办人或股东对公司管理事务的高度自治。

③权威性。公司章程是一经生效即对整个公司及其内部员工发生效力,是公司组织及行动的基本准则和行为规范。公司要认真履行章程规定,政府应依章程管理,公众应依据章程规定与公司发生业务往来。

(3)公司章程的基本内容。各国公司法对公司章程规定的内容,一般包括以下几项:

①公司的名称。多数国家都要求公司的名称必须能反映其性质,如公司的名称中必须包括"有限责任公司""股份有限公司"或缩写的字样。公司的名称不得与本国(地)现有公司或经授权在本国(地)从事经营活动的外国(地)的其他公司的名称相同或相类似(经其他公司名称拥有者事先许可的除外),不得使用违反公司法或其他法律所禁忌的名字,包括不得使用与本国或外国中央或地方政府机关、立法或司法机关、国际政府间或民间组织有联系的名称,也不得基于欺诈目的使用与其资本规模或营业范围极不相称的浮夸名称。

②公司的存续期限。许多国家规定,公司可在其章程中自由地决定其存续期限。但个别国家也有对公司存续时间的法定期限,如法国规定为99年,比利时为30年。不过,这类国家同时也规定公司临近期限届满时可延长。

③注册地址。即为公司登记地,便于公司与第三人之间的交往及公司收受诉讼或行政文书等。很多国家还以此作为公司纳税对象的依据。

④公司的经营范围。发达资本主义国家规定一切合法的商事活动,公司都可经营。但公司须在章程中载明其经营范围,一是为保护股东利益,使之知悉其投资流向;二是保护第三人利益,便于他们了解公司的权限。对于超越经营范围的行为,各国现行的规定大体一致,即该行为对第三人而言仍视为公司的行为而约束该公司。若此类越权行为给公司或股东造成损失,股东可以指控公司与作出越权决定的董事会。

⑤公司的具体类型。公司须在章程中注明其属于股份有限公司还是有限责任公司或者是无限责任公司或两合公司。

⑥资本总额及各类股份的权限。只要不违反公司法中关于公司最低资本金的规定,创办人可以任意决定公司的资本总额,但应当在公司章程中载明。此外,各国还要求公司须在其章程中载明股份的类别、数量、票面值及各类股份的权限等。

⑦公司组织的构成及权限。

⑧公司章程的修改规则。

此外,创办人还可以在公司章程中列入其他一些与法律不相抵触的规章。

2)公司的内部细则

公司内部细则,是指由公司制定的、用以规定和调整公司业务活动以及公司的股东、董事、管理人员及雇员的权利与义务关系的文件。西方国家都规定,公司内部细则须经董事会通过,经股东大会批准。在我国,《公司法》没有提及,但实际上,每个公司也都有公司内部细则。

3. 凑足法定的最低资本金

缴纳最低资本金是国家为保障公司债权人利益而在公司法设定一项制度。一般国家的公司法都对公司成立有最低的资本金要求，创办人须提供足够的法定最低资本金方可获准成立公司。为了更好地促进公司的发展，提高公司竞争力，许多国家在 20 世纪 80 年代后降低了公司法对公司设立时的最低资本金数额要求，如美国有些州公司的资本额规定达到 500 美元即可。有的国家甚至规定了"零资本"公司，如德国以前的《有限责任公司法》规定最低注册资本额为 25 000 欧元，但在 2008 年通过修改，增设了一种"企业主公司"，该类公司即为无最低资本金要求的有限责任公司。当然为了保护债权人的利益、交易安全和社会稳定，德国公司法对这种公司同时也作出了一定的限制，如商业名称中必须包含"企业主公司"，不许实物出资，且必须缴足股本出资后才能申请登记等。我国《公司法》在 2013 年修改后，也取消了有关最低注册资本限制。

4. 认购股份

创办人认购股份的方式依据公司设立的方式而定。公司设立的方式有两种：一种是发起设立，即由创办人认购全部股份；另一种是募集设立，即社会上公开募集资本成立。两种方式都会涉及股份认购问题。

股东可以以现金、实物、技术等形式认购股份。在发起设立公司的情况下，各国一般并不要求必须一次性缴足，可分批缴付。以实物和技术认购股份的，许多国家要求必须是现实可缴付的，并且由法院指定专家对这些实物和技术进行估价。我国《公司法》在 2013 年修订时取消首次出资比例、货币出资比例的要求，仍规定对非现金形式的出资估价不得高估或低估。募集设立公司的情况下，创办人要拟定符合法定必要真实事项的招股章程，并由创人缴足招股章程中列明的最低认购额，一般为计划股本总额的 1/3。我国现行《公司法》规定，"以募集设立方式设立股份有限公司的，发起人认购的股份不得少于公司股份总数的 35%。"创办人完成本认购之后，即可将招股章程等报公司注册机构注册，并公布于众。此外，创办人须准备认股书供大众投资者填写认购股份与金额。

§小思考 5-3:

上海市的甲有限公司、乙合伙企业、黑龙江省丙有限公司与自然人张某准备共同组建一家新的有限责任公司 A。在认购出资时甲公司以土地使用权作价出资 200 万元；乙企业以机械设备作价出资 100 万元，另出资人民币 100 万元；丙公司以专利技术出资 300 万元；自然人张某以劳务出资，作价 10 万元。

问：各股东的出资是否合法？

考核知识点：股东认购股份的形式。

5. 注册登记

大部分国家对公司成立仍需办理注册登记。创办人在申请登记时，需提交符合法律规定的章程和文件，缴纳法定的手续费，按登记机关要求履行法定手续后，经主管机构审查完备后予以注册，发给登记证书，公司便告成立。

5.2.4 公司的财务与资金来源

1. 公司的财务

为加强公司管理，维护债权人利益，各国公司法都要求公司必须建立本公司的财务、会计制度。为此大部分国家公司法都专门列出一章用以调整和规范公司相关行为。

大部分国家公司法都规定，公司必须在每一财政年度终了时编制法定财务报表，呈报股东，股份有限公司还需将法定财务报表呈报政府部门和向公众公布。如美国公司法强调公司必须披露的会计报表有：资产负债表、损益表、股东权益变动表、现金流量表、其他财务信息。欧盟公司法相关指令，如欧共体理事会第 78/660 号也强调了欧盟各国公司应披露与美国公司法规定的相类似的财务报表。我国公司法也规定了公司在每个会计年度必须制作资产负债表、损益表、财务状况变动表、财务状况说明书、利润分配表及其附属明细表。

2. 公司的资金来源

所谓资金，是指以货币形式表现出来的公司企业资产的价值，而资产则成为公司资金的存在形式。对于公司来说，资金就是公司的血液，具有特殊的重大意义。所谓公司的资金来源就是公司企业取得资金的合法渠道和途径。大部分国家公司法规定，公司资金的来源主要是两个方面：一个就是股本，这属于公司的自有资本；另一个就是债，也可称为债款，这两者的结合，构成了公司资金的主要来源。

1）公司的资本和股票

（1）公司的资本。公司资本的概念有广义与狭义之分，所谓广义的公司资本，是指包括自有资本和借贷资本的公司用以从事经营、开展业务的所有资金和财产。狭义的公司资本则仅指公司自有资本。以下我们所探讨的是仅指狭义的公司资本。

公司资本又可以称为公司股本、公司注册资本，是公司成立时由章程确定的、股东出资构成的财产总额。它是资合公司最低的财产担保基础，也是股东承担财产责任的最高限额。

在英美法系国家，采用授权资本制，即公司股本不必在设立时认足，只要认缴了其中的一部分，公司就可以成立，其余的可以根据公司业务发展的需要募集。故公司注册时的资本并不一定是实缴资本，而是一种授权资本。而大陆法系国家则实行法定资本制，即公司必须募足全部资本才能够成立，如果不能募足，公司就不能成立。若成立之后发现出资不足，股东应该补交差额，其他股东还需负连带补足责任。但现在许多大陆法系国家也开始较灵活地仿效英美法系国家的授权资本制。

为了保护公司股东及债权人的利益，各国公司法对公司资本都作了具体的规定，主要有：①公司设立必须拥有一定数量的资本，任何股份有限公司的资本都不得低于法定最低资本额；②公司的资本额必须在公司章程中予以载明，未经股东大会同意修改章程，公司资本不得随查增减；③公司必须经常维持与公司资本额相当的实际财产，不得以公司的资本进行分红。

（2）公司的股票。

①股份与股票的关系。股份是股份公司资本的构成单位，是构成公司资本的“细胞”。股份可以转让，但有限责任公司的章程和内部细则往往都有限制转让股份的规定，有限责任公

司股东欲转让其股份，往往须经其他股东同意，一般应经半数以上的股东同意，而且其他股东在同等条件下具有优先购买权。

股票是股份的表现形式，是股份有限公司的股份证书。股份和股票的实质和内容是相同的。股票是可以公开发行并自由转让的。《美国标准公司法》规定，股票"是指公司据以分配所有者权益的计量单位"。股票是股份有限公司公开发行的，证明股东在公司中拥有权益的一种有价证券。股票的特征是每股代表的金额都是相等的。因此，同次发行的股票价格和条件应相同。从这一意义上说，股票也是确定股东与公司之间权利和义务关系的一种凭证。

②股票的主要分类。在公司法以及公司业务中，根据本公司的实际需要，在法律允许的范围可以发行多种类型的股票。这些股票不仅名称不同，形式和权益也各不相同。

依股东承担风险的大小和享有权益的先后为标准，股票可分为普通股、优先股和后配股。普通股是指对公司财产权利都平等的股份，是公司资本构成中最基本的股份，也是公司中风险最大的股份。普通股是公司财务的基础，其期限与公司相始终。拥有此种股份的股东对公司重大问题享有表决权；在公司清偿债务和支付优先股股息之后分得不受限制的股息；在公司解散时，有权分得公司偿付了所有债务后剩余的资产。优先股又称特别股，是指对公司资产、利润享有更优越或更特殊的权利的股份。大多数国家公司法一般都规定，优先股享有优先获得固定的股息权、优先获得分配公司资产权但其无表决权。此外优先股基于其特点又被分为累积性优先股、非累积性优先股、参与优先股、非参与优先股。其中累积性优先股，这类股份除了拥有一般优先股的权利外，还拥有一项专属权利，即在某年度分红时，公司利润不够分配固定股息，则在以后盈余年度，公司优先予以补足。非累积性优先股，是指某年公司利润不够分配固定股息时，在以后年度也不会补足，除股份发行时另有说明，一般优先股均为非累积性优先股。参与优先股，这是指在分得固定股息后，还有权与普通股一起参与分享公司剩余利润的优先股。非参与优先股，这是指分配股息仅以事先规定的比例为限的优先股，除非股份发行时另有说明，一切优先股都将被视为非参与优先股。后配股的股东在分配公司的股利及剩余财产方面的权利落后于优先股和普通股的股东，但后配股的股东对于公司事务常常有高于其他股东的表决权。后配股的发行对象一般为发起人或管理人。设立后配股制度的目的是为了强化公司发起人和管理人的责任。

依股票有无记名为标准，股票可分为记名股和无记名股。记名股是在股票上载有股东姓名并将其载入公司股东名册的一种股票。记名股的转让，一定要把受让人之姓名或名称记载于公司股票之上，并将受让人的姓名或名称及住所记载于公司股东名册之中，方能生效，不得私自转让以欺骗公司。此类股票的股金往往不必一次付清。无记名股是在股票上不载有股东姓名的股份。凡持该类股票者，即为取得股东资格者。在买卖无记名股票时，仅交付股票于受让人，即可发生转让效力。公司依公司章程规定可以发行无记名股票，其发行数目依公司的需要而定。

依股票有无票面金额为标准，股票可分为有票面值股和无票面值股。有票面值股是在股票票面表示一定金额的股份。一般来说，股票原则上不得以低于票面值的价格发行。无票面值股又称比例股或部分股，即股票票面不表示一定金额的股份。此种股票，仅仅表示其占公司全部资产的比例,它的价值是随公司财产的增减而增减的。由于公司始终处于动态之中,其资产值一直是变化的,因此,无票面值股在实际上占公司资产总额的比例也是一个变数。公司法允许发行无票面值股的国家目前为数不多,主要有美国、加拿大以及卢森堡等国家。

依股东有无表决权为标准,股票可分为表决股和无表决股。顾名思义,表决股是指对公司重大问题享有表决权的股份。无表决股是指该股东的表决权在公司章程中被予以剥夺或限制的股份。

§小思考 5-4:

张某欲购买A公司发行的股票,票面价值3 000万,因其购买得较多,公司为能募集齐资金,遂向其打折销售。

问:该公司的这种做法是否符合法律规定?

考核知识点:股票的发行。

③股利。股利又称股息,是从公司净利润中分配给股东作为其对公司投资的一种报酬。董事会一旦宣布分配股利,股利的支付就构成了公司应承担的一项法律责任。股利一般都是按股份分配的,时间可以按月、按季、按半年或一年分配一次。普通股的股利是浮动的,它是按公司营利情况而灵活决定的;而优先股的股息一般是固定的。

大多数国家还规定公司在确定用作支付股息的纯利润前,应当留足偿还债务的资金,并扣除资产折旧、营业亏损等费用,还要依法或按其章程留存必要的"公积金",英美法系的国家大多允许公司在其章程中自主决定"公积金"数额,大陆法系的国家则多以法律形式明文规定"公积金"数额。

大部分国家公司法的规定,分配股利首先必须由董事会通过决议,并提交股东大会审议通过,方能生效。股利的形式一般来说各国公司可选择使用现金股利、财产股利和股利股(又称红利股),其中现金股利最普遍也最简单,只须从公司的净利润中拨出一部分现款进行直接分配即可,若采用股份支付股利时,该股份如有票面价值,公司应将等额的盈余转成股本。如股份无票面价值,公司应按宣布股息时的价格将等额盈余转成股本。

2)公司债务

公司债务是指公司为筹集运营资金,以负债形式从金融机构或公众手中借取的款项,主要包括银行贷款和公司债券两种。

(1)银行贷款。各国一般规定公司在向银行借款时要提供担保,包括以其固定或流动资产做抵押。除公司章程和内部细则另有规定外,公司借款行为由董事会实施。此外,为了保护银行利益,很多国家规定:除特殊情况外,公司董事会不得借入超过公司股份资产和总公积金额的债款,这一原则也同样适用于发行债券的情况。

(2)公司债券。公司债券是指由公司发行的、保证支付债券持有人定期利息并在债券到期日归还本金的一种债权证书。凡债券持有人都是公司的债权人。

§知识小贴士§

公司债券的发明

公司债券是英国于19世纪发明的，最初不过是一种借据。1862年的英国《公司法》中尚无公司债的条文。1870年左右，一位律师想出了“浮动负担”的设想，即发行公司债，此后逐渐盛行于英国。所谓“浮动负担”，是指债权人在其他流动债券之前，具有优先获得偿还债务的权利；如果公司债务状况不佳，公司债券持有人即可请求法院清理而不必顾及其他债权人的意见。公司债券是相对比较完全的，属于一种风险较小的投资方式。

①债券的发行。与股票发行类似，债券认购书只是要约，分配债券才是承诺。但是，与股票发行不同的是，各国一般允许公司折价发行债券。债券可以在发行日或特定日期支付对价。

②债券的主要分类。债券的分类方法有很多种，大体可以分为以下几类：

第一，按债券是否记名分为记名债券和不记名债券。

记名债券是一种本息付给记名持券人或其指定人的债券。但目前这种债券在世界范围内很少有公司发行。无记名债券是一种债券的本息付给债券持有人，目前世界各国公司发行的大都是此种债券。

第二，按债券是否设定抵押物分为抵押债券和无担保债券。

抵押债券是指债券发行人在发行债券时，将债券发行人的部分财产作为抵押，一旦债券发行人出现偿债困难，则通过抵押财产以清偿债务。抵押债券又可分为限额抵押和可加抵押。前者是指一项抵押物只限于一次发行的债券，不允许再用作发行同一等级债券的抵押的债券。后者是指当同一项抵押物价值很大时，将抵押物评估价值后分为若干次抵押，有关的抵押权按登记的先后顺序分为一级抵押权、二级抵押权……在处理抵押物清偿债务时，要依次先清偿高一级抵押权的债券的债务。

无担保债券。这种债券的持有人对公司资产不享有抵押权，其地位与一般无担保债权人的地位相当。

第三，按债券是否可转换分为可转换债券和不可转换债券。

可转换债券是指在特定时期内可以按某一固定的比例转换成普通股的债券，它具有债务与权益双重属性，属于一种混合性筹资方式。由于可转换债券赋予债券持有人将来成为公司股东的权利，因此其利率通常低于不可转换债券。不可转换债券是指不能转换为普通股的债券，又称为普通债券。其利率一般高于可转换债券。

3）债券的转让

目前在包括我国在内的各国，债券属于一种可流通证券。记名债券须经背书并通知发行公司注册的方式转让，无记名债券仅凭缴付就可转让。

5.2.5 公司的组织机构

1. 股东大会

1)股东

股东是拥有公司股份(票)者,可以是自然人,也可以是法人,或其他企业或社会团体。股东因其持有的股份(票)享有以下基本权利:

(1)资产收益权。收益权包括股息分配权、股份(票)转让权及公司剩余资产分配权。

(2)参与决策权。股东就选举董事、填补董事空额,修改公司章程或章程细则,公司的合并、清算以及出售公司的重大资产等重大问题具有表决权,用以参与决策。

(3)表述权。股东有权在股东大会上表述其要表述的意见和主张,当然股东在哪类问题上有权表述其意见,在公司章程尤其是章程细则中都有所约定。

(4)知情权。一般国家都规定,股东对如下事项享有知情权:①股东会将讨论的议题;②上市公司披露财务报表和其他重要信息;③公司账簿、股东会议记录以及公司股东名册。

2)股东大会的职权

公司的股东大会由公司的全体股东构成,理论上是公司的最高权力机关。但实际上,现代各国的公司法对股东大会的权限有所架空,如德国法规定,股份有限公司的董事会在业务管理方面享有"专属权限"。这种权限原则上是不受限制的,股东大会对有关业务执行问题所作出的决议,不能限制董事会的权限。但一些国家仍承认股东大会具有下列权力:决定红利的分派、变更公司章程及公司章程细则、增加或减少公司的资本、决定公司的合并或解散。

§知识小贴士§

我国公司股东大会的职权

我国《公司法》对于股东大会的地位仍确定为公司的最高权力机关,并明确规定其职权:
决定公司的经营方针和投资计划;
选举和更换非由职工代表担任的董事、监事,决定有关董事、监事的报酬事项;
审议批准董事会的报告;
审议批准监事会或者监事的报告;
审议批准公司的年度财务预算方案、决算方案;
审议批准公司的利润分配方案和弥补亏损方案;
对公司增加或者减少注册资本作出决议;
对发行公司债券作出决议;
对公司合并、分立、解散、清算或者变更公司形式作出决议;
修改公司章程
公司章程规定的其他职权。

3)股东大会类别

根据各国实践,股东大会一般分为股东年会和临时股东大会两种。

股东年会，每年至少召开一次，一般由董事会召集，各国均规定公司必须事先在规定的期限内向有权出席股东年会的股东发出通知，并要求出席年会的股东达到法定人数。英国《2006 年公司法》规定：上市公司至到少在 21 天前，非上市公司至少在 14 天前向有权出席的股东发出通知；美国州法则为 10～50 天不等；大陆法系的国家规定为 14～30 天不等。至于出席股东年会的最低法定股东数量则以具体公司的内部细则为准。

临时股东大会，一般是为处理公司特别重要紧急的事项而召开的股东会议。股东特别会议可以由董事会或公司内部细则授权人员召集，也可经法定股权数的股东要求召开。对于这种会议，公司也应当在合理的时间内向所有股东发出通知并赋予其参加会议并表决的权利。

4)股东大会的决议及表决

在股东大会上通过对公司有约束力的决议是股东对公司实施间接控制权的方式。根据决议事项不同，股东大会作出决议可分为普通决议和特别决议两类。特别决议主要是对修改公司章程、增加或者减少注册资本，以及公司合并、分立、解散或者变更公司形式作出的决议。普通决议一般需半数以上表决权通过，特别决议则需 2/3 以上表决权通过。

在表决决议时，各国一般规定，股东可以自己行使表决权，也可以委托代理人行使。只是对代理人行使表决权有一定的限制，如代理人只能参与书面表决而不能进行举手表决。同时，对于股东的表决方式各国为适应公司业务发展及公司行政管理机构的日益复杂化，在原有一股一票做法的基础上又设计出不同种表决方式，如美国公司法主要规定了直接投票、累积投票、分类投票、偶尔投票、按比例的投票五种，以达到更好保护股东控制权尤其是保护中小股东的权利的目的。

2. 董事会

董事会是公司的业务管理和执行机构，现今随着经济的发展，董事会的作用日益增强，许多国家公司法明文规定，董事会是公司最重要的决策和领导机构，是公司对外进行业务活动的全权代表。也就是说，公司的所有内外事务和业务都在董事会的领导下进行。

1)董事的资格

各国公司法对于当选董事的资格大多只作了限制规定，即规定什么样的人不可以担任董事，而对于担任董事的条件一般都由公司自主决定。在对于董事资格的限制中各国规定各不相同，英国公司法规定：当选董事的人不得在法院有“破产”的未结案，即被法院视为破产者且未清偿其债务；在公司设立和管理方面严重失职而被判刑 5 年内，无资格当选董事。在公司破产时，进行欺骗性贸易，或在任公司职员时，在业务中犯有欺骗罪，或逃脱对公司应承担的责任，曾被提起民事或刑事诉讼者，5 年内，无资格当选董事；曾任两个公司的董事，在 5 年内相继清算，但在清算时，无力偿付债务者，5 年内，无资格当选董事；作为任何公司的董事或秘书，在制作公司法规定应呈交的文件中，一贯进行欺骗者；或在 5 年内至少犯有类似欺骗罪了 3 次以上者，5 年内，无资格当选董事。同时英国现行的公司法还规定了满 70 岁的老人除经特定手续不得选为股份有限公司及其子公司的董事。并且英国公司的董事必须持有一个最低数额的公司股份作为担任董事的资格股。

在美国公司的内部细则中，对董事还有一些其他方面的限制，主要是对其居住地、国籍以及法人能否担任公司董事所作的规定。在这方面，如南达科他州要求至少有一个董事为本州定居者；夏威夷州则要求董事中该州居民的不得少于1/3。法律还对董事的品行和能力有一定的要求，公司董事需服从公司最高利益、勤奋和忠诚，对于符合要求，并正式被选任的董事，必须在注册办事处详细登记董事的基本情况。如有变化，也须在规定时间到相关部门办理变更登记。

2）董事会的组成

董事会由董事组成，关于董事会的成员人数，各国法律允许公司在其内部细则中自主规定，但一些国家的公司法对特定公司董事会的成员数有着限制性规定。在美国大多数州的公司法规定，董事会人数至少为3人，但也有些州规定，董事会可以只由1人或2人组成。根据德国相关法律规定，董事会可以仅有1名董事，也可有多名董事。如果公司资本超过300万欧元，法律原则上规定董事会采用集体领导制。对于某些特别公司，董事会必须至少有2名董事。

3）董事的任期与报酬

董事的任期问题，英美法系国家一般在公司的内部细则中加以规定，一般为3年，可以连任。大陆法系国家的法律则对董事的任期一般规定为3～6年不等。董事在任职期满、免职、辞职的情况下解任。但董事自动辞职，须在辞职前一定时日内告知公司。

§知识小贴士§

我国关于董事会人数及董事任期的法律规定

我国《公司法》规定，我国有限责任公司的董事会由3～13名董事组成，股份有限公司的董事会由5～19名董事组成，但规模较小的有限责任公司可以只设1名执行董事而不必设立董事会。公司董事的任期由公司章程规定，但每届任期不得超过三年，连选可以连任。

董事的报酬问题，英美法系国家以及采取单一董事会制的部分大陆法系国家如法国等国规定，除公司章程另有规定，董事报酬由股东大会决定。德国等实行双董事会制（董事会与监事会并行）的国家规定董事报酬须由监事会决定。

4）董事会的权力

董事会实际上是公司最重要的管理机构。《美国标准公司法》第8.01节规定："公司的所有权力都应由董事会行使或由董事会授权行使，公司的经营和事务应由董事会管理或在其指示下管理，除非公司章程或股东协议另有限制。"董事会的具体权力很少有国家在法律中加以规定，鉴于此，美国学者汉斯总结出董事会主要在以下九个方面行使决策权：公司产品服务价格、工资与人事安排，监督和免除公司高级职员和其他专门委员会；批准行政人员的报酬、抚恤金、退休费等计划；决定股息、公司财务原则和资金的周转，批准公司非一般性的交易活动和特殊重大的公司事务；批准公司签订的重大业务合同；批准、修改和撤销公司的内部细则；监督和提高公司的福利待遇；召集股东大会。公司的管理权属于整个董事会，董事会中通过选举产生一名董事长，可以代表整个董事会行使公司的管理权。

董事会在享有权力的同时也受相应的限制，大部分国家公司规定：董事会的权限都要受三个方面的限制：第一，董事会作为公司的代理人，不得从事整个公司业务活动范围以外的活动。第二，董事会在权限之内行使职权，不得超出公司授权范围。第三，如果股东大会的决议和董事会的决议有冲突，一般以前者为准，股东大会可以否决董事会的决议直至解散董事会。

5)董事会会议

董事会会议是董事会对公司实施领导权和决策权的关键所在。

(1)董事会会议类别。董事会会议可授以下两种方式划分：

①按会议的召开时间划分董事会会议可分成普通会议和临时会议。普通会议又称例会，就是定期召开的会议，会议召开的时间公司可根据自身情况在公司内部细则中予以规定。所谓临时会议，就是在董事认为必要时召开的会议，这是不定期的。在美国各州公司法中，一般都规定了召开临时会议的程序。

②按会议召开的方式划分董事会会议可分为现场会议和电视电话会议。董事会会议可以在会议室进行现场会议自不必多述。一些国家公司法还规定，董事会会议也可以采取电话会议或电视会议的形式。如《美国标准公司法》第8.20节规定："除公司章程或章程细则另有限制外，董事会或由其指定的任何委员会委员可使用会议电话或类似通信设备，以便全体会议参加者能同时互相听到会议。按此方式参加会议的上述成员应被视为亲自出席了该会议。"

(2)董事会会议的通知。如股东大会开会一样，公司法一般规定，召开董事会前，须通知全体董事。至于何时通知各国公司法的规定不同。英国公司法的规定最为灵活，规定"应在足够的时间内送达董事手中，以便他们能准时出席会议"。

(3)董事会的召开。董事会会议的要求和内容主要体现在以下三点：

①参会人数要求。各国法律一般规定参加董事会会议的董事人数只有符合法定人数，会议才合法，只有由出席会议的董事法定人数中的多数通过的决议，才能视为整个董事会的决议，对公司具有拘束力。董事会的法定最低出席人数由公司的内部细则规定，但通常指占董事总人数的多数。但不少西方国家的公司法规定，法定人数可以低于简单多数，但不得少于公司董事总数的1/3。

②决议表决。在董事会会议表决决议时，董事实行一人一票制，一般不得委托非董事投票，但可以弃权，也可以不出席会议。决议只需出席会议的董事法定人数的简单多数同意就有效。在投票时，如出现票数相同，董事长往往有权行使裁决权，即进行决定性的投票。值得一提的是，公司内部细则一般规定，禁止与决议有利害关系的董事参加对该决议的表决，但该董事有权获得会议通知，有权参加该会议并就将要作出决议的问题发言，但无表决权。

③董事会会议的记录。董事会会议的记录是对董事会会议的进程和实质性内容所作的记载。会议记录一旦被会议主席签署，就作为会议已经召开、记录在案的决议已被通过的证明。会议记录应予以公开，随时接受董事的审查和检阅。

6)董事的责任

董事会在行使管理公司职权时，董事必然要向公司承担相应责任。英美法系国家认为董事对于公司具有双重身份，一方面董事是公司的代理人，另一方面董事又是公司的受托人，在此基础上，需对公司承担诚信义务。也就是说董事在管理公司时，必须对公司尽忠效力，谨慎行事，这也成为许多国家共同受接的一项法律原则。

§小思考 5-5：

某公司董事李某在董事会讨论公司是否为某合作企业的商业贷款提供担保时表示了异议，但是在表决时又改变了主意投了赞成票。结果由于合作企业经营失败无力偿还贷款，公司作为担保人承担了严重的损失。经查，该公司的公司章程中明确规定以公司财产为他人提供担保，须取得股东大会同意。

问：董事李某承担什么责任？

考核知识点：董事的责任。

具体而言，作为公司的代理人，董事应在法律和公司章程及公司内部细则授权的范围内行使职权，不得越权，如违反须对公司承担个人责任。董事不能为其个人利益而使公司的利益受损，包括不得接受贿赂而损害公司利益，以及关于竞业禁止的规定：公司的董事、监事、经理不得自营或者为他人经营与其所任职公司同类的营业或者从事损害本公司利益的活动，从事上述营业或活动的，所得收入应归公司所有。除公司章程规定或股东会同意外，不得同本公司订立合同或进行交易。作为公司的受托人，不得运用欺骗手段使公司、股东利益受损。同时依据法律、公司章程及内部细则勤于公司业务，为公司谋取最高利益。否则，该董事即被视为渎职行为。

董事违反上述责任（违反受托人义务），各国一般都规定了相应的经济责任和刑事责任。如英国规定，对欺骗债权人或本公司股东的董事不仅要罚款，严重的还要判处七年以下的监禁。

§知识小贴士§

在我国规定董事对董事会的决议承担责任情况

我国《公司法》第 112 条第 3 款规定："董事应当对董事会的决议承担责任。董事会的决议违反法律、行政法规或者公司章程、股东大会决议，致使公司遭受严重损失的，参与决议的董事对公司负赔偿责任。但经证明在表决时曾表明异议并记载于会议记录的，该董事可以免除责任。"

7）独立董事

独立董事是美国判例法的一个创造。在美国，先是由美国法院判决公司改变董事会结构，要求有与公司没有联系的外部董事进入董事会，之后美国的密歇根州率先在其公司法中确立了独立董事制度，该法不仅规定了独立董事的标准，而且规定了独立董事的产生方法以及其特殊的权利与义务。

独立董事是指与公司的交易活动没有实质性的、直接的或间接的利害关系的从公司外部选聘的董事。作为独立董事，它具有如下特点：其一，独立董事是上市公司董事会中保护广大股东利益的外部人员。其二，独立董事必须独立于公司的管理层。即其与公司无商业关系；非公司雇员，亦非公司行政管理人员的直系亲属；与公司的任何管理人员之间不存在"交叉性报酬"的联系。独立董事的产生必须由股东大会选任，董事会无权任命。其三，独立董事应当具有丰富的商业经验。在美国大多数公司的独立董事都是现任(包括退休)的其他公司高层管理人员。他们经验丰富,与公司的经营决策没有直接的利害冲突,处理问题比较客观,确实对内部董事能起一定的监督和平衡作用。

8)董事会的执行委员会和其他专门委员会

各国公司法对规模较大的公司,特别是上市公司,允许通过公司章程或内部细则设立执行委员会或其他专门委员会。各公司可依据其规模和需要在公司章程或内部细则对其授权予以规定。它们的设立程序一般由董事会全体成员的多数通过决议,指定几位董事组成一个执行委员会和其他数个专门委员会。

执行委员会是董事会各专门委员会中最有影响的委员会,它通常由担任公司高级职员职务(如总经理、副总经理、财务主管)的内部董事组成。专门委员会由专门的董事负责,以便定期或不定期地给董事会提供必要的专业知识和各种咨询意见,充当董事会进行决策时的参谋和顾问。

3. 监事会

监事会这一组织机构源于西欧大陆法系国家的"双重董事会制"。所谓"双重",是指在股东大会下面设有董事会和监事会两个机构。监事会的主要职责是对董事会的监督,防止董事会作出与公司宗旨相悖或者有损公司利益的行为,因此说到底监事会是公司的主要决策权机构。

德国是实行"双重董事制度"最典型的国家。其在公司法中规定:股份有限公司必须设立监事会,监事会成员必须为自然人,人数依据公司规模而定,且雇员代表和股东代表应占一定比例。其监事会职责有:选举董事会成员、监督董事会活动、决定董事会酬金、决定公司经营方针、在董事会不能召集时召集召开股东大会等。为更好履行职责,该国公司法还要求监事会必须定期听取董事会关于公司经营方针、盈利能力、营业过程、资金周转、公司事务的状况并及时向董事会了解对公司具有重要影响的情况,对公司的账目和记录进行检查。

§知识小贴士§

我国公司监事会的职权

我国《公司法》规定了监事会、不设监事会的公司的监事可以行使下列职权:

检查公司财务;

对董事、高级管理人员执行公司职务的行为进行监督,对违反法律、行政法规、公司章程或者股东会决议的董事、高级管理人员提出罢免的建议;

当董事、高级管理人员的行为损害公司的利益时,要求董事、高级管理人员予以纠正;

提议召开临时股东会会议,在董事会不履行本法规定的召集和主持股东会会议职责时召集和主持股东会会议;

向股东会会议提出提案;

依照规定,对董事、高级管理人员提起诉讼;

公司章程规定的其他职权。

另外要说明的是,有些西欧国家公司法规定,公司可以选择适用双重董事会制度或单个董事会制度。如法国公司法就规定，由公司章程明确规定该公司应适用何种领导体制。不仅如此，该国公司法还规定两种体制可以互相转换，但这种转换构成公司章程的重大修改，须经政府部门批准。

§小思考5-6:

我国某股份有限公司的监事会成员3人，组成如下：监事甲是公司的财务负责人，监事乙是公司的董事，监事丙是公司的普通员工。监事甲和监事乙工作一直非常繁忙，没有时间履行监事的职责。

问：该公司的监事会组成合法吗？

考核知识点：监事会的组成。

§知识小贴士§

我国公司的监事会组成

我国《公司法》规定，除规模较小的有限责任公司可以只设1～2名监事，不设监事会外其他有限责任公司和股份有限公司都须设立监事会。人数不得少于3人，监事会应当包括股东代表和适当比例的公司职工代表，且职工代表的比例不得低于1/3，具体比例由公司章程而定。此外，我国《公司法》还规定：董事、高级管理人员不得兼任监事。监事的任期每届为三年。监事任期届满，连选可以连任。

5.2.6 公司的并购、解散与清算

1. 公司的并购

公司的并购是公司合并与收购的合称，其在公司法的规定是公司法的重要组成部分。

1)公司合并

公司合并是指两个或两个以上的公司依照公司法规定的条件和程序，通过订立合并协议，共同组成一个公司的法律行为。公司合并一般分为新设合并和吸收合并两种。

(1)新设合并。新设合并又称联合，是指两个或两个以上的公司合并成一个新公司，而参与合并的原有公司消灭的公司合并。在新设合并中，参与合并的公司全部消失，因而称消失公司。新设公司获得消失公司的全部财产并承担它们的全部债务及其他责任。参与新设合并的各公司应由其董事会制定合并计划，并将该计划报股东大会通过，最后报主管部门审批登记。消失公司的股票(份)都转化成新设公司的股票(份)、债务或其他证券，或全部或部分地转换成现金或其他财产，合并章程将成为新设公司的设立章程。如果公司的股东有权对合并提出反对，则新设公司有责任向持异议的股东支付相应对价以购买其所持股份。

(2)吸收合并。吸收合并又称兼并，是指一个或几个公司并入另一个存续公司的公司合并。因此，吸收合并也可称为存续合并。在吸收合并中存续公司获得消失公司的全部业务和资产，同时承担各个消失公司的全部债务和责任。关于合并计划的制定、通过及报审等问题均与新设合并相同。

2)收购

收购是指公司出资主动购买另一公司的股权或资产,从而掌控该公司的法律行为。依据收购采用的形式可以将收购分为协议收购和要约收购。协议收购是指收购公司通常通过与被收购公司的个别股东或大股东订立合同的方式购买被收购公司的股份,并按协议内容履行以达到收购被收购公司的目的。要约收购是指通过公开的方式向目标公司的全体股东发出要约,以高出市价的价格,在较短的时间内,用现金或者证券作为对价收购或交换其手中持有的目标公司的股票,从而达到控制或兼并目标公司的目的。

依据被收购公司董事是否支持该收购,可将收购分为友好收购和敌意收购两类。友好收购顾名思义就是被收购公司董事对被收购持支持态度。相反故意收购即被收购公司董事不同意收购事宜的情况。

2. 公司的解散

公司的解散是指因发生解散事由而终止公司的行为。公司解散需要在终止业务活动的基础上结束一切对内对外的法律关系,才能真正地解散。公司的解散分为自愿解散和强制解散。

1)自愿解散

(1)创办人自愿解散。创办人自愿解散是指当公司已经设立尚未正式开始营业并尚未公开向社会上发行任何股票的时候,创办人可随时以自愿方式解散公司的情形。

(2)股东同意的自愿解散。股东提出解散公司需经由股东大会通过决议,并向政府部门申请批准。对于股东提出解散公司这一重大事项,股东大会通过决议的股权比例,各国的法律规定是不同的。《德国股份法》第 119 条规定,在股份有限公司的股东大会上,必须有 3/4 多数股权股东的同意才能通过解散公司的决议。在法国的有限责任公司中,只要代表总股本 3/4 多数股权同意即可;而在股份有限公司中,则仅需要总的表决权股的 2/3 多数同意就能通过自愿解散公司的决议。我国《公司法》对股东自愿解散公司也规定了要求绝对多数股权同意方可,即有限责任公司股东会会议作出公司解散的决议,必须经代表 2/3 以上表决权的股东通过。股份有限公司股东大会作出公司解散的决议,必须经出席会议的股东所持表决权的 2/3 以上通过。

(3)公司提出的解散。公司提出的解散主要是因为章程上规定的解散条件已经具备或者是公司的营业目标已经实现或根本无法达到而提出来的这种解散。

2)强制解散

大部分国家的公司都规定,法院在以下几种情况下会发布命令强行解散公司:公司不能承担负债或只能亏本经营,又或是公司有违法行为。一些国家还规定了股东人数变得过少也将被强令解散。如瑞典公司法规定,股东人数少于 3 人的公司必须解散;公司的违法营业危及公共利益的也必须解散。我国《公司法》182 条规定:公司经营管理发生严重困难,继续存续会使股东利益受到重大损失,通过其他途径不能解决的,持有公司全部股东表决权 10%以上的股东,可以请求人民法院解散公司。

3. 公司的清算

公司的清算是指公司解散时清理公司财产、了结公司债务,分配公司剩余资产,最终结束公司的过程。无论公司是自愿解散还是强制解散,都要对公司进行清算。

清算工作首先要确定清算人。各国公司法确定清算人的方法一般分为三类:由公司董事会任命一名董事担任;根据公司章程,由股东大会选任清算人;根据利害关系人的请求由法院指派清算人。

清算人确定后按下列清算活动行使职权:

(1)调查公司现状,制作公司现有财产目录和资产负债表,经股东大会认可后将其提交至法院。

(2)催告公司的债权人限期申报债权,逾期未申报的债权不列入清算范围。

(3)收回公司债权,清理终结公司业务,变卖公司财产。

(4)按法定顺序清偿债务,将剩余财产分配给股东。

(5)清算人完成上述任务后制作清算报告,经股东大会追认后将清算报告提交至法院。

在清算过程中,清算人只能从事与清算有关的业务,对外有权代表公司在法院起诉或应诉。清算人的报酬及业务费用,应优先从公司的剩余资产中取得。

5.2.7 外国公司

各国对公司的国籍划分方式不尽相同,有以能控制该公司的股份持有者的国籍来作为确定该公司国籍依据的、有以公司主要营业所的所在地作为确定公司国籍标准的、还有包括我国在内的大多数国家都实行登记地制度,即将注册登记地作为确定公司国籍的标准,在国外注册登记的即为外国公司。凡外国公司,如果没有经所在国家政府的批准和同意,一般不得在该国从事商业性活动。虽然一般资本主义国家的公司法对进入该国的外国公司也同样适用,但由于外国公司本身的特性,这些国家的公司法常对外国公司作出一些特殊规定,主要包括外国公司的进入、法律待遇与法律限制以及撤离三个方面。

1. 外国公司的进入

外国公司的进入是指外国公司到东道国来进行经营活动的行为。外国公司进入东道国有以下三种方式:在东道国设立办事处(代理人);在东道国设立分公司;单独投资或者以并购方式在东道国设立子公司。

一般来讲,各国法律对从事一般联络事务的非营利性的办事处(代理人)所作的规定很少,对于采用设立子公司或分公司进入本国的外国公司基于各种考虑作出规定较为烦琐。如英国公司法规定,以营业性分支机构或子公司方式进入英国的外国公司必须在提出进入申请的1个月内提交相关并且烦琐的文件。美国州法一般也规定,所有外国公司只有在向州务卿申请,取得营业许可证后方可在该州从事营业活动。美国州法对外国公司进入申请书的必备内容要求也很复杂,把关严格,无一定信誉的公司难以进入。大陆法系国家对外国公司以设立子公司方式进入本国从事营业活动的,通常要求与该国本国公司设立的手续大体相同,相比之下,在这些国家设立分支机构一般要求其将公司本身及其分支机构的具体情况呈交商事注册处备案。

2. 外国公司的法律待遇与法律限制

各国一般都对已获准进入本国的外国公司给予国民待遇,即外国公司享有与本国公司相同的权利、承担相同的义务。另外,也有些国家在原则上给予外国公司国民待遇的同时,还规定外国公司享有一定的特权或者受到一定的限制。特权主要体现在税收优惠、手续简化和外汇优待方面。而限制主要是要求外国公司将产品全部或大部分出口，实现贸易平衡；带来先进技术；促进当地原料利用和人民就业。

3. 外国公司的撤销

外国公司的撤销按照各国规定可分为强制撤销和自动撤销两种，强制撤销是指外国公司违反东道国法律，由主管当局强令其撤销的情况。自动撤销是指外国公司基于其自身原因自发地撤销公司的情况。无论哪种情况，各国均要求外国公司办理一定的手续，主要是结清在本国的债权债务，向主管部门办理注销登记等。

5.3　合伙企业法

5.3.1　合伙企业的概念、类型及特征

1. 合伙企业的概念

合伙企业(partnership)是一种古老的企业组织形式。早在古巴比伦、古希腊、古罗马时代，合伙企业就已经广泛存在。

关于合伙的概念，各国法律有不同的规定。美国 1994 年修订的《统一合伙法》将合伙定义为“两个或两人以上的人以营利为目的、对合伙财产进行经营而形成的社团。”英国《1890 年合伙法》则定义为“合伙是基于营利目的而共同从事某项经营的人们之间结成的关系”。《德国民法典》第二编第 705－740 条规定了民事合伙，其中对民事合伙定义为“根据合伙契约，合伙人彼此间有义务，实现由契约方式而确立的共同目的，特别负有履行约定的出资义务”。此外，《德国商法典》第 105－160 条对商事合伙，《法国民法典》第三编第四章对民事合伙，《法国商事企业法》第 66－537 号第一编第一、二章对商事合伙均作了规定。我国《合伙企业法》第 2 条规定：“本法所称合伙企业，是指自然人、法人和其他组织依照本法在中国境内设立的普通合伙企业和有限合伙企业。”

§知识小贴士§

我国的合伙企业类型

依据《中华人民共和国合伙企业法》，我国的合伙企业有普通合伙企业和有限合伙企业两种类型。

普通合伙企业，由普通合伙人组成，因其承担责任方式不同又分为一般普通合伙企业和特殊的普通合伙企业。一般普通合伙企业，合伙人对合伙企业债务承担无限连带责任。而特殊的普通合伙企业一个合伙人或者数个合伙人在执业活动中因故意或者重大过失造成合伙企业债务的，应当承担无限责任或者无限连带责任，其他合伙人以其在合伙企业中的财产份额为限承担责任。合伙人在执业活动中非因故意或者重大过失造成的合伙企业债务以及合伙企业的其他债务，由全体合伙人承担无限连带责任。

有限合伙企业，由普通合伙人和有限合伙人组成，普通合伙人对合伙企业债务承担无限连带责任，有限合伙人以其认缴的出资额为限对合伙企业债务承担责任。

综合各国对合伙的概念，我们将合伙企业定义为：由两个或两个以上合伙人共同投资、共同管理、共担风险，共享利润而组成的商事组织。

2. 合伙企业的特征

1)合伙企业应有两个以上的合伙人

合伙人数的下限为两人，但对于合伙人数的上限要求各国并不完全相同，大陆法系国家一般没有规定合伙人数的上限，但在英美法系国家中很多都有相应的限制。其中，英国对通常的合伙人数规定不得超过 20 人；从事银行业的合伙，合伙人数不得超过 10 人。另外，对于某些从事专门业务的合伙，如律师业、会计业、专利代理、股票事务等，经贸易部批准授权之后，其人数可以超过法定人数限额。在澳大利亚法律规定，生产贸易型的合伙人数不得超过 20 人。职业或专业型合伙，则因职业与专业的不同合伙人数的上限也不同，律师与会计师事务所为 20 人，建筑师、药剂师和兽医事务所为 100 人，保险统计师、医生、股票经纪人事务所为 50 人。

2)合伙企业一定是建立在合伙协议基础上

合伙协议是各合伙人自愿订立的，规定了合伙人在合伙中的权利和义务及合伙企业的管理等重要事项，是合伙的基础。大多数国家对于合伙协议都要求书面形式，但一些发达国家对合伙协议的形式并没有严格要求。

3)合伙企业由合伙人共同投资、共同管理、共担风险，共享利润

合伙企业由合伙人共同出资组建，在成立后，可由合伙人共同管理亦可根据合伙人的选择委托其中的一人或数人。合伙企业的利润依据合伙协议进行分配，同时，企业如遇经营风险，也由全体合伙人共同承担，其中普通合伙人对企业的风险承担无限连带责任，有限合伙人以其出资为限对企业承担有限责任。

4)合伙企业一般不具有法人资格

绝大多数国家不承认合伙企业的法人资格。合伙企业不是一个独立的主体，合伙成员中至少有一人须为企业的债务承担无限责任。

5.3.2 合伙企业的设立

1. 设立条件

各国对合伙企业的设立一般具有以下几方面的要求：

1)有二个以上合伙人

对于合伙人数量的问题之前在合伙企业特征问题上已介绍，在此不重复。合伙人可以是自然人，设立之时的自然人合伙人应当具备完全民事行为能力。合伙人也可以是法人，但有些国家禁止法人作为合伙人。我国《合伙企业法》允许法人作为合伙人。

§小思考 5-7:

张某是一名 15 岁的天才少年，因在科技领域有卓越的才能，被段某与陈某邀请成立合伙企业。张某同意，并欲以专利技术出资 20 万。

问：张某能否成为合伙人？未成年人能否成为合伙企业的合伙人？

考核知识点：合伙企业的合伙人。

2)有合伙协议

合伙协议是合伙的基础。其内容一般包括:合伙企业的名称和主要经营场所的地点、合伙目的和合伙经营范围、合伙人的姓名(名称)及住所;合伙人的出资方式、数额和缴付期限、利润分配与亏损分担方式、合伙事务的执行、入伙与退伙、争议解决办法、合伙企业的解散与清算、违约责任及其他合伙人认为必须约定的内容。

3)有合伙人的出资

合伙人可以货币、实物、土地使用权、知识产权及其他财产权利出资。对普通合伙人经全体合伙人协商一致,还可以劳务出资。

4)有合伙企业的名称和生产经营场所

关于合伙企业的名称,各国合伙法都有相应的要求,如英国的合伙法对合伙的商号名称要求相当严格,合伙的商号一般应以合伙人的姓氏命名,在合伙人的姓氏之后,可加上商行(Firm)或企业(Company or Enterprise)字样,但不得加上"有限"(limited)的字样,否则每天罚款 5 英镑。

生产经营场所一般情况下要求相对稳定,适合企业经营即可。

2. 设立程序

合伙企业设立的手续一般比较简便,但各国法律有不同的要求。

英美法系国家对普通合伙一般不要求办理批准手续,强调合伙企业要有合法的目的,但也有例外,如美国《统一合伙法》的规定,如果某些行业如律师业、医师业,必须要有执照才能开业者,则必须向有关主管部门申领开业执照。英国在《商号名称注册法》(Registration of Business Name Act)的规定,凡在联合王国设有营业所的商号,如在商号名称中没有包含合伙人的真实姓氏或没有包含合伙人的真实姓名的开头字母者均须向主管部门进行注册登记。

大陆法系的国家大都要求设立合伙组织必须履行申请登记手续。如按照德国法律的规定,合伙企业必须在商业登记册上办理登记。全体合伙人必须事先提出合伙申请,在申请书中应载明每一合伙人的姓氏名称、职业和长期住所,企业的名称和开设地点,以及开始营业的日期等。

我国对于合伙企业设立程序的规定也比较简单。《合伙企业法》第 9 条规定,"申请设立合伙企业,应当向企业登记机关提交登记申请书、合伙协议书、合伙人身份证明等文件。合伙企业的经营范围中有属于法律、行政法规规定在登记前须经批准的项目的,该项经营业务应当依法经过批准,并在登记时提交批准文件。"《合伙企业法》第 10 条规定,"申请人提交的登记申请材料齐全、符合法定形式,企业登记机关能够当场登记的,应予当场登记,发给营业执照。如不能当场登记,企业登记机关应当自受理申请之日起二十日内,作出是否登记的决定。予以登记的,发给营业执照;不予登记的,应当给予书面答复,并说明理由。"

5.3.3　合伙企业的内部关系

合伙企业的内部关系,主要是指合伙企业内部合伙人之间的权利义务关系。此关系内容通常在合伙协议中已明确规定。

1. 合伙人的权利

1)共享利润的权利

合伙人均有根据合伙协议规定取得利润的权利。获取利润是合伙人设立合伙企业的目的,因此分享利润是合伙人的基本权利。如果合伙协议中没有规定,则应根据各国合伙法的规定分配利润。英、美、德等国合伙法规定,合伙人应平均地分配利润,而不考虑合伙人出资的多少。法国法则规定应按合伙人的出资比例分享利润。

2)参与管理的权利

除合伙协议有相反的规定,合伙人均有平等地参与合伙管理、对外以合伙的名义进行业务活动的权利。在实践中,合伙协议常常规定由一位或数位合伙人负责合伙的日常管理。如果每一合伙人都参与管理,企业的经营决策必须经每一合伙人的同意。

3)监督和检查账目的权利

所有合伙人均有权了解、查询合伙企业的经营状况,负责日常业务的合伙人不得拒绝合伙人随时查阅合伙企业的账目并提出质询的正当要求。一些国家考虑到顺利进行合伙企业的经营管理,对合伙人不正当行使这项权利加以限制。如法国法律规定,不参与日常管理的合伙人一年内查阅合伙账目一般不得超过两次。

4)获得补偿的权利

合伙人为处理企业的正常业务或维持企业的正常经营、维护企业的财产利益而垫付的个人费用或因此遭受的个人财产损失,合伙企业和其他合伙人应予以补偿。

2. 合伙人的义务

1)缴纳出资的义务

合伙人在签订合伙合同之后,有义务按照合同规定的时间、数额、方式缴纳出资。如合伙人到期拒不缴纳出资而使合伙无法成立或给其他合伙人造成损失的,合伙人有义务向其他合伙人承担违约责任,其他合伙人也有权向其提出赔偿。

2)忠实的义务

合伙人对合伙企业及其他合伙人负有忠实的义务。合伙人不得擅自利用合伙企业的财产为自己牟取私利,不得经营与合伙企业相竞争的事业,应及时向其他合伙人报告有关企业的各种情况和信息。合伙人违反忠实义务所获得的利益,必须全部上交给合伙企业。

3)谨慎和注意的义务

参与经营管理的合伙人在执行合伙业务时,必须履行谨慎和注意义务,如因其失职而给合伙企业造成损失,其他合伙人有权请求赔偿。

4)不得随意转让出资的义务

由于合伙人之间存在着“相互信任”的关系,未经其他合伙人同意合伙人不得将其在合伙中的出资及各项权利转让给合伙人之外的第三人。但大多数国家均允许合伙人在一定条件下转让出资及各项权利。

5.3.4 合伙企业与第三人的关系

各国一般规定,普通合伙人在企业所从事的业务范围内,与合伙企业和其他合伙人为互相代理的关系。据此合伙企业同第三人的关系具有以下几个特点:

(1)合伙人与第三人进行的通常业务行为，原则上有效。合伙人在执行合伙企业通常业务所作的行为，对合伙企业和其他合伙人都具有拘束力，除非该合伙人无权处理该项事务，而且与之进行交易的第三人也知道该合伙人没有授权。根据英国《合伙法》的规定，每个合伙人，特别是从事货物买卖交易的合伙贸易企业的合伙人，在处理下列事务时，都认为具有默示的授权：①出售合伙企业的货物；②以企业的名义购买企业业务所需要的货物；③收受企业的债款，并出具收据；④为企业雇用职工；⑤以企业名义承兑和开立流通票据；⑥以企业的信用借款或以企业的货物作抵押借款；⑦委托律师为企业进行诉讼。

(2)企业内部对合伙人权力的限制不得对抗善意第三人。合伙人之间如对任何一个合伙人的权力有所限制，不得用以对抗不知情的第三人。但如果第三人在同该合伙人进行交易时，已经得知该合伙人的权力受到限制而无权处理该项业务，则该合伙人所作出的行为就不能约束合伙企业和其他合伙人。

(3)合伙人通常业务活动下的侵权行为由合伙企业负担。合伙人在从事通常的合伙业务过程中所作的侵权行为，应由合伙企业承担责任。合伙企业也有权要求由于故意或疏忽给企业造成损失的有关合伙人赔偿。

(4)除有入伙和退伙的特别约定，合伙人对其合伙期间的交易结果承担责任。除合伙协议对入伙和退伙有特别约定，否则新合伙人对于参加合伙之前该合伙企业所负的债务不承担责任，而退伙合伙人要对退伙前的合伙企业债务负责。对已退伙的合伙人，原则上对其退伙后的企业债务不承担责任，如该债务是其退伙之前的交易结果，则该退伙人仍需对该项债务负责。

§小思考 5-8：

甲、乙、丙、丁四人成立普通合伙企业，订立的书面合伙协议规定由甲执行合伙企业事务，对外代表合伙企业，其他三人不再执行合伙企业事务，但对外签订 50 万元以上的合同应经其他合伙人同意。

后甲擅自以合伙企业的名义与善意第三人华晨公司签订了 80 万元的买卖合同，合伙人乙知道后，认为该合同不符合合伙企业利益，且标的额已超 50 万，未与他们商量，经与丙、丁商议后，即向 A 公司表示对该合同不予承认。

问：该买卖合同是否有效？

考核知识点：合伙企业与第三人的关系。

5.3.5　合伙企业的解散和清算

1. 合伙企业的解散

合伙企业的解散分为两种情况，一种是协议解散，另一种是依法解散。

协议解散是指合伙企业依合伙人之间的协议而解散，协议解散的事由不得违反法律规定。依法解散是指合伙企业按照法律规定而解散的情况，各国法律规定一般在以下几种情况下合伙企业应解散：①除另有约定外，合伙人之一退出合伙或死亡；②合伙企业因违反法律规定而被撤销；③因爆发战争而使合伙人成为敌对国公民。还有一些国家规定：只要合伙人中有一个被宣告无行为能力死亡或宣告破产，或者合伙标的物被出卖或消灭，合伙也应终止。

2. 合伙企业的清算

无论以何种方式解散，合伙企业都要对合伙财产进行清算。多数国家规定合伙人可先推举清算人，在清算目的范围内，实施了结合伙尚未终结的事务，处理合伙债权债务，并分配剩余财产。清算人可为一人或数人，也可为合伙人全体。清算期间，合伙仍视为存续，但其业务执行权丧失。

清算人在清偿合伙企业债务时，应按以下方法进行：

(1)先以合伙财产清偿合伙债务。如果某项债务还没有到清偿期或正在诉讼中，应在合伙财产中将清偿债务所必需的部分划出保留。如果合伙财产不足以清偿合伙债务，合伙人应按各自合伙人性质承担对合伙企业的责任，即普通合伙人以个人财产承担无限连带责任，有限合伙人以出资为限承担有限责任。

(2)以剩余的合伙财产退还合伙人的出资。为了便于清偿债务和偿还出资，可将合伙财产变换或折合为现金给予偿还。偿还实物出资应以出资时的价格为准。如果剩余的合伙财产不足以偿还各合伙人的出资，其不足部分按合伙人分配亏损的比例负担。

(3)在清偿合伙债务和退还合伙人出资后，如合伙财产还有剩余，应按分配盈余的比例分配给各合伙人。

5.4 个人独资企业法

5.4.1 个人独资企业的概念及特征

1. 个人独资企业的概念

个人独资企业(Sole Proprietorship/Individual Proprietorship)，是指由一名投资者单独出资设立并完全控制的企业，由投资人承担无限责任。我国的个人独资企业，是指依中国法在中国境内设立，由一个自然人投资，财产为投资人个人所有，投资人以其个人财产对企业债务承担无限责任的经营实体。

2. 个人独资企业的特征

各国对个人独资企业的特征基本有共同的认识，即：

1)个人独资企业由一名自然人投资设立

此特征反映两个信息，第一，“一人”即投资主体具有单一性、排他性，只能由单个出资人投资。第二，“自然人”，即法人或其他经济组织和社会团体不能作为个人独资企业的投资人。

2)企业财产归投资人个人所有，企业事务直接由投资人控制

个人独资企业的投资人出资设立企业，企业的财产包括盈利也由投资人个人享有即产权自有。在经营管理方面，因产权自有决定了投资人享有完全的企业经营决策权。

3)投资人以其个人财产对企业承担无限责任

个人独资企业财产归属的单一性决定了企业债务由投资人个人承担无限责任的特征。

即清偿个人独资企业债务不限于企业财产，还应包括投资人的其他个人财产。在西方国家个人财产与家庭财产区分明显，因此在处理个人独资企业债务承担上较好分辨。但在我国因为历史和文化原因投资人有的是以家庭共同财产出资，这种情况下我国《个人独资企业法》明确规定，要以家庭共有财产对企业债务承担无限责任。

4)不具有法人资格

个人独资企业可以作为市场主体从事经营活动，但在法律上不承认其具有独立的主体资格。因此其不能以企业名义进行法律诉讼。

5.4.2　西方发达国家个人独资企业法律制度

个人独资企业在西方发达国家企业数量的比重相当大。但由于经济实力、企业寿命等问题，营业额却所占比重不多，在国民经济中起辅助作用。

1. 英美法系国家独资企业法律制度

在美国，独资企业称为个人业主制企业，这种企业在美国的法律制度与法律观念来看与公民个人没有实质区别。从本质上看个人业主制企业只是公民个人为了更好地取得商业利益而存在的一种延伸。美国联邦有各州均没有关于个人业主制企业的专门立法。主要是通过联邦和各州的宪法、税收、信贷、合同、破产等方面法律中与独资企业有关的内容加以规范和调整。在企业登记注册方面，美国对个人独资企业也并不强制，如若选择注册，手续简单、费用低廉。因为独资企业的财产与业主个人的财产是一体的，因此美国税法规定独资企业无须缴纳企业所得税仅上缴个人所得税。英国亦无专门的个人独资企业法，英国的独资企业称为单人公司。同世界上大部分国家一样，英国的个人独资企业也不具备法人资格，业主对企业的债务亦承担无限责任。

2. 大陆法系国家独资企业法律制度

在德国，独资企业属于德国商法意义上的商人。1897年颁布的德国《商法典》第1条规定，凡从事工商经营活动者就是商人，同时还规定，所谓工商经营活动是一种长期自主经营的、以营利为目的的和被主管当局批准的经济活动。对于德国的个人独资企业的投资人如果从事工商经营活动的方式和规模已经达到建立账簿和保留业务信函的程序，则必须注册登记。法国没有关于独资企业的专门立法，其对个人独资企业的规定主要体现在《商法典》中。《法国商法典》第1条规定，商人是以从事商业活动为经常性职业的人。依法国法律，商人可以分为自然人商人和法人商人。自然人商人也就是一般意义上的独资企业，该企业应是以业主名义、以营利为目的经常实施商行为。

§知识小贴士§

个人独资企业的优势与劣势

个人独资企业是最古老、最简单的企业形式，发展至今仍作为现代企业制度的重要组织部分，有其他组织形式所无法比拟的优势。一般来说各国个人独资企业都有如下优势：

(1)设立简单、费用低。各国对个人独资企业设立条件、程序、费用规定都简单。有的国家甚至不要求注册与资本数量。

(2)控制集中。个人独资企业的财产所有权和管理权全部集中在投资人手中。人员机构简单、管理更高效。

(3)适应市场能力强。所谓"船小好调头",个人独资企业因其自身资本和规模较小、管理灵活集中,在经营过程遇到风险时,较容易规避和做出调整。

尽管个人独资企业有其自有的优势,但同时也存在极大的劣势:

(1)风险大。个人独资企业因为是一人设立,所以较之公司和合伙而言,一人承担无限责任,风险巨大。

(2)资金来源有限。因为是一个自然人投资,相对于合伙与公司的多人投资,资金来源有限,企业规模与结构调整受限。

(3)竞争力较弱。因资本最少,整体竞争力不足,特别是在重大的国家经济活动中,个人独资企业很难有较强的竞争力。这一问题导致个人独资企业存续时间相对较短。

5.4.3 我国个人独资企业法律制度

我国采用单行法规范个人独资企业行为,《中华人民共和国个人独资企业法》1999 年 8 月 30 日第九届全国人民代表大会常务委员会第十一次会议通过,自 2000 年 1 月 1 日起施行。该法分总则、个人独资企业的设立、个人独资企业的投资人及事务管理、个人独资企业的解散和清算、法律责任与附则六章,共四十八条。在这里我们重点介绍以下三个问题。

1. 个人独资企业的设立

1)设立条件

设立个人独资企业应当具备下列条件:

(1)投资人为一个自然人;

(2)有合法的企业名称;

(3)有投资人申报的出资;

(4)有固定的生产经营场所和必要的生产经营条件;

(5)有必要的从业人员。

2)设立程序

(1)申请。

①申请人:投资人或者其委托的代理人。

②需提交材料:设立申请书、投资人身份证明、生产经营场所使用证明等文件;委托代理人申请设立登记时,应当出具投资人的委托书和代理人的合法证明。从事法律、行政法规规定须报经有关部门审批的业务,应当在申请设立登记时提交有关部门的批准文件。

其中设立申请书应当包括:企业的名称和住所;投资人的姓名和居所;投资人的出资额和出资方式;经营范围。要注意的是个人独资企业的名称应当与其责任形式及从事的营业相符合。

③登记机关:个人独资企业所在地的登记机关。

§小思考 5-9：

老王想要成立一家从事文化传媒工作的个人独资企业，在起名时，老王觉得“王式文化传媒公司”不错。

请问老王所想的这一名称是否符合法律要求？

考核知识点：个人独资企业名称要求。

(2)审查与登记。登记机关应当在收到设立申请文件之日起 15 日内，对符合本法规定条件的，予以登记，发给营业执照；对不符合本法规定条件的，不予登记，并应当给予书面答复，说明理由。

(3)企业成立。个人独资企业的营业执照的签发日期，为个人独资企业成立日期。

在领取个人独资企业营业执照前，投资人不得以个人独资企业名义从事经营活动。

3)分支机构的设立

个人独资企业设立分支机构，应当由投资人或者其委托的代理人向分支机构所在地的登记机关申请登记，领取营业执照。分支机构经核准登记后，应将登记情况报该分支机构隶属的个人独资企业的登记机关备案。

分支机构的民事责任由设立该分支机构的个人独资企业承担。

4)变更登记

个人独资企业存续期间登记事项发生变更的，应当在作出变更决定之日起的 15 日内依法向登记机关申请办理变更登记。

2. 个人独资企业的投资人及事务管理

1)投资人

法律、行政法规禁止从事营利性活动的人，不得作为投资人申请设立个人独资企业。

外国人投资的独资企业不适用我国《个人独资企业法》。

个人独资企业投资人对本企业的财产依法享有所有权，其有关权利可以依法进行转让或继承。

个人独资企业投资人在申请企业设立登记时明确以其家庭共有财产作为个人出资的，应当依法以家庭共有财产对企业债务承担无限责任。

§小思考 5-10：

个人独资企业的投资人只能是自然人，以下自然人不能充当投资人的有(　　)？

A. 外国人　　B. 国家公务员　　C. 商业银行工作人员　　D. 法官、检察官

考核知识点：投资人资格。

2)事务管理

(1)事务管理方式。事务管理方式主要有以下两种：

①投资人自行管理企业事务；

②投资人委托或者聘用其他具有民事行为能力的人负责企业的事务管理。

投资人委托或者聘用他人管理个人独资企业事务，应当与受托人或者被聘用的人签订书面合同，明确委托的具体内容和授予的权利范围。投资人对受托人或者被聘用的人员职权的限制，不得对抗善意第三人。

(2)受托人或被聘用人员的责任。受托人或者被聘用的人员应当履行诚信、勤勉义务，按照与投资人签订的合同负责个人独资企业的事务管理。不得有下列行为：

①利用职务上的便利，索取或者收受贿赂；

②利用职务或者工作上的便利侵占企业财产；

③挪用企业的资金归个人使用或者借贷给他人；

④擅自将企业资金以个人名义或者以他人名义开立账户储存；

⑤擅自以企业财产提供担保；

⑥未经投资人同意，从事与本企业相竞争的业务；

⑦未经投资人同意，同本企业订立合同或者进行交易；

⑧未经投资人同意，擅自将企业商标或者其他知识产权转让给他人使用；

⑨泄露本企业的商业秘密；

⑩法律、行政法规禁止的其他行为。

(3)财务会计管理。个人独资企业应当依法设置会计账簿，进行会计核算。

(4)用工管理。个人独资企业招用职工的，应当依法与职工签订劳动合同，保障职工的劳动安全，按时、足额发放职工工资。并按照国家规定参加社会保险，为职工缴纳社会保险费。

3. 个人独资企业的解散和清算

1)解散事由

个人独资企业有下列情形之一时，应当解散。

(1)投资人决定解散；

(2)投资人死亡或者被宣告死亡，无继承人或者继承人决定放弃继承；

(3)被依法吊销营业执照；

(4)法律、行政法规规定的其他情形。

2)清算

个人独资企业解散，由投资人自行清算或者由债权人申请人民法院指定清算人进行清算。清算期间，个人独资企业不得开展与清算目的无关的经营活动。在清偿债务前，投资人不得转移、隐匿财产。

(1)通知债权人。投资人自行清算的，应当在清算前15日内书面通知债权人，无法通知的，应当予以公告。债权人应当在接到通知之日起30日内，未接到通知的应当在公告之日起60日内，向投资人申报其债权。

个人独资企业解散后，原投资人对个人独资企业存续期间的债务仍应承担偿还责任，但债权人在五年内未向债务人提出偿债请求的，该责任消灭。

(2)清偿顺序。个人独资企业解散的，财产应当按照下列顺序清偿：所欠职工工资和社会保险费用;所欠税款;其他债务。

个人独资企业财产不足以清偿债务的,投资人应当以其个人的其他财产予以清偿。

3)注销

个人独资企业清算结束后,投资人或者人民法院指定的清算人应当编制清算报告,并于15日内到登记机关办理注销登记。

思　考　题

1. 当前两大法系公司法的法律形式有何区别?
2. 有限责任公司的特征是什么?
3. 授权资本制与法定资本制有何区别?
4. 股东有哪些权利?
5. 董事的责任有哪些?
6. 公司并购有哪几种形式?
7. 公司解散的原因有哪些?
8. 合伙人之间的权利与义务是什么?
9. 合伙企业与第三人的关系有何法律规则?
10. 简述个人独资企业与一人公司的区别。

技能训练题

案例 1:

A 贸易公司向中国建行某地支行贷款 1 500 万元,约定由 B 公司再提连带保证责任。借款到期后,该支行向 A 贸易公司收回本息及要求 B 公司承担保证责任均未果。在讨要欠款时,支行发现,C 公司是 A 公司的子公司,且通过贷款所得资金全部归于 C 公司名下。于是支行向法院起诉,要求 A 公司归还本金及利息;要求 B 公司承担保证责任;要求 C 公司在所得资金范围内承担 A 公司对支行的连带赔偿责任。

请问:原告的诉讼请求是否能得到法院的支持? 为什么?

案例 2:

英国 Jennifer、William、Katherine 三人共同出资组建一个普通合伙企业,合伙人之间没有订立明确的合伙契约。在管理合伙事务时,因 William 经验丰富且为男士,所以企业事务均有由其执行,合伙企业运营所得利润,按各自出资比例进行了分配。为扩大企业规模,William 主张借款,与 Jennifer、Katherine 沟通时,Jennifer、Katherine 未发表意见,William 表示一切由他来负责,Jennifer、Katherine 表示同意。事后 William 从银行贷款若干。但由于经营问题,致使无法按偿还银行贷款,银行遂向法院起诉,要求三个合伙人承担无限连带责任。Jennifer、Katherine 则表示,三人一直没有明确的合伙契约,企业一直由 William 经营,且贷款事项也是 William 主张并且说一切由他负责,所以拒绝承担连带责任。

请问:Jennifer、Katherine 的主张是否合理? 法院能否支持他们? 为什么?

案例 3：

张老先生是我国一名即将退休的检察官，决定在退休后创建一家个人独资企业。计划将企业名称定为“张三丰酒业有限责任公司”。张先生认为个人独资企业的注册资本越低，所需承担的责任也就越少，所以注册资本暂定为 5 000 元。张先生还准备借用一处即将拆迁的街面房作为经营场所。张先生计划雇用 5 名职工，按月支付工资，但社会保险等内容并不负担。由于认为是小本经营，张先生觉得没必要设置账簿并配备专门的财会人员。计划之后，张先生决定过几天去做一块企业的招牌挂在经营场所开业。

请问：张老生的计划是否合法？如有不合法之处，请指出。

第6章 国际商事代理法

【本章重点】

1. 国际商事代理的概念
2. 代理的产生
3. 代理的法律关系

【本章难点】

1. 大陆法系和英美法系代理权产生的区别
2. 正确理解各种代理关系及当事人的权利义务

6.1 代理法概述

6.1.1 代理的概念

所谓代理(agency)是指代理人(agent)按照本人(principal,又称作被代理人或委托人)的授权(authorization),代表本人同第三人订立合同或作其他的法律行为,由此而产生的权利与义务直接由本人承担的一种法律制度。

代理涉及三方主体:被代理人(本人)、代理人、第三人。这里所说的本人就是委托人;代理人就是受本人的委托替本人办事的人;而第三人则是泛指一切与代理人打交道的人。在代理关系中,本人和代理人之间的关系称为内部关系(internal relationship);本人与代理人对第三人的关系称为外部关系(external relationship),如图6-1所示。

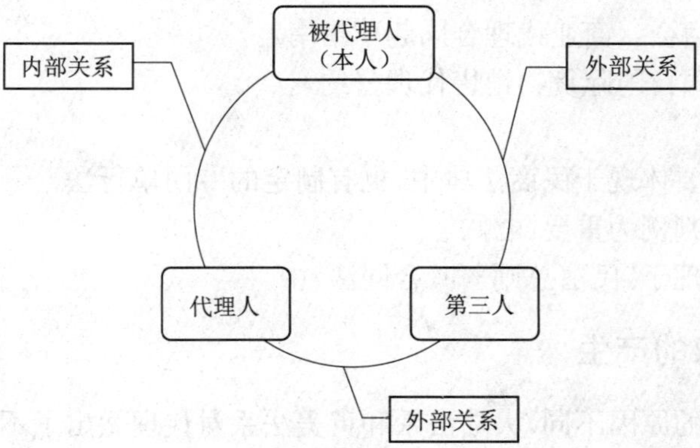

图6-1 代理关系示意图

对于代理概念,大陆法系和英美法系存在不同的理解。大陆法系采取区别论,委托与授权行为是有区别的,委托是本人与代理人之间的内部关系,而授权行为则是委任合同的对外关系,是本人及代理人同第三人的关系的法律依据。英美法系采取等同论,英美法没有抽象法律行为这种概念。在英美法国家中,成文法在确定代理权的范围和性质方面不起重要的作用,而主要是通过商业习惯和法院的审判实践来解决各类代理的权限问题。

国际商事代理,即国际商事领域的代理。

6.1.2 代理的特征

(1)代理行为必须是具有法律意义的民事行为。即通过代理人进行的行为必须是能产生法律上的权利和义务,产生法律效果的行为。

(2)代理人有自己独立的意思表示。"独立的意思表示"是指代理人在被代理人授权范围内(或法律规定的权限范围内)按照自己的想法或技能进行的代理活动。这使代理明显区别于传达行为、居间行为。

(3)代理行为是代理人以被代理人或自己的名义进行活动。代理有直接代理和间接代理之分。

(4)代理行为的法律后果直接归被代理人或经由代理人间接归属于被代理人。

(5)代理的行为应具有可代理性。

§小思考 6-1:

下列行为中,哪项是代理行为?

1. 小芳要出国,委托朋友小明照顾自己的小狗 2 个月。
2. 保险公司业务员张某为公司承揽了一份大额保单。
3. 李四受航运公司委托,为其寻找客户,并促成了客户王小与航运公司的谈判。

6.1.3 调整国际商事代理关系的法律规范

1. 国际法规范

(1)1961 年国际统一私法协会:《代理统一法公约》《代理合同统一法公约》。

(2)1960 年国际商会:《商业代理合同起草指南》。

(3)1983 年联合国:《国际货物销售代理公约》。

2. 国内法规范

(1)大陆法系:主要体现于民商法典中,也有制定的专门单行法。

(2)英美法系:以判例为重要渊源。

(3)我国:主要体现于《民法总则》和《合同法》中。

6.1.4 代理权的产生

基于代理权产生的原因不同,大陆法系和英美法系对代理做出了不同的分类。

1. 大陆法规定

大陆法把代理权产生的原因分为两种,一种是基于被代理人的意思表示而产生的,称为意定(委托)代理(voluntary),另一种是基于法律规定而产生的称为法定代理(statutory)。法定代理主要适用于无民事行为能力人,如未成年人或精神病人,在破产和继承中也存在法定代理的情形。《德国民法典》第 167 条规定了意定代理:“代理权的授予应向代理人或向代理人对其为代理行为的第三人的意思表示为之。”

2. 英美法规定

1)明示授权(express authority)

所谓明示代理是指被代理人以明示的方式指定某人为代理人的代理。在明示代理中被代理人可以通过口头或书面的形式明确地将代理权授予代理人,并可以对授权的范围及代理权的大小做出明确的限制,当然也可以只是做出一个大概的范围而并不做具体规定。但是如果本人委托代理人签订要式合同,如用签字腊封的方式(seal)替他同第三人订立合同,例如委托代理人购置不动产,才需采用签字腊封的形式授予代理权。

2)默示授权(implied authority)

默认的代理是指除了明示授权代理以外,由于代理人和被代理人实际存在某种特别的关系或是特殊的行为而产生的代理,如夫妻之间、合伙人之间。如果甲和乙是夫妻关系,那么甲在商场用信用卡消费,乙就应承担付款的义务,除非乙之前明确地通知过商场不以信用卡的方式卖给甲任何商品。

§经典案例§

里奥德诉葛内斯斯密斯公司案(1912 年)

被告指派一公司职员从事了几项业务外事项,帮助客户转让财产,后来这个职员使客户大受损失,这一客户告了被告,法院认为,这个职员受被告指派从事非业务事项,这就是从被告的指派行为中获得了暗示代理权,故被告应对客户负责。

3)客观需要的代理(agency of necessity)

客观必须的代理权是在一个人受委托照管另一个人的财产,为了保存这种财产在客观实际中必须采取某种行动时产生的。在客观必须的代理中,尽管代理人没有得到被代理人采取某种行为的明确授权,但是由于客观紧急情况,代理人为了被代理人的财产不受损失而必须视为其具有这种授权可以采取行动。如,承运人在遇到紧急情况时有权进行保护财产的行为,如就地出售不易保存或极有可能发生灭失或损毁的货物。但是在各国的司法实践中,取得这样的客观授权的证明是很困难的,行使客观需要的代理权应当具备以下条件:

(1)行使这种代理权是实际上或商业上必须的;

(2)出现了必须行使这种代理权的紧急情况,代理人在行使这种权利前确无法与委托人取得联系得到委托人的明示;

(3)代理人所采取的措施必须是善意的并且充分考虑到被代理人的利益。

§经典案例§

斯佩内葛诉威斯特铁路公司案(1921年)

铁路公司替原告运一批西红柿到A地。由于铁路工人罢工,西红柿被堵在半路上,眼看西红柿将腐烂,铁路公司就地卖掉了。法院认为,虽然铁路公司是善意的,保护原告的利益,但当时是可以通知原告的,在可以联系而未联系的情况下私自处理他人的财物,不能算是具有客观必须的代理权,被告败诉。

4)追认代理(agency by ratification)

如果代理人超越代理权或没有代理权而以被代理人的名义同第三人订立了合同,这个合同对被代理人是没有约束力的,但是被代理人可以在事后批准或认可这个合同,这种行为就叫做追认。大陆法国家也在不同程度上承认追认代理。追认代理应具备以下条件:

(1)代理人在与第三人订立合同时,必须表明代理人的身份,他是以被代理人的名义订立合同;

(2)只有订立合同时明确指出的被代理人或可以确定姓名的被代理人才有权对合同进行追认;

(3)被代理人必须充分了解合同的主要内容才能行使追认权。

6.1.5 无权代理

无权代理(unauthorized agency)是指代理权欠缺的情况下进行的代理行为。无权代理包括:自始没有代理权、超越代理权、授权行为无效的代理、代理权消灭(终止)后的代理等。

无权代理行为,未经被代理人追认的,对被代理人不发生效力,经被代理人追认的能够约束被代理人。对善意第三人的损失,由无权代理人对其承担责任,如果第三人明知代理人没有代理权而与之订立合同,则由代理人和第三人各自对自己的行为承担责任。

大陆法国家在无权代理上,都涉及第三人的催告权和撤回权的规定。《德国民法典》第177条第2款规定,相对第三人可以催告被代理人为追认的意思表示,追认应在收到催告之后两星期内表示,在此期间内不作追认表示者,被视为拒绝追认。第178条规定,无权代理人所订立的合同,在未经被代理人追认之前,相对第三人有权撤回,但相对第三人在订立合同时明知其为无代理权,不得撤回。

广义的无权代理还包括表见代理(apparent authority),是指行为人不具有代理权,但是第三人有合理理由相信行为人有代理权的,则该行为产生的后果由被代理人承担。表见代理实质上也是无权代理。表见代理制度旨在维护善意第三人的利益,从而促进社会的交易安全。成立须具备以下条件:

(1)第三人在客观上有理由相信行为人具有代理权,存在这样的依据。如无权代理人合法持有被代理人发出的身份证明文件,无权代理人与被代理人之间存在特定的亲属关系等,且被代理人与行为人的行为之间具有某种事实上和法律上的联系。

(2)第三人必须是善意且无过失。所谓“善意且无过失”是指第三人实际上不知道该代理人无权代理，第三人对于这种不知并无过错。如果第三人明知代理人没有代理权，或者第三人存在过失应当知道行为人无代理权却不知，并与之实施法律行为，就不能成立表见代理。

（3）表见代理的效力：对本人产生直接法律约束力，被代理人对无权代理人的行为承担法律后果。

§小思考 6-2：

李某原为某服装制造公司的业务员，2017 年 9 月被公司解雇。但李某还留有五份盖有该公司公章的空白合同书未交回给公司。2017 年 10 月，李某使用该合同书以该服装制造公司的名义与某纺织布料生产厂家订立买卖合同。合同约定，服装制造公司向布料生产厂家购买价值 200 万元的棉纱一批，货到付款。该合同订立后，布料生产厂家积极组织生产，并按合同的约定交货，但服装制造公司拒绝接受。该布料生产厂家遂诉至法院，要求服装制造公司履行合同，支付货款。

问：本案应如何处理？为什么？

6.1.6　代理关系的终止

代理关系的终止即当事人之间的代理关系归于消灭，主要有两种情况（原因）。

1. 根据当事人的行为而终止代理关系

（1）因代理期限届满而终止；

（2）因当事人协议而终止；

（3）因一方当事人单方撤回代理权而终止。

大陆法国家规定被代理人终止代理合同时必须在相当的时间以前通知代理人。英美法国家对被代理人单方面撤回代理权也有一定的限制：如果代理人的利益是与代理权的授予结合在一起时，被代理人就不能单方面撤回代理权，如 A 向 B 借了一笔钱，并指定 B 为代理人代其收房租，以清偿借款，在这种情况下，代理权的授予就同代理人的利益结合在一起，在 A 借款清偿完毕之前，不能单方面撤回对 B 的代理权。

（4）因代理人辞去代理权而终止。

2. 根据法律终止代理关系

各国法律规定，符合下列情况，代理关系即告终止。

（1）代理人或被代理人死亡、破产或丧失行为能力；

（2）代理行为不可能履行或履行后果违法。

6.1.7　代理关系终止的法律后果

1. 当事人之间的效果

代理关系终止之后，代理人没有代理权，该代理人仍继续从事代理行为，即属于无权代理。不合理撤回代理权的，应赔偿损失。

2. 对第三人的效果

被代理人撤回代理权或终止代理合同的行为，对第三人是否产生法律效力，主要取决于第三人是否知情。如果被代理人在终止代理合同时,没有及时通知第三人,第三人由于不知情或不应当知道这种情况而与代理人订立了合同,则该合同对被代理人仍有法律约束力,被代理人应对第三人负责,对被代理人的损失有权要求代理人赔偿。

6.2 代理的法律关系和代理责任

在代理法律关系中,存在两个重要的法律关系:一是本人与代理人之间的关系(代理的内部关系);二是本人、代理人与第三人的关系(代理的外部关系)。

6.2.1 代理的内部关系

代理人与被代理人之间的关系,一般是合同关系,属于代理的内部关系,通常情况下,代理人与被代理人都是通过订立代理合同或代理协议来建立他们之间的代理关系,并据以确定他们之间的权利和义务,以及代理人的权限范围及报酬。

1)代理人的义务

(1)代理人应忠诚勤勉地履行其代理职责;

(2)代理人应对本人诚信,主要体现以下三个方面:不与被代理人竞争、不密谋私利、不泄露商业机密;

(3)代理人应亲自完成代理行为,代理人一般不得把他的代理权擅自转委托给他人;

(4)代理人应在代理权限范围内行事;

(5)代理人不得泄露秘密;

(6)代理人应向本人申报账目。

§经典案例§

马里兰钢铁有限公司诉名特纳案(1978年)

原告雇了被告从事废旧钢铁的买卖交易,当生意兴隆时,被告与公司另一名职员准备也创立一个类似的钢铁公司,并在业余时间积极准备,后两人辞职并于一年后正式成立了一家钢铁公司,原告认为被告在任职期间不忠实,所以应赔偿损失,并要求法院禁止被告开业,法院认为,被告在任职期内并未开办类似的公司与被代理人竞争,业余时间的准备是合理的,辞职一年后才开业,也未违反商业信誉原则,故不涉及不忠实问题,原告败诉。

2)被代理人义务

(1)支付佣金,被代理人必须按照合同或代理协议的约定给付代理人佣金或其他约定报酬。

(2)偿还代理人因履行代理义务而产生的费用或损失。一般地讲,除合同规定外,代理人履行代理任务时所开支的费用不能向代理人要求偿还。但如果代理人按照被代理人的指示完成任务而产生的费用或造成的损失，代理人有权要求被代理人赔偿。例如，代理人根据被代理人的指示在当地法院对客户进行诉讼所支出的费用或遭受的损失，被代理人必须负责予以赔偿。

(3)允许代理人检查核对其账册。一些大陆法国家法律强制规定，代理人有权对被代理人的账目进行检查，以便核对被代理人支付的佣金是否准确无误。

(4)向代理人提供、披露相关业务资料、文件和信息。

6.2.2　代理的外部关系

代理是一种三角关系，即代理人、被代理人同第三人的关系。对于第三人，最关键的问题是他究竟是同本人还是同代理人订立的合同。

1. 合同关系

1)被代理人与第三人

大陆法认为，要看代理人是以代理的身份同第三人订立合同，还是以他自己的名义同第三人订立合同。基于上述标准，大陆法把代理分为：

(1)直接代理：代理人在代理权限内以被代理人名义同第三人订立合同，合同效力直接归于被代理人。

(2)间接代理：代理人有代理权却以自己的名义同第三人订立合同，经代理人转让后，被代理人可以代替代理人在合同中的地位，承担合同的权利和义务。

英美法采取义务标准，对第三人而言，究竟是谁应当对该合同承担义务。英美法分为三种情况：

(1)代理人在同第三人订立合同时明确指出被代理人的姓名(显名代理)：合同责任由本人承担。

(2)代理人表明自己是代理身份，但不明确指出本人的姓名(隐名代理)：合同责任由本人承担。

(3)代理人有代理权但他在订立合同时并不表明存在代理关系(本人完全不公开的代理)：本人有"介入权"，即被代理人可行使介入权直接向第三人主张其在合同中的当事人的权利和义务，第三人有"选择权"，可以选择被代理人或代理人作为合同的当事人。

2)代理人与第三人

按代理一般规定，代理关系应由被代理人直接对第三人负责。但在下列情况下，代理人应对合同第三人负责。

(1)代理人用明示或暗示方式同意对此合同负责；

(2)代理人在合同上签署自己的名字，但未标明自己是代理人；

(3)代理人在合同上签名后，只标明自己是经纪人或经理人，未明确说明自己是代理人；

(4)虚构被代理人或被代理人是无行为能力的人；

(5)代理人在签字蜡封式合同上署名，虽然标明自己是代理人，但是也要对此合同负责；

(6)依照商业惯例；

(7)合伙合同，每个合伙人都是其他合伙人的代理人，因此合伙人互相之间负连带责任。

2. 侵权关系

一般情况下，对代理人在履行代理职责过程中对第三人的侵权被代理人不负责任，但下

列情况除外:(即替代责任)

(1)代理人受被代理人指使向第三人实施侵权行为;

(2)被代理人知道或应当知道代理人无合法资格或不能安全地操作某危险设备,而疏忽地允许代理人操作此设备。

(3)被代理人对代理人工作中的不轨行为未适当地监督,使代理人对第三人造成了侵权。

(4)按照严格责任原则,被代理人必须对代理人代理销售的缺陷产品造成的侵权负责。

(5)主仆雇佣代理关系中,主人(Master)得对仆人(Servant)在雇佣范围内的侵权行这负责(英美法规定)。但须正确判断是否存在主仆代理关系。

判断是否主仆代理关系的标准:

(1)代理人是否对代理工作的方式方法有决定权;

(2)代理人在代理工作以外是否有独立业务或职业;

(3)否使用自己的设备、工具或场所完成代理工作;

(4)是否支付代理酬金;

(5)代理工作是否为被代理人的日常工作。

6.2.3 承担特别责任的代理人

1. 对本人承担特别责任的代理人——信用担保代理人

信用担保代理人的责任是在他所接受的买方(即第三人)不付货款时,由他负责对被代理人因此而遭受的损失进行赔偿。即在被代理人和代理人之间不仅存在代理合同而且还同时存在有担保合同。

随着出口信贷保险机构的出现,信用担保代理人制度已逐步被淘汰。

2. 对第三人承担特别责任的代理人

1)保付代理人

保付代理人的业务是代表国外的买方(即被代理人)向本国的卖方(即第三人)订货,并在国外买方的签单上加上保付代理人自己的保证,由他担保国外的买方履行合同。如果国外的买方不履行合同或拒绝付款,保付代理人负责向本国的卖方支付货款。

在英国,由英国出口商协会的出口商担任这种代理人,所以保付代理人也称作出口商行或保付商行。保付代理人的作用在于为本国卖方在国际贸易中可能遭遇的风险提供担保,使本国卖方可以不必顾虑国外买方的资信能力而接受订货单。信用担保代理人与保付商行的区别在于前者对被代理人承担责任,后者对第三人承担责任。

2)保兑银行

对商业跟单信用证加以保兑。在国际贸易中,支付货款普遍采用商业跟单信用证的方式,采用这种支付方式,卖方为了保证如期安全地收到货款,往往要求买方提供由银行开出的保兑的、不可撤销的信用证,具体操作是:由买方通过进口地的银行向出口地的业务往来银行开出一份不可撤销的信用证,委托该出口地的代理银行保兑其不可撤销的信用证,即在信用证上加上"保兑"字样,并将该信用证通知卖方(即第三人),卖方只要提交信用证所规定单据,就可要求保兑银行支付货款。

3)运输代理人

根据有些国家运输行业的惯例，运输代理人接受客户的委托向轮船公司预订船位，他自己要向轮船公司负责。

4)保险经纪人

在国际贸易中进口商或出口商在为货物投保运输保险时，保险合同一般不能直接同保险人订立，需要委托保险经纪人代其办理。英国保险法规定，凡海上运输保险合同由经纪人代被保险人签订的，经纪人须就保险费直接对保险人负责。即被保险人不交纳保险费，则应由其代理人保险经纪人交纳。

3. 对被代理人承担特别责任的代理人

在国际商事活动中对被代理人承担特别责任的代理人为出口保险人。出口保险人向出口商提供一套包括对买方全额的风险担保、催付货款、资信调查、融通资金进及行财务管理等综合性的代理服务。

出口商为安全收取货款而选择此种代理，出口商在与外国进口商签订买卖合同前，必须先与出口保险人联系，将进口商名称和地址等信息告知代理人，在保险人认可能够订立协议后才可与进口商订立正式合同。签订买卖合同后，出口商应向保险人提交发票、提单、汇票等有关凭证，并按照合同规定提交货物，再由保险人通过其在进口地的代理人或分支机构向进口商收取货款。如果进口商不按规定付款或拒绝付款，保险人应负责索赔和追偿，并应当按保险协议规定时间支付出口商赔款。但是，出口商作为被代理人因自身原因违反买卖合同而遭受进口商的延迟支付或拒付，在此情况下，保险人对出口商不承担法律责任。

思　考　题

1. 大陆法系和英美法系关于代理权产生的原因分别是什么？
2. 法定代理和意定代理的区别是什么？
3. 代理人和被代理人的义务是什么？
4. 无权代理和表见代理的区别是什么？

技能训练题

国内企业A长期从事家用小电器(灯具等)出口贸易，随着业务规模的发展壮大，A陆续在德国、匈牙利及罗马尼亚三个国家，通过与当地企业合资的形式，设立三家子公司B、C、D，将国内采购的货物直接在当地市场进行销售。而A公司则作为三家子公司的中国采购中心，全权负责整个集团在国内的货源采购业务。国内供应商H自2004年年初与上述四家公司建立贸易关系，具体贸易流程具体如下：

第一，B、C、D三家国外公司根据各自所在国家市场需求，核定其所需货物的种类、数量后以各自名义形成订单，并通过国内采购中心A统一向H公司下达订单。经A与H确定最终交货条件后，以匈牙利公司C的名义与H统一签订正式采购合同。H根据A的指示，按照订单需求将货物分别发往德国、匈牙利和罗马尼亚。B、C、D三家公司收到货物后按照合同约定的支付条件分别支付对应款项。双方开展贸易以来，交易一直较为正常，C公司曾以自身名义，对于本案项下款项出具了付款承诺。但2008年年底，受金融危机影响，买方项下发生拖欠，H公司遂向中国信保报案并委托中国信保介入追讨。

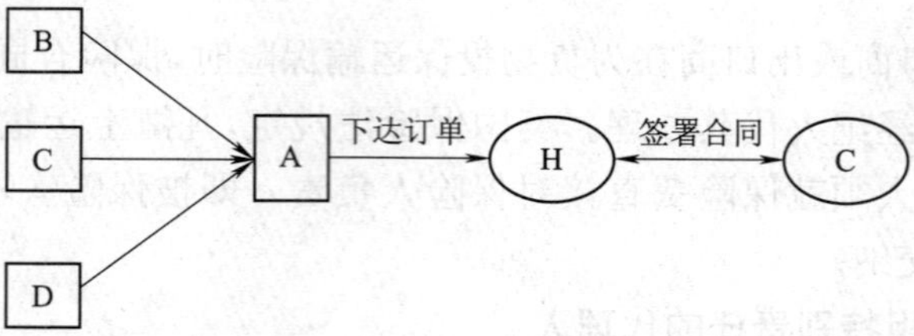

中国信保接到报案后，立即对本案项下贸易流程进行了梳理。尽管货物系由不同的公司接收，但因合同签署方是匈牙利C公司，故中国信保立即向C公司发出催讨函，明确要求C公司立即支付所拖欠的货款。起初，C公司对于中国信保的追讨未给出任何回复，采取回避的态度。但随后因中国信保委托海外律师上门追讨，C公司才给出回应。C公司表示，本案项下合同并非其法定代表人签署，C公司也未授权任何人对外签署合同。根据当地法律规定，除C公司法定代表人以外，其他任何人均无权代表该公司签署任何具有法律效力的文件。此外，C公司提出，对于其已经收取的货物，C公司均已支付了对应款项。而当前欠款所对应的货物是其罗马尼亚关联公司D所收取，故C公司不会也无义务支付任何款项。

得到C公司回复后，中国信保立即将相关情况通知了H公司。H公司提出，A、B、C、D四家公司系关联企业，且A为B、C、D三家公司的最大股东。因A公司为国内企业，故其无法直接与H签订美元计价的出口合同。在实际操作中，A公司在国内采购时，以其匈牙利C公司的名义与H公司缔约，且签字人为A公司的法人代表W。H公司认为，双方自交易以来一直沿用上述模式，C公司从未提出过任何异议，现在C公司以未授权W签署合同为由拒绝付款，有逃避债务之嫌。

请回答下列问题：

(1)W以C公司名义签署的合同是否有效？

(2)C公司是否应按照该合同约定承担第一付款义务？

第7章 产品责任法

【本章重点】

1. 产品责任的概念
2. 产品责任的归责原则

【本章难点】

美国产品责任法

7.1 产品责任法概述

7.1.1 产品责任法的概念及性质

1. 产品责任法概念

产品责任法是调整产品生产者、销售者因生产、销售有缺陷的产品(defective product)而对产品的使用者或第三人造成人身伤害或财产损失而对当事人进行赔偿损害的法律规范的总称。

产品责任是一项民事责任，是消费者在对产品的消费过程中造成人身伤害或者财产损失所引起的，又称为产品质量的损害赔偿责任或产品质量的侵权责任。

2. 产品责任法特征

(1)产品责任法调整的范围是因缺陷产品而引起的人身或财产损害引发的权利义务关系。

(2)内容为调整生产者、销售者和以消费者为主体的使用者之间民事侵权关系的法律制度。

(3)产品责任法通常采用无过错责任原则或严格责任原则。

(4)法律性质以私法为主，兼具公法属性。

(5)体现了国家对消费者弱势地位的保护，采用强制性调整手段。

7.1.2 产品责任法与相关法律

1. 产品责任法与买卖法

产品责任法和买卖法存在一定的共通之处，因为买卖法中卖方需对货物品质承担担保责任，产品责任法中也有这样的要求。但是，产品责任法与买卖法就法律性质来说是不同的。买卖法属于“私法”的范畴，它所调整的是买卖双方基于合同所产生的权利义务关系，大多数是任意性的规定，双方当事人可以自行在合同中加以约定、排除或更改；而产品责任法则属于社会经济立法的范畴，它所调整的是产品的生产者、销售者与消费者之间由侵权行为所引起的人身伤害和财产损害的责任，调整手段具有强制性，当事人不得事先在订立合同时加以排除或变更。产品责任法主要是确定产品的生产者和销售者对其生产或销售的缺陷产品所应承担的责任。如果他们提供存在某种缺陷的产品，致使消费者的人身造成伤害或其财产遭到损失，则生产或销售缺陷产品的生产者、批发商甚至零售商都要对该消费者承担赔偿损失的责任。

2. 产品责任法与消费者保护法

产品责任法的主旨是保护消费者的利益，加强生产者、销售者的责任。从这个意义上说，产品责任法与消费者保护法有着密切的联系。

(1)各国法对产品责任作出了严格的规定，加强了生产者和销售者的义务，最大程度上保护消费者的合法权益。

(2)消费者保护法的基本内涵就是产品责任法，消费者保护法包括了产品责任法的主要内容。

(3)充分保护消费者权益原则贯穿于产品责任法的始终，产品责任法是保护消费者权益的重要法律工具。

7.1.3 产品责任法的几个重要术语

1. 产品

1)美国

产品指任何经过工业处理的有形物，包括农产品在内的，可移动与不可移动的各种有形物以及天然产品。美国《统一产品责任示范法》将产品界定为“产品是具有真正价值的，为进入市场而生产的，能够作为组装整件或作为部件，零售给付的物品，但人体组织、器官血液组成成分除外。”美国产品责任法中的“产品”含义广泛，凡是经过加工处理的物体，均可视为能够产生责任的产品，通过判例，还把通用软件、天然气、电等无体物包括在产品范围中。

2)欧洲

1985年欧共体《产品责任指令》(directive concerning liability for defective product)的规定：“产品”一词是指一切可以移动的产品(movable items)，但是不包括初级农产品。

3)中国

《中华人民共和国产品质量法》(以下简称《产品质量法》)第2条中规定，产品：本法所称的产品是指经过加工、制作、用于销售的产品。建设工程不适用本法的规定，但是，建设工程所使用的建筑材料、建筑构配件和设备，属于前款规定的产品范围内的，可以适用本法的规定。

§小思考7-1：

汤姆是一名高中生，他在餐厅吃饭时，火鸡里的一块骨头刺伤了喉咙。请问：汤姆能否起诉提供火鸡的农场主？

【参考结论】依据美国统一产品责任法和《关于产品责任的法律适用公约》，由于农产品属于产品责任法中的“产品”，依此，汤姆可以起诉提供火鸡的农场主。但依据欧盟《产品责任指令》和中国《产品质量法》，由于农产品不属于产品责任法中的“产品”，因此，汤姆不可以起诉提供火鸡的农场主。

2. 产品缺陷

1)美国法院的标准

美国法院判决认为,具有过分不安全的或不合理危险的产品,就是缺陷产品。确定某项产品是否具有不合理的危险采用两个标准来判断:其一是危险性与效益对比分析,其二是消费者对于产品安全性的期望。

2)欧盟的《产品责任指令》

“考虑到包括产品说明及产品投入流通领域的时间等因素在内的所有情况,如果一项产品未能按照预期的目的对使用该产品的人的身体或者财产提供他们有权期待的安全,那么该产品就是有缺陷的产品。”一般消费者有权期望得到的安全是产品不能提供的,那么该产品具有危险性。

3)中国《产品质量法》

我国的《产品质量法》中对缺陷的定义是指产品存在危及人身、他人财产安全的不合理的危险;产品有保障人体健康和人身、财产安全的国家标准、行业标准的,是指不符合该标准。

4)产品缺陷的类型

(1)产品设计缺陷。产品设计缺陷是指产品在设计上存在着不合理的危险,它往往是导致产品存在潜在危险的根本因素。一般由结构设计的错误、原理的错误、配方、处方的错误等方面造成。

(2)产品制造、安装上的缺陷。产品制造缺陷主要指产品在制造过程中,因技术水平差、质量管理不善等原因而使产品存在不合理危险。

(3)产品指示缺陷。产品指示缺陷是指产品的提供者对产品的危险性没有作出安全使用方面的指导、必要的说明或警告,造成使用者使用过程中出现不合理危险。这种缺陷往往存在于产品的说明书、广告、标签等中,与此相关的是生产者和经营者的告知义务。

(4)科学上尚未发现的缺陷。科学上不能发现的缺陷又称作发展上的缺陷,是指在产品投入流通领域时,依照当时的科学技术水平尚不能发现而后又被证明确实存在的缺陷。

§小思考7-2:

质量不合格的产品是否一定是缺陷产品?危险产品是否一定是缺陷产品?

质量不合格的产品不一定是缺陷产品,但缺陷产品一定是质量不合格的产品。因为前者强调的是与合同约定不符,后者强调的是产品"欠缺安全性"。危险产品不一定是缺陷产品,但缺陷产品一定是危险产品。因为前者强调的是产品具有的危险是合理的,人们可以预见,而后者的危险性是不合理的,是人们所无法预期的。例如,爆竹是危险产品,但不一定具有缺陷,只有它在不应爆炸的情况下爆炸,才被认为是缺陷产品。

7.1.4　产品责任的归责原则

1. 无合同无责任原则

对于缔约当事人合同具有绝对的法律效力,而且合同仅在当事人之间生效,不是合同当事人不能行使合同权利承担合同义务。

产品责任法的发源地在英国，1842 年英国法院通过审理 Winter bottom v. Wright 一案，确立了“无契约、无责任”的原则，是最早以判例形式用契约关系来确定产品责任的国家。该案原告是马车夫，驾驶雇主从被告处买来的有缺陷的马车而受伤，于是将被告诉至法院请求赔偿。被告辩称与原告之间不存在直接有效的合同关系，因此不承担赔偿责任。法院认为被告抗辩有效，判决原告败诉。因此，在 20 世纪前，这一原则是产品制造商推卸责任的最有效的挡箭牌。

2. 疏忽责任原则

疏忽责任是指产品的制造商或销售商在生产或销售的过程中，因主观上的疏忽导致产品有缺陷，而造成产品的消费者或使用者遭到损害所要承担的责任。疏忽责任在理论上属于侵权责任，其前提是存在法律已经规定的“注意义务”，没有尽到这种义务即构成疏忽的存在。

§经典案例§

美国麦克弗森诉别克汽车公司案(1916 年)

该案中，原告从销售商处购买被别克公司制造的汽车，在行驶中汽车车轮破裂突然翻车，使期遭受损害。虽然车轮是由其他商人提供，但如果被仔细检查，应该能够发现缺陷。纽约州最高法院法官在审理此案时指出“像脚手架这样的东西，如果在制造上有问题是极其危险的。被告知道脚手架是给工人用的，因此，不仅对与其有合同关系的油漆师，而且对与其无合同关系的工人，被告都有确保质量的义务。判决中指出：具有急迫危险性的产品概念并不局限于毒药、爆炸物或其他同类物品，而应扩大到对人身有危险性的一切物品。如果一切物品制造上有过失，依其本质，可合理确定将使生命和躯体处于危险之中，那么它就是一件危险物品。”“任何商品依其本质足以危害人的生命和健康时，均属危险物品，制造商可以知道购买人或第三人将会不经过检验而使用商品，则不论当事人之间有无契约关系，制造商对商品的制造负有注意义务。”该案的最大意义是在产品责任问题上突破了合同关系原则，开始运用新的侵权责任原则——疏忽责任原则处理产品责任案件。

但受害者有举证责任，需要证明：

(1)被告没有尽到“合理注意”的义务；

(2)由被告的疏忽使产品存在缺陷；

(3)原告的损害是由被告的疏忽造成的。

3. 担保责任原则

生产者或销售者因违反了产品的明示或默示担保义务，对消费者或使用者造成了损害而需要承担的赔偿损失的责任。担保责任原则是根据合同责任产生的，按照合同的原则和精神，卖方应当按照合同规定提供符合要求的货物，担保责任伴随着产品质量责任产生了。早期的商品买卖合同中比较重视形式，因此担保责任主要体现为明示担保责任。卖方用文字或语言的方式明确承诺货物符合合同条款的要求。随着社会的发展，产生了默示担保责任作为明示担保责任的补充。

1)明示担保

产品的生产者或销售者明确地把产品的性能、质量、规格、用途、所有权等用声明或陈述表现出来,常见于产品标签使用说明书、目录和广告中。

§经典案例§

美国"巴克斯特诉福特汽车案"(1932年)

1932年,美国人巴克斯特从某销售商处购买了一辆福特牌汽车。有一天,他开着汽车在公路上行驶,一辆和他并排行驶的汽车卷起一块石头打碎了福特车的挡风玻璃,使巴克斯特的眼睛受伤,后来失明了。巴克斯起诉到法院,认为福特车的汽车玻璃的安全性与广告宣传中的承诺不符,要求赔偿损失。华盛顿最高法院经过审理,支持了巴克斯特的请求。

此原则的意义在于,受害人不需要证明被告负有疏忽责任,只需要证明以下三个事实就可以要求赔偿。

(1)被告做出过明示担保;

(2)受害人相信该担保并购买了产品;

(3)损害是由于产品不符合被告的明示担保所造成。

2)默示担保

默示担保是依法产生的,并不取决于生产者或销售者的口头或书面表示,而是指根据法律推定卖方交付的货物应达到的基本标准。

4. 严格责任原则

无论是消费者还是第三人只要使用了存在缺陷的产品,该产品对使用者具有不合理的危险,并使其人身或财产遭受损害,生产者和销售者应对此承担赔偿责任。严格责任最早源起于美国。疏忽责任和担保责任中,消费者仍然要承担相对较重的举证责任,且在一定程度上受制于合同条款,因此,在疏忽和担保责任中消费者的地位并无实质性的改善。随着社会的发展和科技的进步,销售者和生产者获得了丰厚的利润,根据权利与义务相一致的原则,商家也应当向整个社会承担更加重大的责任,而严格责任原则可以达到真正保护消费者权益的目的。

§经典案例§

美国艾斯科拉诉可口可乐瓶装公司案(1944年)

该案首次提出了"严格责任的概念"。

该案中,原告是一家餐厅的女服务员,她将可口可乐放入冰箱时,可乐发生了爆炸,将其炸伤。但是按照疏忽责任原则,她在要求赔偿的诉讼中必须提出被告有疏忽的证据,但是本案中的原告并无法提供此证据,无法获得赔偿。法院认为,原告已经证明瓶装可乐已经卖给并送到餐厅,原告小心合理地放置了可乐,被告应当承担责任。被告虽然也提出了尽到了合理注意义务,但是法院没有采纳。

严格责任原则仅需要受害者证明以下事实：

(1)产品存在缺陷；

(2)消费者或使用者实际上产生了人身或财产上的损害；

(3)损害是由产品缺陷所造成的。

不需要证明与生产者或销售者存在合同关系或是商家存在疏忽。商家需要自己证明产品不存在缺陷，而不用消费者再举证，因此，这种举证责任的倒置更好地实现了对消费者权益的保护。

7.2 美国的产品责任法

7.2.1 立法情况

在西方国家中，美国的产品责任法发展得最早也最完备。美国的产品责任的立法表现形式多样：

(1)习惯法(common law)；

(2)成文法(statute law)。

既包括联邦及各州的产品责任法及判例，也包括对司法实践有着指导作用的有关产品责任的示范法。如，《统一产品责任示范法》(mode uniform product liability act)、《产品责任法草案》《法律重述(Ⅱ)侵权：产品责任》。美国的产品责任法不属于联邦法范畴，现行的产品责任法主要是州法。

7.2.2 美国产品责任法的几个概念

1. 产品的概念

根据美国1979年《统一产品责任示范法》第102条(c)项将"产品"定义为："具有真正价值的，为进入市场而生产、能够作为组装整件或作为部件、零件交付的物品。但人体组织、器官、血液等组成成分除外"，"本法所称'相关产品'是指引起产品责任索赔的产品及其部件和零件"。

然而在司法实践中，法官出于各种对保护消费者和公共利益的考虑，常常会对产品的概念做出比法律条文更为宽松、灵活的解释。

2. 瑕疵或缺陷

《侵权行为法重述(Ⅱ)》(restatement of the law of toms，2d)第402条A款规定："凡生产或销售有不合理的危险的缺陷产品者应对最终使用者或消费者因此而遭受的人身或财产损失承担赔偿责任""不合理的危险"是美国缺陷产品的核心概念。对于那些日常生活用品在正常使用范围内产品自身存在的不可避免的危险，不属于有缺陷的产品。

§经典案例§

布兰登伯格诉丰田汽车销售美国分公司及丰田总公司案(1973年)

美国法官对于在高速公路上高速行驶的丰田汽车因翻车而车顶破裂，乘客被抛出车外造成死亡的事件，认为汽车车顶的构造有缺陷而判决制造商和销售商负赔偿责任。

§经典案例§

Rogers V. Ingersoll-rand Co. 案

英格索尔-兰德公司的产品中有一种研磨机。随同机器的使用手册警告使用者，当设备运转时要在机器后方保持10英尺以外的距离，要检查退后警告器是否正常运行，并查看工作区域以防其他人员靠近，机器上还有一个告示：使用者要靠后10英尺以外，当特里尔使用该机器把沥青从一条正在重铺的路面上剥离下来的时候，他按照警告后退了，警告器没有响而背对着研磨机站在路上的罗杰斯被机器碾过而至残废，罗杰斯把英格索尔-兰德公司告上了联邦地区法院，以设计缺陷为由，要求该公司承担一部分直接责任，陪审团判给罗杰斯补偿性赔偿金1 020万美元，惩罚性赔偿金65万美元。英格索尔-兰德公司上诉，强调他们给予了足够的警告。

【最终裁决】美国上诉法院维持了哥伦比亚巡回法院的陪审团的决定。

【问题】足够的警告就可以让制造商免除承担因产品设计缺陷而导致的任何责任？

【理由】法院解释，在一个有关设计欠缺的案件中，原告必须证明产品以及替代设计的危险、代价和益处，还要证明产品危险的严重程度超过了为避免危险而付出的代价。警告只是其中一个考虑因素，但却不是仅有的一个，警告不能超越所有别的因素，在这个案件中，法院指出，一个背对着机器的研磨机的工人不太可能留意机器上“要靠后10英尺之外”的告示，制造商理应预见到这种危险，在这种情况下，制造商应该具有更高的责任感，并采取进一步的安全措施来防止可预见危害。

3. 责任主体

根据美国1979年《统一产品责任示范法》第102条、104条、105条规定，产品的生产者及销售者是产品责任的主体，其中产品生产者是指在产品销售给消费者或使用者之前，设计、建造、制作、装配、生产或者加工相关产品或产品组件的自然人或经济实体组织；还包括虽然没有生产但自称是生产者的产品销售者或实体。销售者是指主要经营产品零售、批发或者分销业务的产品销售者。

7.2.3　美国产品责任法的归责理论

产品责任法律制度的核心是产品责任法的归责理论，而归责理论的确定，决定着该制度在保护消费者权益上发挥多程度的作用。综合世界各国的产品责任法，美国的产品责任法的归责原则可以说是最全面也是最具代表性的。美国的产品责任法引领了世界的产品责任法归责理论的发展，是产品责任法归责理论发展过程的见证者、最好的实践者和引导者。

1. 疏忽责任

疏忽责任是指产品的生产者或销售者在产品的生产或销售过程中存在主观疏忽造成产品的缺陷，致使产品的消费者或使用者遭受人身或财产损失而担任。1916年，在“麦克·费尔森诉别克汽车公司”案中，法官卡多佐摒弃了“非责任原则”，最先确定了产品生产者的“疏忽责任原则”。这一原则的提出，得到各州的广泛认可和采纳并推选开来，成为当时美国法院确定产品责任的主要依据。

原告在以被告存在疏忽为由进行诉讼时，可以从多个方面证明被告确有疏忽。如，原告可以提供证据证明产品在生产设计上有缺点，从而说明生产者制造产品时并没有尽到“合理注意”的义务；原告可以提供证据证明生产者或销售者没有对产品的危险性作出充分必要的说明，来提醒消费者或使用者在使用产品过程中应注意的事项，因而构成疏忽。此外，原告还可以证明被告生产或销售的产品，不符合联邦或州的关于这种产品的质量、检验、广告或推销方面的要求，不需要证明被告存在过错，因为违反联邦或州立法本身就是一种疏忽行为。判断是否存在疏忽行为，应注意以下几个关键要素：

第一，责任。生产者和销售者有义务生产和销售安全的产品，应承担存在不合理危险的产品带来的责任。

第二，行为。生产者和销售者不得做出违反上述责任的行为。

第三，后果。因生产者或销售者提供的不合理危险的产品造成他人人身损害或财产损失。

第四，因果联系。上述行为和损害的后果之间存在直接的因果关系。

原告要以疏忽责任原则对生产者或销售者提起诉讼最大的困难和难题就是举证。在现代化大生产的条件下，消费者要从生产或销售环节中提供证据证明产品存在缺陷是非常困难的，甚至是不可能完成的。因为消费者并非专业人士对产品的生产和销售的过程并不熟悉，而产品从生产设计到制造加工始终在生产者和销售者掌控之中，消费者就更加无法举证了。

2. 担保责任

担保责任是一种合同责任，按照美国《统一商法典》的规定，卖方有义务保证其交付的货物的品质符合合同条款的相关要求。担保义务分为明示担保和默示担保，前者是卖方在订立合同时明确表示要承担的货物担保责任，后者是由法律直接规定卖方必须承担的担保责任。明示担保通常是合同双方一致协商后明确记载于合同中的条款，或者是标注于产品标签、广告或使用说明上，默示担保是对广大的消费者的一种最为广泛的品质担保。如，卖方在其出售的产品的标签上写明：100％纯天然，就是对出售的货物的成分在事实上予以确认，是典型的明示担保。但如果卖方仅通过说明来确认货物的价值，或仅对货物作出评价或提出意见，并不构成明示或默示担保，而是一种“夸张”的“宣传”，如声称这种产品“吃了永葆青春”就不构成担保。再如，出售二手车时销售者说，“这辆车是今年性能最好的，有真皮座椅，300匹马力的发动机，它是今年最新的车型。”他对这辆二手车的几个事实都做了肯定陈述，足以构成一项保证：汽车有一台 300 匹马力的发动机；是今年最新的车型；汽车上有真皮座椅。但是，销售者作出的“车子是今年性能最好的”的言论则属于夸张的宣传，不能构成一项保证。

综上所述，不管是产品的使用者还是消费者或是任何使用产品的第三人只要因为缺陷产品或者卖方违反产品的品质担保受到损害，有权要求赔偿。对于默示担保，它是根据法律规定生产者或销售者必须承担的担保义务，因此如果产品生产者或销售者提供的产品不符合默示担保的要求，就已经违反了法律的规定，需要对因此受到损害的人承担相应的赔偿责任。原告以违反担保作责任原则起诉被告要求其承担责任时，无须证明产品生产者或销售者存在疏忽，而只须证明产品存在缺陷，并因此产品缺陷使其遭受到损失，他就有权要求被告赔偿其损失。但是这种原则的弊端在于，被告承担责任要以明示或默示担保的存在为前提，如果产品实际上对原告造成了损害但是其缺陷并没有包括在担保之中，则原告就不能依据担保责任原则请求损害赔偿。如果是货物买卖合同的双方当事人，买方还可以根据合同条款对卖方提起违约之诉要求赔偿损失，他还可以依据合同上的违约提起赔偿要求，从而引发违约责任与侵权的责任之竞合。美国法认为，如果买方发现了或应当发现卖方违反担保义务之后的一段合理时间内没有将产品存在缺陷的情况告知卖方，就无权再以卖方违反担保责任为由向卖方进行索赔；如果买方在合理时间内通知了卖方，那么买方就既有权要求卖方承担违反担保的违约责任也可以要求卖方对缺陷产品承担侵权责任。在美国《统一商法典》中，没有明确指出原告是否可以直接起诉除销售者的其他关系人，如产品的生产者或代理商，但大多数州的法院认为消费者有权利这样做，在司法实践中，很多因缺陷产品遭受损害的消费者会选择直接起诉产品的生产者。

§经典案例§

"麦克白诉哥特杂货公司"一案确立了默示担保原则(1935年)

原告麦克白从被告哥特杂货公司购得一套咖啡具，在依照使用说明煮咖啡时，咖啡沸腾后碰到原告脸上造成烫伤，检查后证明咖啡具的滤器糟口不适合排放水开后产生的压力。法院判决，卖方出售的产品应默示担保消费者使用该产品时是安全可靠的，不会损害消费者，被告应负赔偿责任。

《美国统一商法典》第318条规定：卖方的明示担保或默示担保责任适用于买方家庭所有成员以及到买方家中的客人，只要在合理范围内可以预见的上述自然人可能受到缺陷产品的影响，并且上述任何人因卖方违反担保责任而受到了人身伤害，卖方就应对受害人的人身伤害承担赔偿负责。担保责任原则的特点是：

(1)原告只需要证明缺陷产品包括在被告的明示担保和默示担保义务中，而无须证明被告存在疏忽或过失。

(2)原告无须证明与被告之间存在事实上的直接合同关系。

3. 严格责任

在侵权法上严格责任又称"无过错责任"，指只要产品存在不合理的危险就是缺陷产品，消费者或使用者因使用了这种缺陷产品而使其人身或财产遭受损失，该产品的生产者或销售者就应承担赔偿责任。严格责任是一种侵权责任之诉，因此不要求双方当事人之间存在直接的合同关系；在严格责任之诉中，原告不需要举证被告存在疏忽或过失。

美国是世界上最早创设严格责任原则的国家，在1965年《侵权行为法重述》第402条A款中可以反映出严格责任理论的基本精神。第一，无论是生产者还是销售者，因其销售的缺陷产品存在不合理的危险，而给消费者或使用者造成了人身伤害或财产损失，那么他就应该承担责任。第二，即使有下述情况，仍适用前款规定：A. 销售者在准备销售和出售其产品时已经尽到一切可能的注意；B. 消费者或使用者没有从销售者手中购买产品以及与销售者没有任何合同关系。

尽管如此，原告依据严格责任原则要求赔偿也不是一件轻松的事情，原告也需要承担一定的举证责任。美国法规定，原告以产品存在缺陷要求被告根据严格责任进行损害赔偿，其应当证明以下几点：

第一，产品存在缺陷。根据《侵权行为法重述》的规定，受害人不仅要证明产品有缺陷，还必须证明缺陷产品存在不合理的危险。这在一定程度上造成了原告的举证困难，因为产品存在的危险是否“合理”，往往需要专业的知识进行判断，比较复杂。

第二，缺陷产品造成了消费者或使用者人身或财产损害。

第三，损害与产品缺陷之间有因果关系。

§经典案例§

美国加利福尼亚法院“格林曼诉尤巴电器公司”案（1963年）

该案第一次应用了严格责任原则。

原告格林曼的妻子买了一件组合电动工具（既能当锯、钻，又能成为木料车床）作为1955年圣诞节礼物送给原告。1957年原告买来能使该工具作为车床用的必要附件。当按照制造商宣传册的说明正常使用了几次这个工具锯木后，在之后的一次使用中，突然飞出一块木头击中他的前额，使他受了重伤。十个半月后，原告以违反担保和过失为由起诉了零售商和制造商，要求赔偿。法官认为虽然原告无法证明工具制造商有疏忽，也不属于违反担保责任的范围，但仍判决原告胜诉，理由是此案使用侵权法上的严格责任原则。特雷诺法官在判决中指出：“当一个制造商将一件产品投放到市场中时，如果明知它将不经检查而使用，而此项产品被证明含有致使人受到伤害的缺陷，那么该制造商在侵权方面负有严格责任。”“即使没有疏忽，只要公众准则认为哪一方负责后最能有效地减少市场上有缺陷的产品对人的生命和健康的潜在威胁，那么就应该由哪一方负责。”此即所谓产品责任法上著名的“格林曼规则”。

美国法学会将来自判例法的这一原则在1965年出版的《侵权行为重述》中进行了确认。

严格责任原则和疏忽责任原则的区别在于：1. 疏忽责任原则要求卖方存在疏忽，将卖方是否尽到“适当注意”义务来判断其承担责任的依据。2. 而严格责任原则下，原告不需要证明卖方是否尽到“适当注意”义务，即使卖方做到了一切可能的注意，但缺陷产品仍使原告遭到损失，卖方仍须对此负责。

§经典案例§

斯特拉·里贝克诉麦当劳案（1992年）

斯特拉·里贝克79岁那年，孙子开车载她在麦当劳花0.49美元买了一杯咖啡。她把杯子夹在双膝之间，试图打开杯盖往里加糖和奶精，没想到杯子翻了，滚热的咖啡将她的大腿和腹股沟烫伤，经过住院治疗并多次植皮，折腾了两年她才能重新下地行走。老人女儿要求麦当劳赔偿2万美元医药费，麦当劳只肯赔800美元。女儿就请律师上诉到法院，控告麦当劳出售的咖啡“具有不该有的危险性”和“劣质产品”。

这就是著名的“麦当劳咖啡案”。麦当劳因为咖啡的温度过高(80～90摄氏度)，高于其他几个快餐连锁店的60～70摄氏度，而且没有明显警告，陪审团判决麦当劳的责任是80%，老太太的责任是20%，所以麦当劳需赔偿1.6万美元的医疗费。

又因为法庭查证麦当劳在1982—1992年的十年期间，总共收到七百余起咖啡烫伤事故的投诉，而麦当劳只是私下给受害者一点补偿了事，一直对该问题漠视不理。他们十年间总计卖出100亿杯咖啡，事故率为百分之零点零零零零零七，认为可以忽略不计。

因此陪审团又判麦当劳必须给老太太270万美元的惩罚性补偿，但法官认为陪审团过于意气用事，所以把惩罚金减为64万。双方都不服，继续上诉。后来庭外和解，老太太最终得到100万美元的赔偿。

7.2.4　产品责任的抗辩理由

1. 担保的排除或限制

根据《美国统一商法典》规定，允许卖方排除其对货物的明示担保和默示担保(如商销性的担保和适合特定用途的担保等)。但此项规定仅用于对抗原告以“违反担保”为理由进行的诉讼。即如果被告已经在合同中排除了各种明示担保或默示担保，原告起诉被告“违反担保”责任，被告就可以提出已经排除担保作为抗辩。但是，按照美国1974年法律《麦格拉森·莫斯担保法》的规定，在商品交易中，为了保护消费者的利益，卖方如已作出书面担保就不得再排除各种默示担保。需要注意的是，卖方对于买方提起的以“疏忽”为由的起诉不得使用此项抗辩，因为疏忽责任属于侵权责任，引发的是侵权诉讼并不受合同中关于明示或默示担保义务的约束。

2. 原告自己的疏忽行为

原告即受害者在使用由被告提供的有缺陷的产品时，自己也有疏忽之处，原告受到的伤害是由于双方面的疏忽而造成的。根据早期确立的原则，在侵权之诉中，原告存在疏忽对于被告是一种充足的抗辩理由。也就是说，在原告以疏忽为由提起的产品责任诉讼中，如果能够确认原告在使用产品过程中也有“疏忽”，原告就无权向被告要求任何损害赔偿。但是近年随着产品责任制度的发展，美国的很多州已通过立法或判例的形式摒弃了承担疏忽原则而采用相对疏忽原则。相对疏忽原则，是指即使原告也在一定程度上存在疏忽，但法院会按照损害中原告的疏忽所占的比重，相应减少其可以索赔的金额，减轻被告责任而不是像承担疏忽责任那样，原告不能向被告请求任何损害赔偿。现今，美国大多数的州在严格责任之诉中适用相对疏忽原则。但是，无论是承担疏忽责任还是相对疏忽都属于侵权责任的范畴。被告只有在侵权之诉中才能提出此项抗辩，而不能在合同之诉(如违反担保之诉)中提出这种抗辩。

3. 自担风险

所谓自担风险是指：

(1)原告在使用产品时已经知道产品存在缺陷或具有危险性；

(2)尽管这样，原告也自愿将自己置于这种危险境地承担风险；

(3)由于原告自愿承担风险而受到伤害或损失。根据美国法律，无论原告是以被告疏忽为由起诉或以违反担保为由起诉或以严格责任为由起诉，被告都可以原告"自担风险"作为一项抗辩。

根据美国《侵权行为重述》第402A条的注解，如果消费者或使用者已经发现产品存在缺陷，并且明知使用产品有危险，但他仍然不合理地使用了该产品，使自己因此受到损害，他就不能够再要求被告赔偿其损失。

但是，出于对消费者的全面保护，大多数采用前述"相对疏忽原则"的州中，一些州在阻止原告因产品责任要求被告赔偿的案件中，已经不认为原告自担风险是被告可以提出的一项抗辩，只是按照原告存在疏忽的程度来相应的减少其可索赔的金额。

§经典案例§

福待汽车公司诉韦高纳案(1964年)

福特汽车公司曾出售一辆门栓有缺陷的汽车，当该公司提出免费更换门栓时，被汽车的购买者拒绝。后来，此购买者将汽车卖给了第二个购买者，第二个购买者在驾车旅行时门栓跳起，造成车祸，第二个购买者由此受了伤。法院判决：福特汽车公司不承担赔偿责任。

4. 非正常使用产品或误用、滥用产品

在产品责任诉讼中，被告可以原告非正常地使用产品或未按说明或指示误用、滥用产品，使自己受到损害为由提出抗辩，要求免除责任。

但是，法院往往对此项抗辩会加以限制，如，当被告提出原告非正常使用产品或误用、滥用产品的抗辩时，法院会要求被告证明原告对产品的误用或滥用已超出了被告可能合理预见的范围。如果消费者或生产者对产品的误用或滥用是在被告可能合理预见范围内的，被告在此之前就应当采取相应的防范措施，否则就不能因此而免除责任。

5. 擅自改动产品

如果原告擅自对产品或其内部的零部件加以改装或变动，因而使该产品的状态或条件形成改变，并使自己因此遭受到损害，被告就可以提出原告擅自改变产品的状态或条件为由的抗辩，要求免除责任。

6. 产品自身带有不可避免的不安全因素

由于产品特点决定其自身具有危险因素，即使消费者或生产者在正常使用产品时，也无法保证绝对的安全。但是，该产品的特殊使用用途对社会公众而言利大于弊，权衡之下还是要生产或销售此类产品。其生产者或销售者可以这种产品的特性要求免除责任。如，农药、爆竹等物品。其中，药品是此类产品中最为典型的，一些药物本身含有对人体有副作用的成分，也可能会对人体造成某些程度上的伤害，但它又可以治疗某些疾病。生产者和销售者在这种情况下，只要能够证明产品的生产加工和销售环节都是恰当的，并且已经明确提示使用者该产品具有的危险性，如药品的副作用，那么他就可以此来免责。这一抗辩在严格责任的诉讼中也可以使用。

7.2.5　产品责任损害赔偿的范围

1. 对人身伤害的损害赔偿

使用有缺陷的产品造成原告人身伤害，他可以被告在以下几方面进行赔偿：痛苦与疼痛；精神上的痛苦和烦恼；劳动挣钱能力的减弱和收入的减少；合理必要的医疗费用支出；身体的残疾。

美国法律在允许受害者向被告索赔医疗费用的同时，原告还可以要求被告赔偿精神上的和身体上承受的痛苦，并且精神损害赔偿数额在总赔偿额中占很大的比重，这也是美国产品责任法的一个重要特点。

2. 财产损失的赔偿

被告对于财产损失的赔偿范围通常包括更换已损坏的财产或修理恢复受损财产所花费的合理费用。

3. 商业上的损失

商业上的损害赔偿通常是指存在缺陷的产品的价值与正常、合格或完好的产品的价值之间的差价。

4. 惩罚性的赔偿

此项赔偿用于那些主观上有过错的被告，将公共政策置于不顾，因此受到损害的原告方可以要求法院对被告作出惩罚性的损害赔偿。惩罚性损害赔偿的目的是惩罚有过错的被告的这种不负责任、恶意的行为，因此通常这种赔偿的数额很大，用以警示其他人不再犯类似的过错。而对于是否应该判处被告承担这种惩罚性的损害赔偿以及如何来确定赔偿的数额，主要由陪审员根据案情事实酌情决定。

7.2.6　产品责任诉讼的管辖权和法律适用

1. 管辖权

美国早期采用“实际控制”原则，即要求被告必须在管辖法院管辖的区域内。但是这种原则的限制是，无法对非本区域内的被告进行管理，因此美国各州后来都制订了一些法律来确认“对人管辖权”，以确定法院对居住在美国以外的被告（通常是外国的生产者或出口商）也有管辖权，这种法律被称之为“长臂法”（long—arm statute）。

但是美国州法院欲对非本国居民的被告行使对人的管辖权，必须要求该被告与所辖区域存在着某种“最低限度联系”（mininum contact），该州的法院才能对被告进行管辖。所谓“最低限度联系”是指被告直接或间接通过代理人在该州境内从事商业行为，或在该州境内因其作为或不作为对原告造成了损害，只要符合这个标准，法院就对该被告享有管辖权，有权受理原告的起诉，并有权根据法令，按照法定程序传唤国外的被告出庭应诉，依法作出有效判决。

欧盟规定：原告既可以选择在他人身或财产遭受损失的地点提起诉讼，也可以在投放该产品进入市场流通的地点起诉。

2. 法律冲突与法律适用

(1)运用损害后果发生地法律来确认当事人应承担的责任。

(2)采用对原告最为有利的地方的法律。

§经典案例§

格雷诉美国散热器标准浴缸公司案(1961 年)

1961 年,宾夕法尼亚州某制造厂生产的加热器在伊利诺斯州发生爆炸,其原因是该加热器阀门有缺陷,而阀门是俄亥俄州的一个制造商生产并提供的。伊利诺斯州法院认为,零件制造商的销售活动已经充分构成与伊利诺斯州的"接触关系",因此,伊利诺斯州法院有管辖权。

7.3 欧洲的产品责任法

自 20 世纪 70 年代开始,欧洲各国在欧共体的推动下,越加重视产品责任的立法及产品责任制度的探究。欧洲委员会于 1976 年通过了《有关人身伤亡的产品责任公约》,这是世界上第一个有关产品责任的实体法国际公约。欧共体又于 1985 年发布了《产品责任指令》。这一指令对欧盟各国的产品责任立法具有指导意义和重大影响。指令中提出要求,3 年内欧共体的所有成员国必须保证使本国产品责任法与指令的有关规定相符合,推动产品责任法在欧洲的建立和完善。于是,英国于 1987 年,意大利、希腊于 1988 年,丹麦、葡萄牙、卢森堡、德国于 1989 年,荷兰于 1990 年,爱尔兰、比利时于 1991 年陆续制定了本国的产品责任法,这些国家的立法活动是欧洲产品责任法更加成文化、专门化的标志。

7.3.1 产品

任何可移动的产品,所有的动产,包括动产之上组装的其他动产或不动产,"电"也可作为产品,但不包括游戏赌博类用品及初级农产品。

7.3.2 缺陷

如果一个产品不能提供人们有权期待的安全性,即该产品为缺陷产品。

7.3.3 责任主体

产品的生产者;产品的销售者;产品的供应商或代理商(在其不能确认产品生产者的情况下)。

关于生产者的定义:

(1)制成品的制造者;

(2)原材料的生产者;

(3)零部件的制造者;

(4)任何在产品上标注其商标、名称或其他具有识别性的人;

(5)任何在共同体内销售、出租、租赁某种进口产品或在共同体内销售进口产品的人;

(6)如果销售者无法确认指出产品的生产者,则将其视为产品的生产者。

7.3.4 归责原则

无过错责任,也可称作严格责任,指不以行为人是否存在过错为其承担责任的要件,只要生产者、销售者提供的产品是存在不合理危险的缺陷产品,该产品造成了消费者或使用者的合法权益的损害,除非存在法定免责事由,生产者或销售者要因此而承担赔偿责任。

只要产品存在不合理的危险是缺陷产品,消费者或使用者因使用了这种缺陷产品而使其人身或财产遭受损失,该产品的生产者或销售者就应承担赔偿责任。

7.3.5 产品责任的赔偿范围

根据《欧共体产品责任指令》,产品责任的损害赔偿范围包括:死亡、人身伤害赔偿;缺陷产品以外的财产损害赔偿。生产者对于同一产品之上的同一缺陷而引起的人身伤害或死亡的赔偿总额不得高于7千万欧元;可赔偿的财产损害的价值应高于500欧元,即500欧元以内的损害不予赔偿。德国《产品责任法》中也有类似的规定,分别规定了产品责任赔偿的最高限额和财产损害的最低赔偿额,只有超出最低赔偿数额的损失才可以进行赔偿。对于人身伤害,该法第10条规定,由于某一缺陷产品或存在同样缺陷的同类产品给他人造成人身伤害的,责任人承担的最高赔偿限额为1.6亿德国马克。对财产的损失,第11条规定,财产损失只有在超过1 125德国马克时才会对受害者进行赔偿,对于不超过1 125德国马克的财产损失,责任人不予赔偿。

7.3.6 免责事由

(1)产品的生产者尚未将产品投入流通领域。

(2)在生产者把产品投入市场时,引起损害的缺陷并不存在。

(3)生产者加工、制作该产品并非出于经济目的的销售或经销。

(4)产品的缺陷是由于遵守政府部门制定的有关产品的强制性法规、指令而引起的。

(5)生产者将产品投入市场时,按照当时的科技知识水平,产品的缺陷不可能被发现。

(6)零件的制造者能够证明缺陷并不是零件本身的缺陷。

7.3.7 诉讼时效

欧盟产品责任的诉讼时效一般为3年,从消费者或使用者及利害关系人知道或应当知道损害发生、缺陷存在之日起算。但是,对于产品责任赔偿的请求,应当在该产品投入市场流通之日起10年内提起。

7.4 中国的产品责任法

7.4.1 我国产品责任法的立法概况

在中国,《产品质量法》《民法总则》《合同法》《消费者权益保护法》《食品安全法》等法律共同构筑起产品责任法律制度的框架。另外还有一系列的法律法规,如《工业产品质量责任条例》《药品管理法》等，最高人民法院的相关司法解释也是产品责任法律制度的内容之一。其中，《产品质量法》专门调整产品责任关系的法律。1993 年 2 月 22 日第七届全国人大常委会第三十次会议审议通过了《中华人民共和国产品质量法》，2000 年 7 月 8 日通过修正案，2000 年 9 月 1 日起施行，对产品质量的监督管理，生产者、销售者的产品质量责任和义务，以及赔偿损失、惩罚等方面做了明确规定。

《产品质量法》是一部集经济关系与管理关系、民事规范和行政规范为一体的综合性法律。该法对产品质量的民事、行政和刑事责任作了全面规定，着重解决的是缺陷产品造成消费者人身伤害和财产损失的侵权赔偿问题。《产品质量法》既规定了产品质量责任，也包括了产品质量监督管理，使公法和私法规范有机结合，体现了经济法特色。

7.4.2 产品质量法的主要内容

1. 产品的定义

我国《产品质量法》第 2 条第 2 款规定：本法所称产品是指经过加工、制作，用于销售的产品。建设工程不适用本法规定；但是，建设工程使用的建筑材料、建筑构配件和设备，属于前款规定的产品范围的，适用本法规定。

下列物品不适用《产品质量法》：天然物品，如煤、油、水等；农副产品；初级加工品；建筑工程；专门用于军事的物品；人体的器官及其组织体。

2. 缺陷的定义

我国《产品质量法》第 46 条规定：本法所称缺陷，是指产品存在危及人身、他人财产安全的不合理的危险；产品有保障人体健康和人身、财产安全的国家标准、行业标准的，是指不符合该标准。

§经典案例§

状告奔驰国内首胜诉，奔驰公司被判赔 28 万

1999 年 1 月 31 日下午，深圳居民蔡某开着奔驰 S320 轿车在广深高速公路虎门路段发生交通事故，车撞断护栏后坠入路下水沟，安全带断裂，气囊未弹出，蔡某当场死亡，同车两人受伤。事后，蔡某的父亲认为，奔驰车安全气囊未弹出是造成其子死亡的重要原因。在交涉一年无果的情况下，2000 年 1 月，蔡某的父亲将奔驰的生产商戴姆勒—克莱斯勒股份公司告上法庭。

本案争议的焦点在于——蔡某的死亡与涉案车辆的辅助防护设备，即案中令人关注的气囊和安全带，在事故过程中未发挥安全保护作用有无法律上的因果关系，即被告戴姆勒-克莱斯勒股份公司是否构成产品责任侵权。

法院认为，涉案车辆在左车头遭受严重撞击的情况下，前座气囊未适时弹出的事实证明了涉案车辆缺陷的存在；被告又未能充分证明驾驶员座位安全带之产品缺陷不存在；安全带断裂加之气囊不能适时弹出，导致车辆辅助防护系统在事故中没有对驾驶员提供必要的安全保护，因此应当认定涉案车辆缺陷与蔡某的死亡具有直接因果关系。蔡某驾驶不当导致了交通事故，但不能因此减轻被告的产品侵权责任。

蔡某因被告生产的奔驰轿车存在缺陷而在事故中丧生，这给原告造成了巨大的精神创伤，而被告对涉案车辆产品责任的拒绝赔偿，致使原告在寻求权利救济过程中重复遭受了来自被告的精神痛苦。据此，依照有关规定，酌量本案被告对原告造成精神损害的情节、被告承担责任的经济能力及本地平均生活水平等因素，法院在判决被告戴姆勒-克莱斯勒股份公司及销售商梁志伟、何志伟于判决生效之日起十日内向原告支付医疗费、丧葬费、停车费、误工费、死亡赔偿费共计人民币89 442.46元外，判令被告戴姆勒-克莱斯勒股份公司向两原告每人支付精神损害抚慰金人民币10万元共计20万元，两销售商承担连带责任。

3. 产品责任的主体

1)生产者

生产者应承担产品的质量义务：

(1)产品应该符合法律要求的默示担保的质量要求；

(2)产品包装上的标识应当符合要求；

(3)特殊产品的包装必须符合特定的要求。

生产者不得做出下列行为：

(1)生产者不得生产国家明令淘汰的产品；

(2)不得生产或制造假冒伪劣产品，擅自伪造产品的产地，伪造或者冒用他人的厂名、厂址；

(3)不得伪造或者冒用认证标志、名优标志等质量标志；

(4)生产的产品，不得掺杂、以假充真、以次充好，以不合格产品冒充合格产品。

2)销售者

(1)作为的义务：销售者应当执行进货检查验收制度，验明产品合格证明和其他标识；在进货之后，销售者应当采取措施，保证销售产品的质量；销售的产品的标识应当符合有关规定。

(2)不作为的义务：销售者不得销售失效、变质的产品；不得伪造产地，伪造或者冒用他人的厂名、厂址；不得伪造或者冒用认证标识、名优标志等质量标志；销售产品，不得掺杂、掺假，以假充真、以次充好，以不合格产品冒充合格产品。

7.4.3　产品责任的归责原则

根据不同情况适用严格责任原则和过错责任相结合的原则。

1. 生产者的侵权责任——严格责任

我国《产品质量法》第43条规定：因产品存在缺陷造成人身、他人财产损害的，受害人可以向产品的生产者要求赔偿，也可以向产品的销售者要求赔偿。属于产品的生产者的责任，产品的销售者赔偿的，产品的销售者有权向产品的生产者追偿。属于产品的销售者的责任，产品的生产者赔偿的，产品的生产者有权向产品的销售者追偿。

2. 销售者的过错责任

我国《产品质量法》第43条规定：由于销售者的过错使产品存在缺陷，造成人身、他人财产损害的，销售者应当承担赔偿责任。销售者不能指明缺陷产品的生产者也不能指明缺陷产品的供货者的，销售者应当承担赔偿责任。

7.4.4 生产者的免责事由

我国《产品质量法》第 41 条规定：因产品存在缺陷造成人身、缺陷产品以外的其他财产（以下简称他人财产）损害的，生产者应当承担赔偿责任。

生产者能够证明有下列情形之一的，不承担赔偿责任：

(1)未将产品投入流通的；

(2)产品投入流通时，引起损害的缺陷尚不存在的；

(3)将产品投入流通时的科学技术水平尚不能发现缺陷的存在的。

7.4.5 损害赔偿的范围

我国《产品质量法》第 44 条规定：因产品存在缺陷造成受害人人身伤害的，侵害人应当赔偿医疗费、治疗期间的护理费、因误工减少的收入等费用；造成残疾的，还应当支付残疾者生活自助具费、生活补助费、残疾赔偿金以及由其扶养的人所必需的生活费等费用；造成受害人死亡的，并应当支付丧葬费、死亡赔偿金以及由死者生前扶养的人所必需的生活费等费用。

因产品存在缺陷造成受害人财产损失的，侵害人应当恢复原状或者折价赔偿。受害人因此遭受其他重大损失的，侵害人应当赔偿损失。

7.4.6 诉讼时效的规定

我国《产品质量法》第 45 条规定：因产品存在缺陷造成损害要求赔偿的诉讼时效期间为二年，自当事人知道或者应当知道其权益受到损害时起计算。因产品存在缺陷造成损害要求赔偿的请求权，在造成损害的缺陷产品交付最初消费者满十年丧失；但是，尚未超过明示的安全使用期的除外。

7.5 关于产品责任法的国际立法

关于产品责任的国际立法主要有：《关于人身伤亡产品责任欧洲公约》（《斯达拉斯堡公约》，1977）、《关于对有缺陷的产品的责任的指令》（《欧共体产品责任指令》，1985），海牙国际私法会议于 1973 年 10 月通过了一项《关于产品责任的法律适用公约》，该公约于 1978 年 10 月 1 日生效。

7.5.1 《关于人身伤亡产品责任欧洲公约》

(1)公约中确认在产品责任上采用严格责任原则，不再使用欧洲大陆法国家传统的过失责任原则，无论生产是否存在过失，只要是由缺陷产品造成的损害，生产者就应当承担责任。

(2)产品责任损害赔偿的范围不包括对财产造成的损失,仅限于人身伤害及死亡。

(3)定义了"生产者"的范围,包括:产品制造者、产品进口商、或任何在商品上标注了他的名称、地址、商标等标志的人;如果产品上没有标明任何生产者的身份和信息,那么在产品流通环节的各个供应商、销售者都应视为公约所指的生产者。

(4)产品的生产者不以能"科学技术水平尚不能发现的缺陷"为由提出抗辩。

(5)生产者在能提供以下证明的情况下,可以免责。

①该缺陷产品并不是由生产者投放到市场流通领域的;

②从客观情况考虑,生产者将产品投入市场流通时并不存在缺陷;

③产品的缺陷是在生产者将其投入流通之后才产生的。

(6)产品责任的诉讼时效为 3 年,即因缺陷产品受到损害的当事人应当在发现或应当发现损害之日起 3 年内提起产品责任的赔偿诉讼;生产者对其产品承担损害赔偿责任的诉讼时效为 10 年,从产品投放到市场时起算。

(7)在签字缴存公约批准书时,缔约国可以声明保留其国内法规定的赔偿限额。但是,对于人身损害或死亡的赔偿限额不得少于 20 万德国马克,同一产品造成的全部赔偿额不得少于 3 000 万德国马克,或等值的其他货币。

7.5.2 《关于对有缺陷的产品的责任的指令》

欧共体部长理事会于 1985 年通过了《关于对有缺陷的产品的责任的指令》(以下简称《指令》),在欧共体范围内统一确立了缺陷产品致害的严格责任原则,并要求成员国通过国内立法实施《指令》。欧共体当时规定的期限是 1988 年,而实际上多数国家都未能按期履行,法国直至 1998 年才通过了相应的法律。截至 2003 年 2 月,欧盟 15 国均完成了相应的国内立法程序。

从 2004 年 5 月 1 日起,欧盟成员国数量已达到了 25 个,而欧盟东扩的进程仍在继续。这些新加入的国家也必然要对国内法作相应的调整,以与《指令》保持一致。因此,《指令》对于向欧盟出口产品或有出口打算的中国企业具有重要影响。

1. 采取无过失责任原则

由于产品责任是一种特殊的民事责任,各国都没有将过错责任原则作为产品责任的归责原则,而是采用了严格责任或无过错责任归责原则。在此之前,欧共体各成员国各自施行不同规则原则下的产品责任制度,有的采取过错责任原则,如荷兰、意大利等国;有的采取过错推定责任原则,如德国、比利时等国;有的采取无过错责任原则,如法国、卢森堡等国,如此以来,在统一的欧共体内,对于同样的产品侵权案件,在不同的成员国发生诉讼,则可能会出现不同的处理结果,这显然违背建立欧共体的目的。因此《指令》明确规定了无过错责任的归责原则。这一规则表明,只要违法行为造成损害,无论行为人是否有过错,都要承担民事责任。

按照这一规定,受损害的消费者在产品责任诉讼中,只须证明产品有缺陷和他受到损害的事实以及二者之间的因果关系,毋须证明生产者有过失。之所以这样规定,是因为随着现代科技的不断发展,在生产者和消费者当中,生产者通常处于强有力的地位,他们有可能而且应当采取严格的产品设计、加工、检验等程序,尽量减少或避免产品的危险性,也可以由消费者承担费用,使生产者获得保险的保障。这就要求法律加强对消费者的保护。但是,无过错责任并不是绝对责任，并不意味着行为人没有抗辨事由，即使法律规定无过错也要承担责任，行为人仍然可以依据法律规定的条款减轻或免除责任。只不过行为人不能以证明自己没有过错而要求免责。

2. 关于生产者的定义

生产者包括：制造者、任何原材料的生产者、零部件的制造者；任何将他的名字、商标等标志在商品上的人；任何进口某种产品在共同体内销售、出租或者共同体以任何形式经销该产品的人；如不能确认生产者是什么人，则每个供应者都应视为公约所指的生产者。

3. 关于产品的定义

《指令》的第二条对其调整范围作出了明确规定：为本指令之目的，产品除指初级农产品和狩猎产品以外的所有动产，即使已被组合在另一动产或不动产内。初级农产品是指种植业、畜牧业、渔业产品，不包括经过加工的这类产品，产品也包括电。概括起来，《指令》中的产品是指可以移动的物品，但不包括初级农产品和戏博用具。应当注意，《指令》在对产品范围作出规定的同时，允许各成员国通过国内立法，将初级农产品、戏博用具包括在产品的范围之内。

4. 关于缺陷的定义

采用客观标准，消费者有权要求得到他们所期望得到的安全的产品，如果该产品无法提供这种安全，则该产品就被认为是有缺陷的产品。

5. 关于损害赔偿

(1)可以请求损害赔偿的范围主要包括人身伤害和死亡。

(2)产品由于存在缺陷，造成产品自身的损失，一般不予考虑。

(3)对不超过 500 欧元的损害亦不予考虑。

7.5.3 《关于产品责任的法律适用公约》

1. 对产品、损害及责任主体的规定

1)产品

天然产品和工业产品。

2)损害

对人身的伤害或对财产的损害以及经济损失；但除非与其他损害有关，产品本身的损害以及由此而引起的经济损失不应包括在内。

3)责任主体

制成品或零部件的生产者、天然产品的生产者、产品的供应者、在产品准备或销售等各个商业环节中的有关人员(包括修理人、仓库管理员)。

2. 公约对产品责任的法律适用规则的规定

1)适用侵害地国家的法律

如果产品责任侵害地与直接受害人的惯常居住地，或被告的营业地、直接受害人产品取得地是在同一国家，则应适用侵害地国家的国内法。

2)适用直接受害人的惯常居所地国家的法律

如果直接受害人的惯常居所地同时又是被请求承担责任的人的主营业地或直接受害人

取得产品的地方,则仍然应适用于直接受害人的惯常居所地国家的国内法。

3)适用被请求承担责任人的主营业地的国家的法律

如果不能适用上述指定的适用的法律,原告提出的使用侵害地国家的国内法请求就无法满足,应适用被请求承担责任人的主营业地国家的国内法。

思 考 题

1. 简述产品责任法的主要特征。
2. 简述美国产品责任法中的归责理论。
3. 简述疏忽责任、违反担保责任与严格责任的区别。
4. 生产者的免责事由是什么?

技能训练题

中国一个玩具进出口公司向美国的玩具公司出口塑料弹弓。美国在收到货物后不久,就反映弹弓的质量有问题。美国的玩具公司称,该弹弓已经引发了多起伤害案件,有儿童在使用弹弓时弓柄断裂,严重的导致眼睛受到伤害。美方将中国公司诉至法院,经法院审理,美方提供证据表明,中方公司出口的弹弓使用了不安全的材料,仅能承受10磅以内的拉力否则弓柄就会断裂,而在香港出售的同类弹弓的弓柄能承受60磅左右的拉力。

问:(1)该弹弓产品属于质量不合格产品还是缺陷产品,为什么?

(2)我国出口商是否应承担产品责任,应对谁承担产品责任,为什么?

第8章　国际贸易支付法律制度

【本章重点】

1. 托收的注意事项
2. 信用证流转程序

【本章难点】

信用证的审核与修改

8.1　票据和票据法

国际贸易货款的收付，采用现金结算的较少，大多使用非现金结算，即使用代替现金作为流通手段和支付手段的信贷工具来结算国际间的债权债务。票据是国际通行的结算和信贷工具，是可以流通转让的债权凭证。

8.1.1　票据概述

国际贸易中使用的票据主要有汇票、本票和支票，其中以使用汇票为主。

1. 票据的定义和特点

票据，从广义上，泛指代表一定权利关系的书面凭证。例如汇票、本票、支票、提单、仓单、保单、记账凭证等；甚至还有的把日常生活中使用的一些书面凭证，如乘车、乘船的票证等，也称之为票据。

票据，从狭义上，仅指依照法定的格式，签发和流通的汇票、本票和支票三种票据。根据国际上票据立法的惯例，我国的票据法所规范的对象，仅为狭义的票据，即汇票、本票和支票三种票据。它们的共同特点是，在票据规定的期限内，持票人或收款人可向出票人或指定付款人无条件地支取确定金额的货币。它们都属于反映一定债权债务关系的、可流通的、代表一定数量货币请求权的有价证券。

2. 票据特点

(1)票据是完全的有价证券。

(2)票据是一种要式证券。票据法律法规严格地规定票据的格式和记载事项。不按票据法及相关法规的规定进行票据事项的记载，就会影响票据的效力甚至会导致票据的无效。此外，在票据上所为的一切行为，如出票、背书、承兑、保证、付款、追索等，也必须严格按照票据法的程序和方式进行，否则无效。这就是票据的要式性。

(3)票据是一种无因证券，所谓无因是指只问票据的形式要件是否成立，不问其发生原因。

(4)票据是一种文义证券，即义务人只按照证券上指明的金额和条件履行义务，而不问出票人的原意。

(5)票据是设权证券。票据权利的产生必须首先做成证券。在票据做成之前，票据权利是不存在的。票据权利是随着票据的做成同时发生的。没有票据，就没有票据权利。这就是票据的设权性。

(6)票据是流通证券。票据的一个基本功能就是流通。它较民法上的一般财产权利，经背书或单纯交付即可让与他人。无须依民法有关债权让与的有关规定。一般说来，无记名票据，可依单纯交付而转让；记名票据，须经背书交付才能转让。这就是票据的流通性。

3. 票据的关系人

票据有三个基本当事人即出票人、付款人和受(收)款人，在流通过程中又产生了流通关系人如背书人、承兑人、持票人等，每个关系人在票据上签名后，即对正当持票人负有付款或担保付款的责任。在票据上承担付款的责任人是债务人。持有票据、有权对债务人行使票据权利的人是债权人。出票人、受票人、背书人和承兑人都是票据上的债务人，受款人、持票人是票据的债权人，票据的关系人如表 8-1 所示。

表 8-1 票据的关系人

出票人 (基本当事人)	含义	出票人是开立票据并将其交付给他人的法人、其他组织或者个人
	责任	出票人对收款人及正当持票人承担票据在提示付款或承兑时必须付款或者承兑的保证责任
受票人 (基本当事人)	含义	是根据出票人的命令支付票款的人或票据开致的当事人
	责任	受票人对票据承担的付款责任不是法定的。因为受票人尚未在票据上签字，故受款人和持票人不能强迫其付款或承兑。但票据一经承兑，该受票人即成为承兑人，即表示同意出票人的支付命令，承担到期付款责任
收款人 (基本当事人)	含义	收款人也称受款人，他是收取汇票的人，是汇票的主债权人
	责任	收款人有权向付款人要求付款，若遭拒绝，有权向出票人追索票款
背书人	含义	背书是由持票人在汇票背面签上自己的名字，并将票据交付给受让人的行为。这里的持票人称为背书人，受让人称为被背书人
	责任	作为转让人的背书人一旦在票据上签名，他就要承担以下两项业务：①须对包括被背书人在内的所有后来取得该票据的人保证该票据必将得到承兑或付款。 ②须保证在他以前曾在该汇票上签名的一切前手的签字的真实性和背书的连续性。背书连续，是指在票据转让中，转让汇票的背书人与受让汇票的被背书人在汇票上的签章依次前后衔接
	权利	被背书人是票据的受让人，他有权取得背书人对票据的一切权利。表现为： ①被背书人可以用自己的名义向付款人要求承兑、付款，也可以将票据再经背书转让他人。 ②当票据遭到拒付时，被背书人有权向其直接的背书人以及曾在票据上签名的其他背书人直至出票人进行追索

续表

承兑人	含义	付款人同意接受(accept)出票人的命令并在汇票正面签字，就成为承兑人
	责任	承兑人一经承兑，承兑人必须保证对其所承兑的文义付款，而不能以下述情况为借口拒绝向正当持票人付款： ①出票人不存在。 ②出票人的签字是伪造的。 ③出票人没有签发票据的能力或授权
持票人	含义	持票人就是指持有汇票的当事人
	权利	持票人是票据权利的主体，享有以下权利： ①付款请求权。持票人可以享有向汇票的付款人或承兑人提示汇票要求付款的权利。 ②追索权。持票人在得不到承兑或付款时，享有向其前手直至出票人要求清偿票款的权利。 ③转让票据权。持票人享有依法转让其汇票的权利
对价持票人	含义	对价持票人是指取得汇票时付出一定对价的持票人。所谓对价是指可以支持一项简单交易或合约之物，例如货物、劳务、金钱等
	责任	一旦对汇票支付了对价，那么给付对价的持票人及其所有后手均为对价持票人，即使对价持票人的后手未付过对价(如赠与获得)。 对价持票人的权利不能优于其前手，即仍然收到汇票转让人在所有权中同样缺陷的制约
正当持票人	含义及条件	正当持票人也称善意持票人(bona fide holder)，他是善意地付出了对价，取得一张表面完整、合格、不过期汇票的持票人，并且未发现这张汇票曾被拒付，也未曾发现转让人在权利方面有任何缺陷。 即要成为正当持票人，必须满足以下所有条件： ①汇票完整合格； ②不过期； ③未发现汇票曾被拒付； ④善意； ⑤对价； ⑥未发现转让人在权利方面的缺陷

8.1.2 票据行为

1. 出票

出票是指出票人签发票据并将其交付给收款人的票据行为。出票包括做成票据和将票据交付给收款人两种行为构成。做成票据即在原始票据上记载法定事项并签章;票据的交付指以形成票据关系为目的而将票据交予他人占有的行为，两者缺一不可。

2. 背书

背书是受款人在票据的背面签字或做出一定的批注，表示对票据做出转让的行为。转让人称为背书人，被转让人称为被背书人。被转让人可以再加背书，再转让出去，如此，一张票据可以多次转让，背书的种类如表 8-2 所示。

表 8-2　背书的种类

空白背书	背书人只签名，不加注
记名背书	背书人签名后并加注该票转让给指定的人
限制背书	背书人签名后并加注该票的限制性条件

3. 提示

票据在付款或远期的请求签见或承兑时，应由持票人将票据向付款人提示。

4. 承兑

远期票据规定承兑的，在付款前，必须由持票人向付款人要求承兑，即付款人在票据前面批注承兑字样，后加签名、日期及一些注解等。

5. 参加承兑

当票据提示给付款人被拒绝承兑时，在持票人同意下，参加承兑人作为参加承兑行为，由他在票据上批注“参加承兑”字样、签名和注明日期。参加承兑人不像承兑人一样成为票据的主债务人，他只在付款人拒绝付款时，才负付款的义务。

6. 保证

票据的保证是保证人对票据的特定债务人支付票款的担保。

7. 付款

即期是经提示即予付款，远期是到期付款。

8. 拒绝承兑和拒付

持票人以票据提示，被承兑人拒绝承兑；或到期被付款人拒付，都应做成拒绝证书。拒绝证书是由持票人在法定期限内要求付款地法定公证人或其他有权出具证书的机构签发的证明付款人拒绝承兑或拒付的法律文件。持票人在取得拒绝证书后不须再作付款提示，即可向前手背书人行使追索权。

9. 追索

日内瓦票据法规定，票据因时效消灭而丧失追索权。例如汇票承兑人的权利自到期日起有效期为 3 年，持票人对前手追索权自做成拒绝证书日起或到期日起 1 年；汇票背书人因被追索而清偿票款并向前手转行追索，自清偿日起 6 个月内有效。

8.1.3　结算票据的种类

国际贸易中使用的结算票据包括汇票、本票、支票，其中以使用汇票为主。

1. 汇票

汇票是由一人向另一人签发的书面无条件支付命令，要求对方（接受命令的人）即期或定期或在可以确定的将来时间，向某人或指定人或持票来人支付一定金额，汇票的分类如表 8-3 所示，汇票使用流程图如图 8-1 所示。

表 8-3　汇票的分类

分类标准	分类名称	含　　义
1. 按出票人的不同划分	银行汇票	是出票人和付款人均为银行的汇票

续表

分类标准	分类名称	含　义
1. 按出票人的不同划分	商业汇票	是出票人为企业法人、公司、商号或者个人，付款人为其他商号、个人或者银行的汇票
2. 按有无附属单据划分	光票汇票	本身不附带货运单据，银行汇票多为光票
	跟单汇票	又称信用汇票、押汇汇票，是需要附带提单、仓单、保险单、装箱单、商业发票等单据，才能进行付款的汇票，商业汇票多为跟单汇票，在国际贸易中经常使用
3. 按付款时间划分	即期汇票	指持票人向付款人提示后对方立即付款，又称见票即付汇票
	远期汇票	是在出票一定期限后或特定日期付款。在远期汇票中还可以继续分为以下几种： ①记载一定的日期为到期日，于到期日付款的，为定期汇票， ②记载于出票日后一定期间付款的，为计期汇票； ③记载于见票后一定期间付款的，为注期汇票； ④将票面金额划为几份，并分别指定到期日的，为分期付款汇票
4. 按承兑人划分	商号承兑汇票	是以银行以外的任何商号或个人为承兑人的远期汇票
	银行承兑汇票	承兑人是银行的远期汇票
5. 按流通地域划分	国内汇票	在国内流通的汇票
	国际汇票	在国际上流通的汇票

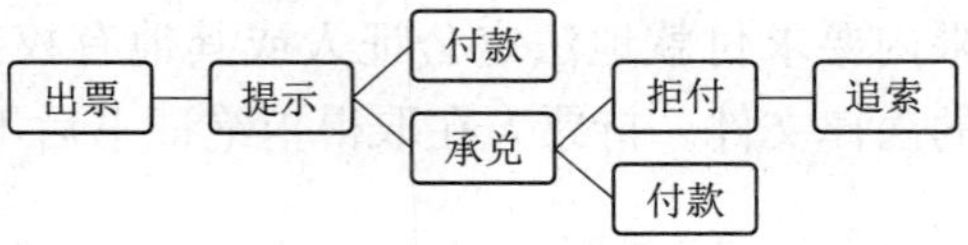

图 8-1　汇票使用流程图

2. 本票

本票是一人向另一人签发的，保证即期或在可以预料的将来时间，由自己无条件支付给持票人一定金额的单据。

本票又可分为商业本票和银行本票：

(1)商业本票是由工商企业或个人签发的本票，也称为一般本票。商业本票可分为即期和远期的商业本票一般不具备再贴现条件，特别是中小企业或个人开出的远期本票，因信用保证不高，因此很难流通。

(2)银行本票都是即期的。在国际贸易结算中使用的本票大多是银行本票。

3. 支票

支票是银行为付款人的即期汇票，具体说就是出票人(银行存款人)对银行(受票人)签发的，要求银行见票时立即付款的票据。出票人签发支票时，应在付款行存有不低于票面金额的存款。如存款不足，持票人提示会遭拒付，这种支票称为空头支票。开出空头支票的出票人要负法律责任，支票的分类如表 8-4 所示。

表 8-4　支票的分类

1. 记名支票	是出票人在收款人栏中注明"付给某人","付给某人或其指定人"。这种支票转让流通时,须由持票人背书,取款时须由收款人在背面签字
2. 不记名支票	又称空白支票,抬头一栏注明"付来人"(Pay to Bearer)。这种支票无须背书即可转让,取款时也无须在背面签字
3. 划线支票	在支票的票面上划两条平行的横向线条,此种支票的持票人不能提取现金,只能委托银行收款入账
4. 保付支票	为了避免出票人开空头支票,收款人或持票人可以要求付款行在支票上加盖"保付"印记,以保证到时一定能得到银行付款
5. 转账支票	发票人或持票人在普通支票上载明"转账支付",以对付款银行在支付上加以限制

8.1.4　国际结算的单据

本章所谓的单据(documents)也称货运单据、商业单据,是出口方应进口方和其他有关方的要求必须备妥并提交的,完整地代表货物所有权的各种货运单据。它通常是由出口方制作或取得后通过银行转交给进口方,交单是出口方履约的重要环节和内容。在现代国际结算中,出口方的交货主要是通过交单来完成的。

1. 单据的概念

单据是办理货物的交付和货款的支付的一种依据。单据可以表明出口商是否履约,履约的程度。进口商品以单据作为提取货物的物权凭证,有了单据,就表明拥有了货物。

单据的作用表现在以下几个方面:

(1)单据是出口方履约的证明;

(2)单据是出口方收款的凭证;

(3)单据是进口方付款的依据;

(4)单据是进口方提货的依据;

(5)单据是银行办理贸易结算的重要依据;

(6)单据是进出口报关、纳税的重要凭证。

2. 单据的种类

单据一般分为基本单据和附属单据两大类。基本单据是根据货物成交的贸易条件(某种价格术语)确定的、必须由出口方提供的单据,主要是商业发票、运输单据。附属单据则是根据贸易合同约定,或者信用证条款中的要求和规定,须向进口方或授权付款银行提供的、除基本单据以外的其他单据,比如产地证明、检疫证书、装箱单、重量单、进口许可证、海关发票等。按照单据的性质,还可以将单据划分为商业单据、运输单据、保险单据、官方单据等。

1)商业单据

(1)商业发票。商业发票是出口商向进口商开立的发货价目清单,也是卖方凭以向买方索取所提供的货物或服务的价款的依据。商业发票是一笔业务的全面反映,内容包括商品的名称、规格、价格、数量、金额、包装等,同时也是进口商办理进口报关不可缺少的文件,因此商业发票是全套出口单据的核心,在单据制作过程中,其余单据均需参照商业发票缮制。

发票的作用:

①商业发票是出口商装运货物并表明是否履约的总说明;

②便于进口商核对已发货物是否符合合同条款的规定；

③作为出口商和进口商记账的依据；

④在出口地和进口地作为报关缴税的计算依据；

⑤在不用汇票的情况下，发票替代汇票作为付款的依据。

(2)装箱单。装箱单是发票的补充单据，它列明了信用证(或合同)中买卖双方约定的有关包装事宜的细节，便于国外买方在货物到达目的港时供海关检查和核对货物，通常可以将其有关内容加列在商业发票上，但是在信用证有明确要求时，就必须严格按信用证约定制作。

(3)重量单。重量单是主要包装单据(packing documents)的一种，按照装货重量成交的货物，在装运时出口商必须向进口商提供的一种证明文件，它证明所装货物的重量与合同规定相符，货到目的港有缺重量时出口商不负责任。若按照卸货重量成交的货物，如果货物缺重量时，进口商必须提供质量证明书，才可向出口商、轮船公司或保险公司提出索赔。

重量单上所反映的内容除了装箱单上的内容以外，需要尽量清楚地表明商品每箱毛、净重以及总重量的情况，供买方安排运输、存仓时参考。

2)运输单据

提单(bill of lading)简称 B/L，在对外贸易中，运输部门承运货物时签发给发货人的一种凭证。收货人凭提单向货运目的地的运输部门提货，提单须经承运人或船方签字后始能生效，是海运货物向海关报关的有效单证之一。

3)保险单据

保险单又称保险单正本，是保险公司与投保人订立保险合同的书面证明。保险单由保险公司出具，主要载明保险公司与被保险人之间的权利、义务关系。它是被保险人向保险公司进行索赔的凭证。

在《保险法》中，保险单简称“保单”，是投保人与保险人之间订立的正式书面保险合同的一种。它由保险人签发给投保人，完整地记载了合同双方当事人的权利和义务，是被保险人在保险标的因保险事故发生损失时向保险人提出索赔或给付的依据和凭证，保险单据的种类如表 8-5 所示。

表 8-5 保险单据的种类

1. 保险单	是保险人在保险合同成立后签发的文件，它是保险契约成立的证明，也是诉讼的依据。保险单除具有基本内容外，还附有保险契约的全部条款，对保险人和被保险人的权利和义务做了详尽的规定，它是完整的承保形式，因此又称作正式保单，俗称大保单。信用证要求保险凭证时可以提交保险单代替
2. 保险凭证	是表示保险公司已经接受保险的一种证明文件，它是一种简化的保险单据，俗称小保单。它包括了保险单的基本内容，但不附有保险条款全文，保险公司和被保险人的权利和义务应以保险公司的正式条款为准
3. 承保证明	又称联合凭证，是一种比保险凭证更简单的单据，它只是在出口商的商业发票上加章注明承包的金额、险别及编号，而不是另出具保险单据
4. 预约保单	又称统保单。它是一个长期性的保险合同，确定了总保险的货物范围和总保险金额，然后在预约保险单项下为每一批货物签发简单形式的保险凭证，用以证明该批货物已由某号预约保险单承保。使用预约保单可以减少逐笔投保的手续，并可防止迟保和漏保，而且国外的保险公司对预保合同往往给以优惠的费率，因此业务正常的进出口商都与保险公司签订预保合同
5. 转账支票	发票人或持票人在普通支票上载明“转账支付”，以对付款银行在支付上加以限制

4)政府单据

(1)海关发票(customs invoice)。海关发票是出口商应进口国海关要求出具的一种单据，基本内容同普通的商业发票类似，其格式一般由进口国海关统一制定并提供，主要是用于进口国海关统计、核实原产地、查核进口商品价格的构成等。

§知识小贴士§

海关发票常见的名称

①Customs Invoice;

②C. C. V. O.(Combined Certificate of Value and Origin);

③Certified Invoice in Accordance with ×××(进口国名称)Customs Regulations;

④Appropriate Certified Customs Invoice;

⑤Signed Certificated of Value and Origin in Appropriate Form.

海关发票的作用是供进口商报送核查货物与估价征税之用;提供货物原产地依据;供进口国海关核查货物在其本国市场的价格,确认是否倾销等;便于统计。

(2)领事发票(consular invoice)。领事发票是由进口国驻出口国的领事出具的一种特别印刷的发票，是出口商根据进口国驻在出口地领事所提供的特定格式填制，并经领事签证的发票。这种发票证明出口货物的详细情况，为进口国用于防止外国商品的低价倾销，同时可用作进口税计算的依据，有助于货物顺利通过进口国海关。对于领事发票各国有不同的规定，如允许出口商在商业发票上由进口国驻出口地的领事签证(consular visa)，即“领事签证发票”(consular legalized invoice)。

出具领事发票时，领事馆一般要根据进口货物价值收取一定费用。这种发票主要为拉美国家所采用。

领事发票(包括领事签证发票)的作用:作为课税的依据;审核有无低价倾销情况;证明出口商所填写的货物名称与数量价格等是否确实;增加领事馆的收入(因为签证时领事馆要收取签证费)。

如果进口国在出口地没有设立领事馆，出口商则无法提供此项单据，这样只能要求开证人取消信用证所规定的领事发票或领事签证发票的条款，或者要求开证人同意接受由出口地商会签证的发票。

(3)进出口许可证(export licence)。在国际贸易中，根据一国出口商品管制的法令规定，由有关当局签发的准许出口的证件。出口许可证制是一国对外出口货物实行管制的一项措施。一般而言，某些国家对国内生产所需的原料，半制成品以及国内供不应求的一些紧销物资和商品实行出口许可证制。通过签发许可证进行控制，限制出口或禁止出口，以满足国内市场和消费者的需要，保护民族经济。此外，某些不能复制，再生的古董文物也是各国保护对象，严禁出口;根据国际通行准则，鸦片等毒品或各种淫秽品也禁止出口。

根据国家规定，凡是国家宣布实行出口许可证管理的商品，不管任何单位或个人，也不分任何贸易方式(对外加工装配方式，按有关规定办理)，出口前均须申领出口许可证;非外贸经营单位或个人运往国外的货物，不论该商品是否实行出口许可证管理，价值在人民币 1 000 元以上的，一律须申领出口许可证；属于个人随身携带出境或邮寄出境的商品，除符合海关规定自用、合理数量范围外，也都应申领出口许可证。

目前，我国执行审批并签发出口许可证的机关为：国家外经贸部及其派驻在主要口岸的特派员办事处；各省、自治区、直辖市以及经国务院批准的计划单列市的对外经贸行政管理部门，实行按商品、按地区分级发证办法。

(4)原产地证明书(Certificate Of Origin)。原产地证明书是证明商品原产地，即货物的生产或制造地的一种证明文件，是商品进入国际贸易领域的“经济国籍”，是进口国对货物确定税率待遇，进行贸易统计，实行数量限制(如配额、许可证等)和控制从特定国家进口(如反倾销税、反补贴税)的主要依据之一。原产地证明书一般有三大类：第一类是普惠制原产地证明书；第二类是一般原产地证明书；第三类是某些专业性原产地证明书。

(5)商检证书。检验证书(Inspection Certificate)是检验机构对进出口商品进行检验、鉴定后签发的书面证明文件。

§知识小贴士§

商检证书的种类

品质检验证书 (Inspection Certificate of Quality)

数量检验证书 (Inspection Certificate of Quantity)

重量检验证书 (Inspection Certificate of Weight)

价值检验证书 (Inspection Certificate of Value)

产地检验证书 (Inspection Certificate of Origin)

卫生检验证书 (Sanitary Inspection Certificate of)

兽医检验证书 (Veterinary Inspection Certificate)

消毒检验证书 (Disinfection Inspection Certificate)

验残检验证书 (Inspection Certificate on Damaged Cargo)

此外，还有植物检疫证明、积货鉴定证书等。

进出口商品经过商检机构进行检验或鉴定后，由该检验机构出具的书面证明称为“商品检验证书”。此外，在交易中如果买卖双方约定由生产单位或使用单位出具检验证明，则该证明也可起到检验证书的作用。

在国际贸易中，由国家设置的检验机构或由经政府注册的、独立的，第三者身份的鉴定机构，对进出口的商品的质量、规格、卫生、安全、检疫、包装、数量、重量、残损以及装运条件、装运技术等所进行的检验、鉴定和监督管理工作。进出口商品检验是货物交接过程中不可缺少的一个环节。经检验合格的，发给检验证书，出口方即可报关出运；检验不合格的，可申请一次复验，复验仍不合格的，不得出口。

§知识小贴士§

商检证书的作用

商检证书关系到有关各方的经济责任和权益，其作用表现为：作为卖方所交付货物的品质、重量、数量、包装及卫生条件等是否符合合同规定的依据；作为买方对品质、数量、重量、包装等提出异议、拒收货物、要求赔偿的凭证；作为卖方向银行议付货款的单据之一；作为出口国和进口国海关验放的有效证件；作为证明货物在装卸、运输中实际状况、明确责任归属的依据。

8.2　汇付与托收

8.2.1　汇付

汇付(remittance)是国际贸易中常用的货款结算方式。汇付，又称汇款，是付款人通过银行，使用各种结算工具将货款汇交收款人的一种结算方式。属于商业信用，采用顺汇法。

汇付业务涉及的当事人有四个：付款人(汇款人 remmitter)、收款人(payee or beneficiary)、汇出行(remitting bank)和汇入行(paying bank)。其中付款人(通常为进口人)与汇出行(委托汇出汇款的银行)之间订有合约关系，汇出行与汇入行(汇出行的代理行)之间订有代理合约关系。

在办理汇付业务时，需要由汇款人向汇出行填交汇款申请书，汇出行有义务根据汇款申请书的指示向汇入行发出付款书；汇入行收到汇出行指示委托书后，有义务向收款人(通常为出口人)解付货款。但汇出行和汇入行对不属于自身过失而造成的损失(如付款委托书在邮递途中遗失或延误等致使收款人无法或迟期收到货款)不承担责任，而且汇出行对汇入行工作上的过失也不承担责任。

汇款的方式一般情况下有三种：电汇(telegraphic transfer (T/T))、票汇(demand draft (D/D))、信汇(mail transfer (M/T))。由于电子化的高速发展，现在汇款主要使用电汇方式。

1. 电汇

电汇俗称"T/T"，是进口方委托银行，通过加押电报或电传的方式将款项支付给收款人，这种方式快捷、简便。以后的汇款业务一般就是指电汇。

电汇的业务流程是：

(1)债务人填具电汇申请书递交给汇出行，并向其交款付费；

(2)汇出行将电汇回执交给汇款人；

(3)汇出行根据电汇申请人的指示，用电传或 Swift 方式向国外代理行发出汇款通知；

(4)汇入行收到电传或 Swift，核对密押无误后，即可缮制电汇通知书，通知收款人取款；

(5)收款人持通知书前去取款并在收款收据上签字；

(6)汇入行即刻解付汇款；

(7)汇入行将付讫借汇通知书邮寄汇出行；

(8)汇出行与汇入行之间如无直接账户关系，还需进行头寸清算。

2. 信汇

信汇是指汇出行应汇款人的申请，将信汇付款委托书寄给汇入行，授权解付一定金额给收款人的一种汇款方式。信汇方式的优点是费用较为低廉，但收款人收到汇款的时间较迟。

信汇业务流程可分为这样几个过程：

(1)汇款人或债务人填写信汇申请书连同汇款一起交给汇出行；

(2)汇出行接受客户申请，并给予客户一张信汇回执；

(3)汇出行航邮信汇委托书通知国外代理行(汇入行)，委托书上记载汇款人、收款人、金额等内容。汇出行与汇入行如事前没有约定时，委托书上还要交待清楚资金是如何转移给国外代理行的，这种说明称为"偿付指示"；

(4)汇入行接到信汇委托书后，向收款人发出汇款通知书，通知其前来取款；

(5)收款人凭有效证件前来取款，汇入行核对无误后付款；

(6)收款人收款并在收款收据上签字；

(7)汇入行向汇出行发出付讫借记通知书；

(8)汇出行与汇入行相互如不是账户行，则还需进行头寸清算。

信汇、电汇流程图如图 8-2 所示。

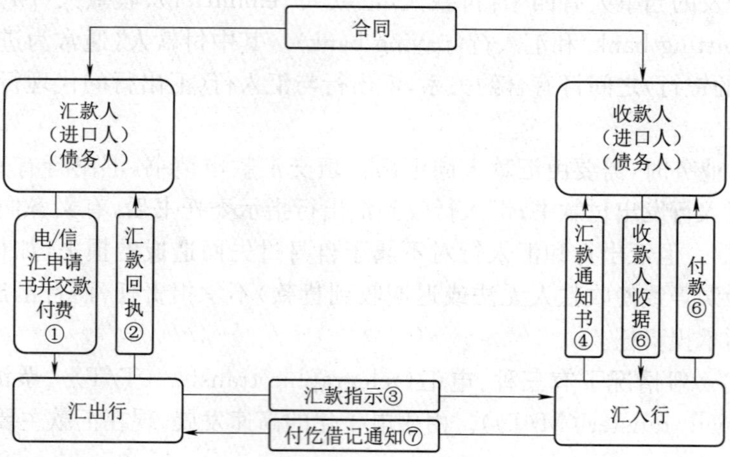

图 8-2 信汇、电汇流程图

3. 票汇

票汇是指汇出行应汇款人的申请，代汇款人开立以其分行或代理行为解付行的银行即期汇票，支付一定金额给收款人的一种汇款方式。

票汇的业务流程可分为以下几个过程：

(1)债务人或汇款人填写票汇申请书，并交款付费给银行；

(2)汇出行开立银行即期汇票交给汇款人；

(3)汇款人自行邮寄汇票给收款人或亲自携带汇票出国；

(4)汇出行开立汇票后，将汇款通知书(票根)邮寄给国外代理行；

(5)收款人持汇票向汇入行取款；

(6)汇入行验核汇票与票根无误后，解付票款给收款人；

(7)汇入行把付讫借记通知书寄给汇出行；

(8)如汇出行与汇入行没有直接账户关系，则还需进行头寸清算。

票汇与电汇、信汇不同之处在于，票汇的汇入行无须通知收款人取款，而由收款人持票登门取款，这种票汇除有限转让和流通的规定外，经收款人背书，可以转让流通，而电汇、信汇的收款人则不能将收款权转让，票汇流程图如图 8-3 所示。

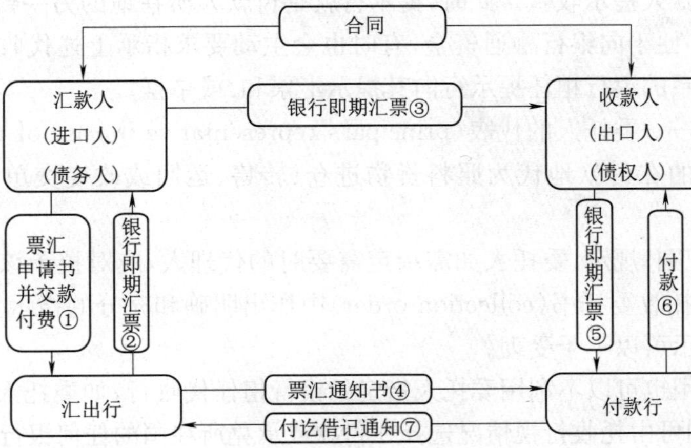

图 8-3　票汇流程图

8.2.2　托收

托收(collection)是出口人在货物装运后，开具以进口方为付款人的汇款人的汇票(随附或不随付货运单据)，委托出口地银行通过它在进口地的分行或代理行代进口人收取货款一种结算方式。属于商业信用，采用的是逆汇法。

托收分为光票托收和跟单托收两种。光票托收是指金融单据不附带商业单据的托收，即仅把金融单据委托银行代为收款。光票托收可以用于货款尾数、小额货款、贸易从属费用和索赔款的收取。跟单托收是指金融单据附带商业单据或不用金融单据的商业单据的托收。跟单托收的基本做法是，出口人根据买卖合同先行发运货物，然后开立汇票(或不开汇票)连同有关货运单据(即商业单据)委托出口地银行(托收行)通过其在进口地的代理行(代收行)向进口人收取货款。为区别于凭信用证收付方式，在我国习惯上把托收方式也称作“无证托收”。在国际贸易中，货款结算使用托收方式时，通常均使用跟单托收。

1. 托收方式的当事人

托收方式的基本当事人有四个，即：委托人、托收行、代收行和付款人。

委托人(principal)是开出汇票(或不开汇票)委托银行向国外付款人收款的出票人(drawer)通常就是卖方。

托收行(temitting bank)是委托人的代理人，是接受委托人的委托转托国外银行向国外付款人代为收款的银行，通常为出口地银行。

代收行(collecting bank)是托收行的代理人，是接受托收行的委托代向付款人收款的银行，通常为进口地银行。

付款人(payer)通常就是买卖合同的买方，是汇票的受票人(drawee)。

在托收业务中，有时还可能有以下当事人：

提示行(presenting bank)。提示行的原意是指向付款人提示汇票和单据并收取款项的银行。在一般情况下，提示行就是与托收行有代理关系的代收行。但有时如果付款人与该代收行不在同一城市或者因无往来关系处理不便时，需转托与付款人在同一城市或有业务往来关系的银行代向付款人提示收款。此时，提示行就是付款人所在地的另一银行。在跟单托收情况下，付款人为了便于向银行融通资金，有时也会主动要求指示上述代收行与其有业务往来并对其有融资关系的银行担任提示行向其提示汇票和/或单据。

需要时的代理——委托人的代表(principal's representative in case of need)。需要时的代理是委托人指定的在付款地代为照料货物进仓、转售、运回或改变交单条件等事宜的代理人。

按《托收统一规则》规定，委托人如需指定需要时的代理人，应对授予该代理人的具体权限在托收申请书和托收委托书(collection order)中作出明确和充分的指示。否则，银行对需要时代理的任何指示可以不予受理。

托收行可以利用也可以不利用委托人指定的银行担任代收行，如委托人未指定代收行或指定而未被利用，则可由托收行视情况选择在付款或承兑所在国的任何银行为代收行。

托收行在接受出口人(委托人)的托收申请书后，双方之间就构成了委托代理关系。同样，代收行接受了托收行(委托人)的托收委托书后，双方也就构成了委托代理关系。托收申请书和委托书也均为委托代理合同，托收行和代收行分别作为代理人，必须各自按委托的指示办理。若有越权行为致使委托方受到损失，由代理人负全部责任。

2. 跟单托收的种类

跟单托收按交付货运单据条件的不同，分为付款交单和承兑交单两种：

1)付款交单(documents against payment，D/P)

付款交单是卖方的交单须以买方的付款为条件，即出口人将汇票连同货运单据交给银行托收时，指示银行只有在进口人付清货款时才能交出货运单据。如果进口人拒付，就不能从银行取得货运单据，也无法提取单据项下的货物。付款交单按支付时间不同又可分为即期付款交单和远期付款交单两种。

(1)即期付款交单(D/P at sight)系由出口人通过银行向进口人提示汇票和货运单据，进口人于见票(或见单)即须付款，在付清货款后，领取货运单据。

(2)远期付款交单(D/P after sight)系由出口人通过银行向进口人提示汇票和货运单据，进口人即在汇票上承兑，并于汇票到期日由代收银行再次向其提示时经付款后向代收银行取得单据。在汇票到期付款前，汇票和货运单据由代收行掌握。

2)承兑交单(documents against acceptance，D/A)

承兑交单系指出口人的交单以进口人的承兑为条件。进口人承兑汇票后，即可向银行取得货运单据，待汇票到期日才付款。承兑交单只适用于远期汇票的托收。

3. 跟单托收的一般业务程序

由于使用的结算工具(托收指示书和汇票)的传送方向与资金的流动方向相反，所以，托收方式属于逆汇。跟单托收业务一般按照以下程序进行：

(1)出口人按照合同规定发货后取得运输单据，即连同汇票及发票等商业单据，填写托收申请书一并送交托收行，委托收货款。

(2)托收行根据出口人的指示，向代收行发出托收委托书连同汇票、单据寄交代收行，要求按照申请书的指示代收货款。

(3)代收行收到汇票和单据后，应及时向进口人作付款或承兑提示。如为即期汇票，进口人应立即付清货款，取得货运单据；如为远期汇票，进口人应立即承兑汇票。倘属付款交单方式，代收行保留汇票及单据，待汇票到期再通知付款赎单。倘属承兑交单方式，则进口人在承兑汇票后即可从代收行取得全套单据。

(4)代收行收到货款后，应即将货款拨付托收行。

(5)托收行收到货款后应即转交出口人。

4. 跟单托收方式下的资金融通

在跟单托收方式下，出口人和进口人可采用出口押汇和凭信托收据借单方式向银行获得资金融通。

1)托收出口押汇(collection bill purchased)

托收出口押汇是指由托收银行以买入出口人向进口人开立的跟单汇票的办法向出口人融通资金的一种方式。其实质是出口企业以代表货物所有权的单据作抵押品，由银行叙做的一种抵押贷款。在国外，出口人为了加速资金周转和扩大业务量，经常依靠银行的资金融通，在采用跟单托收方式进行出口结算时，叙做托收出口押汇则是偶有使用的一种融资方式。它的具体做法是出口人在按照出口合同规定发运货物后，开出以进口人为付款人的汇票，并将汇票及所附货运单据交托收银行委托收取货款时，由托收银行买入跟单汇票及其所附单据，按照汇票金额扣除从付款日(即买入汇票日)至预计收到票款日的利息及手续费，将款项先行付给出口人。这先付的款项，实际上是托收银行对出口人的一种垫款，也是以汇票和单据作为抵押品的一种贷款。此时，托收银行即作为汇票的善意持票人，将汇票和单据寄至代收银行并通过代收银行向进口人提示。票款收到后，即归还托收银行的垫款。

托收银行叙做托收出口押汇可以使出口人在货物装运取得货运单据后，立即得到银行的资金融通，有利于出口人加速资金周转和扩大业务量。但是，银行仅凭一张出口人开立的汇票和提交的货运单据，缺乏第三者，特别是没有其他银行对于进口人的付款作出的信用保证。因此，托收银行叙做托收出口押汇，有较大风险。在实际业务中，除非托收银行认为这笔业务的出口人特别是进口人的资信可靠，有关出口商品的种类、价格合适，该商品的市场行情和进口地区的政治经济情况良好，许多银行不愿叙做或很少叙做。在承做时，大都也只根据托收的交单条件(大都仅限于付款交单)酌情发放一部分汇票金额的贷款，例如按汇票金额贷放一半或 70%、80%不等，很少仿照信用证项下出口押汇那样发放全额贷款。目前，我国银行在国外进口商信用可靠的前提下，也酌情叙做跟单托收项下的出口押汇业务。

2)凭信托收据借单

凭信托收据借单又称进口押汇，在托收业务中，是代收银行给予进口人凭信托收据(trust receipt，T/R)提货便利的一种向进口人融通资金的方式。在付款交单条件下，进口人为了不占用资金或减少占用资金的时间，或者为了抓住有利行市，不失时机地转售货物，而提前付款赎单又有困难，希望能在汇票到期前、或在付款以前先行提货，就可以要求代收银行允许其借出单据。其具体做法是由进口人在承兑汇票后出具信托收据，凭以向代收银行借取货运单据，并提取货物。信托收据是进口人借单时提供的一种书面信用担保文件，用以表示出据人愿意以代收银行的受托人身份代为提货、报关、存仓、保险、出售，同时承认货物的所有权仍属银行。货物售出后所得的货款在汇票到期日偿还代收银行，收回信托收据。这种做法纯粹是代收银行自己向进口人提供的信用便利，与出口人和托收银行无关。所以对代收银行来说，有一定风险，为此，代收银行在接到叙做这种借单要求时，首先必须审查进口人的资信。只有资信较好的进口人，或者在多数情况下还要求进口人提供足够的担保或抵押品，才予叙做。如果在借出货运单据后，发生汇票到期不能收到货款，代收银行应对出口人和托收银行负全部责任。但是，如果凭信托收据借单提货的做法，是由出口人主动通过托收银行授权办理的，即通常称之为“付款交单凭信托收据借单”(D/P・T/R)方式，则是另一种情形。这种做法是指出口人在办理托收申请时指示银行允许进口人在承兑汇票后可以凭信托收据先行借单提货，日后进口人如汇票到期不能付款时，则与银行无关，一切风险概由出口人自己承担。所以，这种做法的性质与承兑交单差不多。所不同的，只是由于代收银行握有进口人出具给代收银行的信托收据，在事先得到代收银行同意的条件下，出口人可以委托代收银行作为当事人的一方，径向进口人追偿，或向法院起诉。而在承兑交单情况下，如进口人不付款，则只能由出口人自己向进口人追偿，托收流程图如图 8-4 所示。

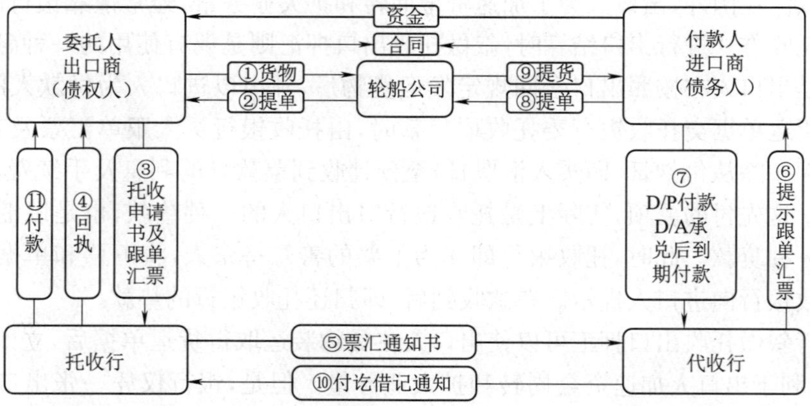

图 8-4　托收流程图

8.3　信　用　证

我们知道，采用汇付进行预期付款，是买方处于不利地位，而采用汇付进行迟期付款则是卖方处于不利地位，而采用托收方式，即使是即期交单付款方式，对卖方来说，也是一种迟期付款。因为，卖方必须在装运后，才能获得全套收款的单据。一旦买方拒付货款，即使货物的所有权还在卖方手里，卖方的损失还是难以避免的。为了使买卖双方都处于同等地位，人们发明了信用证支付方式，由银行出面担保，只要卖方按合同规定交货，就可拿到货款，而买方又无须在卖方履行合同规定的交货义务前支付货款。

信用证是 19 世纪发生的一次国际贸易支付方式上的革命，这种支付方式首次使不在交货现场的买卖双方在履行合同时处于同等地位，在一定程度上使他们重新找回了“一手交钱，一手交货”的现场交易所具有的安全感，解决了双方互不信任的矛盾。

8.3.1　信用证的含义

1. 信用证的含义

信用证(letter of credit)，简称 L/C 是开证银行根据开证人的请求和指示或为其自身需要，向受益人开立的，在符合信用证条款的条件下，凭规定的单据保证付款的书面凭证。

2. 信用证的当事人

使用信用证时，会涉及开证申请人、开证银行、通知银行、受益人、议付银行和付款银行等当事人，信用证的当事人种类如表 8-6 所示。

表 8-6　信用证的当事人种类

1. 开证申请人	又称开证人，是向银行申请开立信用证的人，通常是进口商
2. 开证行	是应开证申请人的要求，开立信用证并承担付款责任的银行，通常是进口地银行
3. 受益人	接受信用证并享有信用证下合法权利的人，通常是出口商或实际供货人
4. 通知行	是受开证行的委托将信用证转交或通知出口商的银行，通常是出口地的银行
5. 议付行	是指自己垫付资金买入或贴现受益人开立和提交的符合信用证规定的跟单汇票的银行。议付行可以是信用证上指定的银行，也可以是非指定的银行
6. 付款行	是开证行授权进行信用证项下付款或承兑并支付受益人出具的汇票的银行。付款行可以是开证行自己，也可以是接受开证行委托的另一家银行
7. 保兑行	是应开证行的请求在信用证上加具保兑的银行，它具有与开证行相同的责任

8.3.2　信用证的基本格式及内容

信用证发明之初并没有统一的格式，由于现今世界主要银行都加入了环球银行金融电讯协会，故统一的 SWIFT 格式信用证在世界范围内广泛采用。此类信用证由 TAG 代号、项目名称和开证内容三部分组成，具有安全、快捷、保密、易于审核等优点，SWIFT 信用证标准化格式如表 8-7 所示。

表 8-7　SWIFT 信用证标准化格式

M/O	TAG 代号	栏　目　名　称
M	27	sequence of total(报文页次)
M	40A	form of documentary credit(跟单信用证类型)
M	20	documentary credit(跟单信用证号码)
O	31C	date of issue(开证日期)
M	31D	date of expiry(到期日)
O	51A	applicant bank-BIC(开证申请人银行——银行代码)
M	50	applicant(开证申请人)
M	59	beneficiary(受益人)

续表

M/O	TAG 代号	栏 目 名 称
M	32B	currency code，amount(货币与金额)
M	41A	available with … by …(指定银行与兑付方式)
O	42C	drafts at…(汇票期限)
O	42A	drawee (汇票付款人)
O	43P	partial shipments(分批装运)
O	43T	transshipment(转船)
O	44A	loading on board / dispatch/taking in charge(装船/发运/接受监管地点)
O	44B	for transportation to …(货物运往)
O	44C	latest date of shipment(最迟装运期)
O	45A	description of goods and/or services(货物/或服务名称)
O	46A	documents required(单据要求)
O	47A	additional conditions(附加条件)
O	71B	charges(费用)
O	48	period for presentation(交单期限)
M	49	confirmation instructions(保兑指示)
O	78	instructions to paying/accepting/negotiating bank(给付款行/承兑行/议付行的指示)
O	72	sender to receiver information(附言)

8.3.3 信用证的使用流程和特点

1. 信用证的使用流程

一笔信用证业务从发生到终结大体上要经过 8 个环节，具体使用程序，如图 8-5 所示。

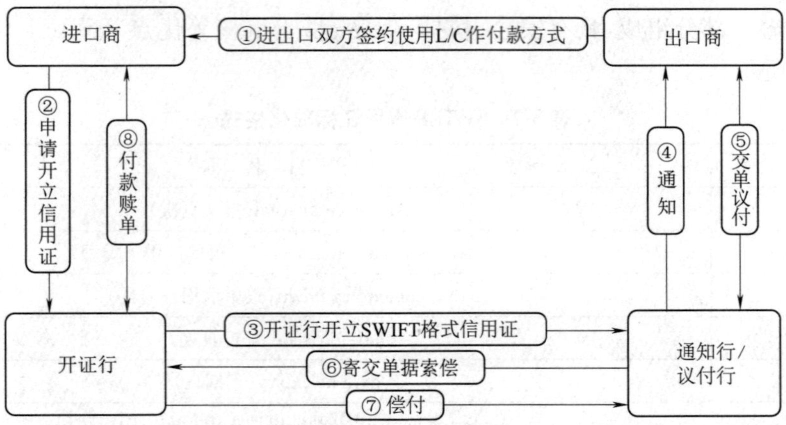

图 8-5 信用证使用流程图

§知识小贴士§

信用证付款方式的特点

信用证虽以贸易合同为基础，但它一经开立，就成为独立于贸易合同之外的另一种契约。贸易合同是买卖双方之间签订的契约，只对买卖双方有约束力；信用证则是开证行与受益人之间的契约，开证行和受益人以及参与信用证业务的其他银行均应受信用证的约束，但这些银行当事人与贸易合同无关，故不受合同的约束。对此，《跟单信用证统一惯例》第 3 条明确规定："信用证与其可能依据的销售合约或其他合约是性质上不同的业务。即使信用证中包含有关于该合约的任何援引，银行也与该合约完全无关，并不受其约束。"

2. 信用证的特点

1)开证行是第一付款人

信用证支付方式是一种银行信用，由开证行以自己的信用作出付款保证，开证行提供的是信用而不是资金，其特点是在符合信用证规定的条件下，首先由开证行承担付款的责任。《跟单信用证统一惯例》第 2 条明确规定，信用证是一项约定，根据此约定，开证行依照开证申请人的要求和指示，在规定的单据符合信用证条款的情况下，向受益人或其指定人进行付款，或支付或承兑受益人开立的汇票；也可授权另一银行进行该项付款，或支付、承兑或议付该汇票。这后一种情况并不能改变开证行作为第一付款人的责任。

2)信用证业务处理的是单据

《跟单信用证统一惯例》第 4 条明确规定："在信用证业务中，各有关方面处理的是单据，而不是与单据有关的货物、服务及/或其他行为。"可见，信用证业务是一种纯粹的凭单据付款的单据业务。该惯例在第 15 条、第 16 条及第 17 条对此作了进一步的规定和说明，就是说，只要单据与单据相符、单据与信用证相符，只要能确定单据在表面上符合信用证条款，银行就要凭单据付款。因此，单据成为银行付款的唯一依据，这也就是说，银行只认单据是否与信用证相符，而"对于任何单据的形式、完整性、准确性、真实性、伪造或法律效力，或单据上规定的或附加的一般及/或特殊条件，概不负责任"，对于货物的品质、包装是否完好，数(重)量是否完整等，也不负责任。所以，在使用信用证支付的条件下，受益人要想安全、及时收到货款，必须做到"单、单一致""单、证一致"。

8.3.4　信用证的种类

信用证根据性质和使用方法不同可以分为以下几种：

1. 可撤销信用证和不可撤销信用证

不可撤销信用证指信用证一经开出，在有效期内，非经信用证有关当事人同意，开证行不能片面修改或撤销的信用证。

由于不可撤销信用证对受益人较有保障，所以在国际贸易结算中使用最多。

2. 跟单信用证和光票信用证

跟单信用证是指凭跟单汇票或仅凭单据付款的信用证。由于货运单据代表着货物的所有权，控制单据就意味着控制了货物，故国际贸易结算中使用的信用证绝大部分是跟单信用证。

光票信用证是凭不附货运单据的汇票付款的信用证。

3. 保兑信用证和不保兑信用证

保兑信用证指开证行开出不可撤销的信用证以后，再由另一家银行加具保函，对符合信用证条款的单据履行付款。对信用证加具保兑的银行称为保兑行。保兑行一经保兑，就和开证行一样承担付款责任。所以，保兑信用证是一种双重保证的信用证，对出口方安全收汇是非常有利的。

不保兑信用证是未经保兑的信用证，即一般的不可撤销信用证。

4. 可转让信用证和不可转让信用证

可转让信用证指开证行授权通知行在受益人要求下，可将信用证的全部或一部分金额转让给一个或数个第二受益人，即受让人。这种信用证的第一受益人通常是中间商，而第二受益人则通常是实际供货人。可转让信用证必须注明“可转让”字样，否则，只能作为不可转让信用证使用。

不可转让信用证指受益人不得将所持信用证的权利转让给任何人的信用证。

5. 循环信用证

当买卖合同的交易数量较大，需要在较长的一段时间内分期分批交货时，如分批开证，不仅要增加买方的开证费用，而且卖方不能获得收取全部货款的银行保证。对此种交易，可使用循环信用证。循环信用证指受益人在一定时间内使用完规定的金额后，可以重新恢复信用证原金额再度使用，直至达到规定的时间、次数或余额为止的信用证。

6. 对开信用证

在以一种出口货物交换另一种进口货物，货款需要逐笔平衡时，交易双方互相开立的信用证为对开信用证。当交易双方进行互有进出口和互有关联的对等交易时，可使用对开信用证，即双方都对其进口部分向对方开出信用证。对开信用证的特点是两张信用证互相联系、互相约束、互为条件。任何一张信用证的开证人和受益人分别为另一张信用证的受益人和开证人；任何一张信用证的开证行通常就是另一张信用证的通知行；两证的金额大致相等；两证往往同时生效。对开信用证多用于易货贸易、补偿贸易和来料加工、来件装配等业务。

7. 对背信用证

对背信用证指中间商收到进口方开来的信用证后，要求该证的通知行或其他银行，以原证为基础另开立一张内容近似的新证给供货人，这另开的新证称为对背信用证。

8. 预支信用证

预支信用证是开证行授权付款行，允许出口商在装货交单前支取全部或部分货款的信用证。这种信用证与其他信用证相反，是受益人收款在前而交单在后。等货运单据交到后，付款行再扣除预交货款本息。为引人注目，这种预交货款的条款常用红字打出，故习惯称为“红字条款信用证”。不过，现在信用证的预支条款并非都是用红字表示，但效力相同。

9. 备用信用证

备用信用证是代表开证行对受益人承担一项义务的凭证。备用信用证是一种特殊形式的信用证，实际上是银行保函性质的支付承诺：①支付债务人承担的负债；②债务不履约时负责偿付。备用信用证是美国的创造，是在债务上违约时使用的。

8.3.5　信用证的审核

20 世纪 60～70 年代，全球进出口贸易额的 85%以上都是采用信用证方式来结算的。但进入 90 年代以后，信用证支付方式的使用率却迅速下降，而非信用证支付方式，如付款交单(D/P)、承兑交单(D/A)以及赊销(O/A)等以商业信用为付款保证的支付方式却大行其道，很快成为国际贸易中的主流支付方式，L/C 风光不再。引人关注的是越是经济不发达或欠发达地区，或是外汇管制严格的国家，信用证越普及；相反越是经济发达国家，信用证使用比例越小。据部分机构的不完全统计，欧美企业贸易额中 80～90%采用非信用证交易，坏账率仅为 0.25～0.5%。与此相比，我国企业采用信用证交易比例高达 50%以上，坏账率却达到 5%。由此可见，信用证不能与规避风险划等号。因此，出口商如何审核信用证就显得至关重要。

1. 信用证的主要风险

信用证方式虽比较能为买卖双方所共同接受，但由于它所固有的独特的性质(特别是它的机械的“严格一致”原则)常为不法商人行骗造假所利用，客观上也存在一系列的风险，从出口贸易业务的角度分析，出口方的风险主要有以下几个方面：

1)进口商不依合同开证

信用证条款应与买卖合同严格一致，但实际上由于多种原因，进口商不依照合同开证，从而使合同的执行发生困难，或者使出口商遭致额外的损失。最常见的是：进口商不按期开证或不开证(如在市场变化和外汇、进口管制严格的情形下)；进口商在信用证中增添一些对其有利的附加条款(如单方面提高保险险别、金额、变换目的港、更改包装等)，以达到企图变更合同的目的；进口商在信用证中作出许多限制性的规定等。

2)进口商故设障碍

进口商往往利用信用证“严格一致”的原则，蓄意在信用证中增添一些难以履行的条件，或设置一些陷阱。如规定不确定、有字误以及条款内容相互矛盾的信用证。

信用证上存在字误，如受益人名称、地址、装运船、地址、有效期限等打错字，不要以为是小瑕疵，它们将直接影响要求提示的单据，有可能成为开证行拒付的理由。此外，信用证中规定禁止分批装运却又限定每批交货的期限，或既允许提示联运提单却又禁止转船，或者要求保险的种类相互重叠等，这些无疑是相互矛盾的。

3)进口商伪造信用证

伪造信用证，或窃取其他银行已印好的空白格式信用证，或与已倒闭或濒临破产银行的职员恶意串通开出信用证等，出口商若未察觉，出口商将导致货款两空的损失。

例如：河南某外贸公司曾收到一份以英国标准麦加利银行伯明翰分行(STANDARD CHARTERED BANKLTD. BIRMINGHAM BRANCH. ENGLAND)名义开立的跟单信用证，金额为 USD37,200,00 元，通知行为伦敦国民西敏寺银行(NATIONAL WEST LMB-VSTER BANKLTD. LONDON)。因该证没有像往常一样经受益人当地银行通知，真实性未能确定，故该公司在发货前拿该证到某中行要求鉴别真伪。经银行专业人员审核，发现几点可疑之处：

(1)信用证的格式很陈旧,信封无寄件人地址,且邮戳模糊不清,无法辨认从何地寄出;

(2)信用证限制通知行——伦敦国民西敏寺银行议付,有违常规;

(3)收单行的详细地址在银行年鉴上查不到;

(4)信用证的签名为印刷体,而非手签,且无法核对;信用证要求货物空运至尼日利亚,而该国为诈骗案多发地。

根据以上几点,银行初步判定该证为伪造信用证,后经与开证行总行联系查实,确实如此。从而避免了一起伪造信用证诈骗。

4)进口商规定要求不易获得单据的信用证

某特定人签字的单据,或注明货物配船部位或装在船舱内的货柜提单,或明确要求 FOB 或 CFR 条件下凭保险公司回执申请议付,这些对作为受益人的卖方来说根本无法履行或非卖方所能控制。

如:信用证规定,要求受益人提供由商检局出具品质、数量和价格检验证明的条款,根据中国商品检验局的规定,商检局只能出具品质和数量的检验证明,但不能出具价格的检验证明。因此,非卖方所能获得,应及时要求买方通过银行修改,取消有关价格检验的词句。

又如:我国对国外出口的陶瓷、散装矿石等,信用证规定瓷管需装单舱、散装矿石要求装单舱或不准装深柜,必须在提单上加注"不准装深柜"。在实际工作中固然应适当考虑收货人的要求,但不能作为一条规定列入信用证内,因为:①配舱是属船方的权力范围,只要承运人对货物不违反适当地、谨慎地装船配载原则,货主是不能干涉的;②船方配货是根据全船货物全盘考虑的,不可能由货主分别指定部位装船。

5)信用证规定的要求与有关国家的法律规定不一或有关部门规章不一

实践中,卖方不可疏忽大意的是虽然信用证表面规定有利于己方的条件,但有关国家或地方的法律以及有关出单部门的规定,不允许信用证上的规定得以实现。因此,应预防在先,了解在先,适当时应据理力争,删除有关条款,不应受别国法律的约束。

如,国外开来的远期信用证中,规定利息或最终贴现费由买方负担,但到期付款,开证行又要求扣除利息所得税,因为根据有关国家或地方法律,对利息收入均课征所得税。例如,巴黎国民银行根据法国税法第 125 条,擅自从付给受益人的利息中扣除了 30%的利息收入,而根据法国政府征收所得税的对象应是法国的企业和公民,而远期汇票是由我国出口公司融资,利息规定由买方负担利息,所以不应扣除利息所得税。此外,意大利、塞浦路斯等亦有类似规定,作为出口商应予注意。

2. 信用证内容的审核

审核信用证主要原则是:信用证是否符合国际贸易惯例;信用证条款是否符合合同规定;发现合同缺陷,加以弥补。具体从以下几个方面着手。

1)审核信用证的真实性

信用证通知行承担鉴定信用证真实性的责任,但出口方也必须审核信用证的真实性。按照国际商会《跟单信用证统一惯例》600 号出版物(以下简称 UCP600)第七条规定,通知行的责任为:

(1)信用证可经由另一银行("通知行")通知受益人,通知行无须承担责任。但如该行决定通知信用证,则应合理谨慎地审核通知信用证的表面真实性。如果该行选择了不通知信用证，它必须不延迟地将其决定告知通知行。

(2)如果通知行不能够确定该证的表面真实性，它必须不延误地通知来证行，说明它不能够确定该证的真实性；如果通知行决定把该信用证通知受益人，它必须对受益人说明它不能确定该证的真实性。

在实际工作中，银行在通知信用证时，一般都附有"信用证通知函件"，描述信用证的主要内容，并明确说明该信用证是否真实。如果信用证通知行不能确定信用证的真实性，它就会明确向受益人说明它不能确认信用证的真实性，在通知函上注明"信用证密押、印鉴待核，仅供参考"，并/或在信用证上直接签章"密押、印鉴待核，仅供参考" 等类似表示。因此，出口商审该信用证的第一项内容就应该是：审核通知行对信用证真实性的批注。对密押、印鉴不符的信用证，在收到通知行对信用证的"密押相符证实"书面通知之前，不应按信用证的要求盲目行动。因为任何银行都是不会接受未经银行确认真实性的信用证的，也不会议付这类信用证项下的单据。在实际操作中，因信用证密押不符而出现不能议付单据的情况虽不多见，但是，为了安全收汇，这项工作是不能省略的，出口方必须审核通知行对信用证真实性的提示说明。检查信用证通知行对信用证押符的批注，确认信用证的真实性。

2)审核信用证使用的安全性

(1)信用证的使用受生效条款的限制。若信用证上附有"保留"或"限制性"条款，如信用证规定要等进口许可证签发后、国家批准后，信用证才生效等类似条款的信用证，属于未生效信用证。在某种程度上说，未生效信用证的开出，仅是可能的信用证，是不能使用的，要等到开证行发出生效通知后，信用证才从可能变为真实，信用证才可安全使用。因此，在信用证生效前，出口方不应就信用证条款有什么实质性的举动，必须要等信用证正式生效，避免因信用证不生效而遭受不必要的损失。

(2)审核信用证可否撤销。不可撤销信用证为受益人提供了可靠的付款保证，使用不可撤销信用证有利于受益人的安全结汇。在信用证有效期内，没有信用证各有关方面的同意，开证行不得擅自修改或撤销信用证；而可撤销信用证，开证行有权随时撤销或修改，使用可撤销信用证是否显示了"可撤销"字样，若信用证没有显示"信用证可撤销"，就能肯定信用证是"不可撤销信用证"。UCP600 第六条规定："信用证应清楚表明其是可撤销的或是不可撤销的，如无该项表示，信用证应视作是不可撤销的"，这说明只要信用证表明"不可撤销"，或者没有表明"可撤销"，受益人就可以确定信用证是不可撤销的。在一般进出口贸易中，基本都使用不可撤销信用证，可撤销信用证很少出现，但审核信用证可否撤销是必不可少的工作程序，为了安全收汇，必须审核信用证可否撤销。

(3)审核信用证开证行的资信。开证行的资信好坏，直接关系到信用证使用的安全性。按照 UCP600 的规定，开证行开出信用证后，就承担了该证第一付款人的责任，资信不好的开证行开出的信用证难以为其他银行接受，受益人要想使用信用证融资，就会比较困难；如果开证银行对已经议付的单据百般挑剔，拒绝付款，就可能导致议付行向受益人追索议付款项；更有甚者，假如开证行在开出信用证后倒闭了，信用证失去付款的责任承担者，受益人的收汇彻底失去保证。信用证收汇面临着来自开证行的多方面风险，资信不好的银行开出的条款再好的信用证，其收汇风险都是比较大的。

当然，在实务中，银行风险并不经常出现，但受益人在收到信用证后，也不应放弃对开证行资信的审核,特别是新客户通过我们不熟悉的银行开来的金额比较大的信用证。如果信用证开证行的资信差,受益人就应要求进口方对信用证加上保兑,由资信好的银行(最好是位于第三国的知名银行)加上保兑。经保兑行保兑信用证,可以规避信用证开证行资信不好的风险,收汇有了保兑行的保证,相对比较安全,出口方需要融资时,也比较容易办到。

3)全面审核信用证

全面审核信用证是审核信用证的中心工作、重点工作,全面审核信用证就是:

(1)根据合同条款来全面审核信用证条款。按照合同上的签约人、商品描述、价格条款、支付条款、装运条款、保险条款、合同金额、商检、仲裁等全部内容,全面仔细地审核信用证的受益人名称、品名、价格、货币、金额、包装、运输方式、装运路线、装期、有效期、交单期、信用证到期地点、保险险别、投保加成等详细具体规定的信用证条款,把合同条款与信用证条款一一对应起来审核,逐条检查信用证条款是否符合合同条款的规定,发现信用证规定有不符合合同的规定,一定要与进口方联系。如果信用证条款与合同条款不一致,但不会给出口方带来不利,可要求进口方书面确认修改合同条款即可;如果信用证条款与合同条款不一致,会对出口方产生不利影响,出口方应该要求进口方按照合同条款对信用证条款进行修改。

(2)根据信用证知识来审核合同,检查合同条款是否有缺陷,为顺利执行合同条款把好最后的关口。如果发现合同条款有缺陷,此时,可利用最后的修补机会,对不利于顺利履约、不利于我方顺利取得相应的单据结汇的信用证条款,即使该信用证条款与合同条款一致,也应与进口方协商,要求修改合同、修改信用证,在货物装运前,解决问题,以保证安全结汇。

4)着重审核信用证软条款

信用证是一项独立的约定,一般说来,受益人按照信用证规定要求去执行,就应取得相应的单据,议付结汇。但是,有的信用证在开出之时就被设置了条款陷阱,就是常说的“软条款”。信用证软条款是比较常见的信用证风险,它限制了出口方对信用证操作的主动权,出口方在履约操作过程中,很难获得或者根本就不能获得符合信用证规定的单据,威胁到信用证收汇的安全。软条款的表现形式多种多样,如:执行信用证的主动权被进口方掌握,装船需要进口方的指示;结汇单据依赖进口方提供;收取货款需要进口方同意;信用证条款与要求不配套,单据条款与操作条款不衔接,相关规定自相矛盾。如果接受信用证软条款,出口企业必然承担相应的收汇风险,当然,也不是说、所有的信用证软条款都必定要求修改,出口企业可根据市场、客户资信、产品、运输及软条款的具体要求等实际情况,区别对待不同条件下的软条款。对确实需要修改的信用证软条款,应与客户协商,要求修改信用证,在收到相关信用证修改前,出口方应谨慎行事。

审核信用证特别要注意,有的开证银行在所开信用证的空白处、边缘处、背面等处加注内容、甚至独立的条款,因此出口方审核信用证必须完整,不能遗漏任何内容。

审核信用证是一项技术性相当强的工作,出口方在审核信用证时,应根据合同条款,综合运用进出口业务知识和信用证知识,对信用证进行全面、完整、仔细、认真的审核,规避信用证风险,为安全及时结汇打下坚实的基础。当然,在进出口业务中,真正要做到安全收汇,规避信用证风险仅仅是一个方面,最重要的还是要与有信用的进口商进行贸易往来。

§知识小贴士§

信用证的审核要点

在了解了信用证存在的风险以及对信用证内容的审核之后，我们将审核信用证的要点归纳总结如下：

(1)开证银行的政治背景和资金情况；

(2)信用证的性质和开证行所承担的责任是否明确具体，来证必须明确注明是“不可撤销”的信用证；

(3)信用证的金额，必须与合同金额相一致，如合同内订有商品数量的“溢短装”条款时，信用证金额也应规定相应的机动条款；

(4)有效期、交单期和交货期。按《跟单信用证统一惯例》规定，一切信用证均须规定一个有效期，即交单付款、承兑或议付的到期日。未规定有效期的信用证，是无效信用证，不能使用。凡超过有效期提交的单据，开证银行有权拒绝接受。

(5)信用证的转运和分批装运条款，必须与合同规定相符。信用证如未规定“不准分批装运”和“不准转运”，可以视为“允许分批装运”和“允许转运”。如果信用证规定在指定时期内分批装运，其中任何一期未按规定装运，信用证对该期和以后各期货物均告失效。

8.3.6 如何修改信用证

如通过审核外商开立的信用证之后，发现信用证中有一些内容与合同中所订立的不太一样。但又不知道如何处理这些问题。为了使整笔业务能够安全、顺利进行，将必须要对信用证进行修改。

1. 审单中常见的实质性不符点

前面就信用证的审核进行了说明，在国际贸易的实践中，常见的信用证不符点有：

(1)信用证过期；

(2)信用证装运日期过期；

(3)受益人交单过期；

(4)运输单据不洁净；

(5)运输单据类别不可接受；

(6)没有“货物已装船”证明或注明“货装舱面”；

(7)运费由受益人承担，但运输单据上没有“运费付讫”字样；

(8)启运港、目的港或转运港与信用证的规定不符；

(9)汇票上面付款人的名称、地址等不符；

(10)汇票上面的出票日期不明；

(11)货物短装或超装；

(12)发票上面的货物描述与信用证不符；

(13)发票的抬头人的名称、地址等与信用证不符；

(14)保险金额不足，保险比例与信用证不符；

(15)保险单据的签发日期迟于运输单据的签发日期(不合理);
(16)投保的险种与信用证不符;
(17)各种单据的类别与信用证不符;
(18)各种单据中的币别不一致;
(19)汇票、发票或保险单据金额的大小写不一致;
(20)汇票、运输单据和保险单据的背书错误或应有但没有背书;
(21)单据没有必要的签字或有效印章;
(22)单据的份数与信用证不一致;
(23)各种单据上面的“Shipping Mark”不一致;
(24)各种单据上面的货物的数量和重量描述不一致。

2. 信用证的修改与撤销

同学们用所学知识审核完所给出的信用证以后,如果信用证中有不符点的话,为了保证我出口方的基本利益必须无条件地要求开证银行修改信用证,如果情节严重的可以要求撤销信用证。

当发现国外开来的信用证存在问题时,马上联系开证银行要求修改信用证并填制信用证修改通知书和信用证一并转还开证银行。信用证修改通知书样本如下:

信用证修改通知书

致:开证行　编号:
地址:开出修改书日期/地点

信用证修改通知书

<table>
<tr><td>申请人
地址</td><td>受益人
地址</td></tr>
<tr><td>开证行
查询号</td><td>本修改书仅对信用证
作部分修改</td></tr>
<tr><td colspan="2">修改下列各项
____
____
其他条款照旧不作修改</td></tr>
<tr><td colspan="2">本信用证修改书依据《跟单信用证统一惯例》修订本,即国际商会第 600 号出版物开立。</td></tr>
<tr><td colspan="2">请通知人
开证行名称及签章
地址
通知行名称及签章
地址</td></tr>
</table>

3. 修改信用证应注意的问题

1)信用证修改的规则

(1)只有买方(开证人)有权决定是否接受修改信用证;

(2)只有卖方(受益人)有权决定是否接受信用证修改。

2)修改信用证注意事项

(1)凡是需要修改的内容,应做到一次性向对方提出,避免多次修改信用证的情况;

(2)对于不可撤销信用证中任何条款的修改,都必须取得当事人的同意后才能生效。

3)对信用证修改内容的接受或拒绝的表示形式

(1)受益人作出接受或拒绝该信用证修改的通知;

(2)受益人以行动按照信用证的内容办事。

收到信用证修改后,应及时检查修改内容是否符合要求,并视情况表示接受或重新提出修改。

对于修改内容要么全部接受,要么全部拒绝。部分接受修改中的内容是无效的。

有关信用证修改必须通过原信用证通知行才能真实,有效;通过受益人直接寄送的修改申请书或修改书复印件不是有效的修改。

明确修改费用由谁承担。一般按照责任归属来确定修改费用由谁承担。

§知识小贴士§

缮制商业发票应注意的问题

填写商业发票中数量及货物描述时应该注意:

(1)缮制发票时,数量必须反映货物的实际装运数量,做到单证一致。尤其当信用证只给定界限时,如“Not Exceed 20000M/T,Minus 5% Quantity Allowance.”在这样的条件下需要注明实际装运数量。

(2)如果信用证规定或者实际业务需要,一批货物要分制几套单据,则每套单据应缮制一份发票,各发票的货物数量之和应等于该批货物的总货物数量。

(3)如果信用证允许分批装运,又规定了一定的增减幅度,则每批货物应该按照相同的增减幅度掌握。

(4)按《跟单信用证 No. 600》规定,出现“about”“circa”“approximate”等字样时,允许货物有增减 10%的机动空间;散装货,即使数字前没有“约”字样,也允许增减 5%;但以包装单位或个体计数则不适用。

(5)对成交商品规格较多的,信用证常规定:“AS PER S/C NO. …”,制单时须分别详列各种规格和单价。

(6)当使用其他支付方式(如托收)时,货物内容应与合同内容一致。

思　考　题

1. 国际货款的结算方式有哪些？它们之间有哪些区别？
2. 国际结算的单据有哪些？每个单据在结算中的作用分别是什么？
3. 什么是信用证？信用证的基本当事人有哪些？
4. 信用证有哪三个特点？
5. 信用证有哪些风险？
6. 信用证的审核要点是什么？

技能训练题

信用证欺诈案例

2017年12月25日，我国A银行收到日本B银行的即期不可撤销信用证，申请人为日本的D公司，受益人为我国一外贸公司下属的食品加工企业C。银行收到信用证后认真审查了该证，发现有一软条款“INSPECTION CERTIFICATE ISSUED BY MR. ZHANG OF D, XX OFFICE IN TWO COPIES”。工作人员在通知受益人时，指出了该软条款，提醒受益人注意。受益人称该张先生现驻其公司，未提出异议。后C公司在信用证效期内分为两次发货，并提交规定单据到A银行议付。第一次议付时间是2018年1月29日，金额为USD26800.00，准时收回货款，问题出在第二次议付上。

第二次议付时间是2018年2月5日，议付金额为USD107520.00，因该证有偿付行，议付行及时收到了押汇款。可时隔几日开证行发电至议付行称该单据有不符点，“检验证书上签字系伪造”，拒付并要求退回已收到的偿付行的款项。同时，申请人D驻我国办事处亦来人到A银行，称他们收到的为空箱，根本没有货。A银行意识到问题的严重性，经研究作出决定：首先要保证资金安全，收到的款项不能退回。同时根据《UCP600》规定“银行对于任何单据的形式，完整性、准确性、真实性、伪造或法律效力，或对于单据上规定的或附加的一般性(及/或)特殊性条件概不负责”的规定给开证行发电据理力争，毫不退让。经过交涉，使开证行最终在2018年3月15日同意付款。

请分析讨论以下问题：

1. 在本案例中，你认为A银行的做法是否得当？在审核信用证时应注意哪些问题？

2. 以公司和银行的角度来分析，此案例以信用证方式结算货款的交易，存在哪些欺诈方式？应该怎样防范？

第9章 国际商事仲裁与诉讼

【本章重点】

1. 解决国际商事争议的主要方式
2. 国际商事仲裁协议的内容

【本章难点】

国际商事仲裁的程序和效力

9.1 国际商事争议的解决方式

9.1.1 国际商事争议的概念和特征

国际商事争议是指国际商事交往中各方当事人之间在权利义务方面所发生的各种纠纷。具体特征如下：

1. 国际商事争议是含有涉外因素的国际性争议

这种国际性是指国际民商事争议的主体、客体或内容至少含有一个国际因素或涉外因素，如在不同国家的自然人或法人之间发生的争议、争议的标的物位于国外等。一般而言，只要具有其中一项因素就可以构成涉外争议，但通常含有二到三项因素。国际民商事争议的这一特点使其同纯粹的国内民商事争议区别开来。

2. 国际商事争议属于国际私法争议范畴

如在婚姻、继承、合同、知识产权、保险、海事等领域发生的争议，这一特点使其与国家之间的政治、军事、外交和领土等争端区别开来。

3. 国际商事争议解决方式多元化

既可以通过国内民商事争议解决机制也可以通过国际民商事争议机制来解决。协商、调解、仲裁和诉讼等多种争议解决方式被广泛用于解决国际民商事争议。此外，网上的、在线的或虚拟的国际商事仲裁机制已经建立起来，并开始运作。

9.1.2 解决国际商事争议的主要方式

国际民商事争议解决方式是多种多样的。根据争议是否裁判解决，国际民商事争议解决方式可分为非裁判性的解决方式（包括和解或协商、调解）和裁判性的解决方式（包括仲裁和司法诉讼）。根据争议的解决是否有第三人介入，国际民商事争议解决方式可分为当事人自行解决争议的方式（如和解或协商）和第三人参与解决争议的方式（包括调解、仲裁和司法诉讼等)。通常使用的争议解决方式主要有自行和解、调解、仲裁和司法诉讼等。

1. 协商和解

自行和解是指争议当事人在自愿互谅的基础上，按照有关法律和合同规定，直接进行磋商，自行达成口头或书面协议，从而解决争议的一种方式。协商解决是国际商事争议最普遍和最基本的处理方式。采取协商解决方式有利于争议双方在友好合作的气氛中解决争议，有助于维持争议双方已有的良好合作关系；而且这种方式不受固定的法定程序的约束，比较简便和易于操作，可以节省人力、物力和财力。

2. 调解

调解是指当事人自愿将争议提交第三人(调解人)，并在第三人的主持和促使下达成和解协议，从而解决争议的一种方式。在调解中，担任调解人的可以是个人，也可以是各种组织。调解同协商一样，也是以各方当事人自觉自愿，协商一致和公平合理为原则，因此调解程序的开始和进行，以及调解协议的达成和履行都必须是在各方当事人自觉自愿，充分协商的基础上才能实现。国际商法中的协商与调解是国际社会处理国际商事争议、解决国际商事纠纷的重要方式之一。

目前，世界各国的有关立法都对调解方式做了不同程度的规定，如联合国国际贸易法委员会还专门制订有调解规则。同时，国际社会也为此设立了许多调解机构，设立在德国的汉堡调解中心，以调解解决国际商事争议作为其主要的工作内容。我国为适应国际商事发展的需要，于 1987 年在北京正式设立了一个国际调解中心——北京调解中心，在我国参与的国际商事关系中，很多国际商事争议是通过调解方式获得解决的。

3. 仲裁

仲裁又称“公断”，是指双方当事人在争议发生前或发生后达成协议，自愿将纠纷交给他们共同选定的第三者居中评判是非，由该第三者依据法律或公平原则作出对双方当事人均有约束力的裁决的一种解决争议的方式，是解决国际商事争议的最主要方式。仲裁的特点如下：

第一，仲裁裁决不能上诉，一经做出即为终局，对当事人具有约束力。

第二，在仲裁中，当事人享有选定仲裁员、仲裁地、仲裁语言以及适用法律的自由。

第三，仲裁是专家办案。现代国际商事纠纷日渐复杂，经常涉及一些专业性和技术性的问题，因此需要相关方面的专家参与解决。

第四，仲裁案件不公开审理，从而可以有效地保护当事人的商业秘密和商业信誉，也有利于当事人在小范围平和地解决争议，为下次合作留下可能性。

4. 诉讼

诉讼，是指由一国法院主持的并由当事人和其他诉讼参与人等参加的、为解决国际商事案件所进行的全部活动。诉讼通常是在国际商事争议发生后，由于一方当事人通过其他解决争议的方式未能解决，或直接依据有关法律提起诉讼，要求另一方当事人承担责任。它具有如下特征：

1)诉讼是由多方主体参加而形成的一种活动

在诉讼活动中除了一定要有法院参加以外，还必须有控告方和明确的被告方同时参加方可启动诉讼程序。

2)诉讼是各种主体严格依法进行的活动

在诉讼中,每一种主体都必须严格按照法律进行活动。如法院必须合法、适当、及时地行使审判权,按法律规定的步骤和方式组织、管理、指挥庭审活动,不能违反程序。诉讼当事人也应依法行使其相应权利,履行必要的义务。

3)诉讼必须有诉讼请求

4)诉讼由许多个诉讼程序和诉讼阶段组成

首先,诉讼程序通常可分为审判程序和执行程序,审判程序又包括一审程序、二审程序、再审程序等;其次,在每一个程序中又由若干个诉讼阶段组成。如在一审程序中有起诉与受理、审理前的准备、开庭审理、裁判等诉讼阶段;再次,诉讼程序和诉讼阶段具有渐进性,即前一诉讼程序未结束不得进入后一诉讼程序,前后程序不能颠倒,通常也不能交叉进行,必须渐次进行。

5)诉讼终结所形成的裁决具有法律约束力

人民法院依法作出的裁判,一旦生效就具有强制性,即当事人必须按它的内容无条件地执行,否则当事人将要承担法律责任。如我国《刑法》规定,对人民法院的判决、裁定有能力执行而不执行,严重的要追究刑事责任。

实践中,这几种不同的争议解决方式各有利弊,当事人需要考量多方面的因素选择最适合自己利益需求的方式来解决国际商事争端。表 9-1 中将这几种解决国际商事争议的方式优劣进行比较,仅供大家参考。

表 9-1　几种解决国际商事争议的方式优劣比较表

	优　势	劣　势
自行和解	①节省费用; ②灵活性大; ③保密性高; ④维护交易关系	①结果可预见性不强; ②可能贻误最佳时机; ③可能陷入对方圈套; ④和解协议不具有强制执行效力
调解	除需要第三方介入以外,与当事人自行和解的优势近似	①结果可预见性不强 ②可能贻误最佳时机 ③调解结果不具有强制执行效力
仲裁	①可申请执行裁决结果 ②仲裁中立性 ③保密性较高	①仲裁费用比诉讼费更高 ②个别案件可能会被法院撤销或者不予执行
诉讼	①威慑力较大 ②部分案件可以结合限制出境措施,效果良好	①国内判决一般较难获得外国法院的承认和执行 ②诉讼程序较长,时间成本较高

9.1.3　仲裁和诉讼的区别

诉讼和仲裁作为两种并行的解决国际民商事争议的方式,二者在我国法律制度上有以下区别,如表 9-2 所示。

表 9-2　我国法律体制中仲裁和诉讼的比较

序号	区　别	仲　裁	诉　讼
1	受理案件的依据不同	仲裁机构受理案件的依据是在合同中签订有效的仲裁协议或纠纷发生后签订书面的仲裁协议	法院受理诉讼的依据是相关的诉讼法，只要符合法律规定的条件，当事人就可以依法提起诉讼
2	组成人员不同	仲裁是当事人自愿选定仲裁员或共同委托仲裁委员会指定，裁决权由仲裁庭行使，此外个别疑难案件不排除仲裁专家委员会进行讨论，但形成的意见仅供仲裁庭参考	诉讼由法院指定审判庭和审判庭组成人员，审判权由人民法院行使，有的案件还要交审委会讨论
3	审理方式不同	仲裁原则上不公开审理，案情不公开、裁决也不公开，开庭时没有旁听，审理中仲裁庭或仲裁机构的秘书处不接受任何人采访	诉讼一般应当公开审理，允许旁听、采访，只有涉及国家秘密、个人隐私或法律另有规定的不公开审理。离婚案件、涉及商业秘密的案件，当事人申请不公开审理的，可以不公开审理
4	处理结果不同	仲裁裁决一经做出，即是终局，不能上诉	在诉讼中，一方当事人对法院判决不服的可以上诉

9.2　国际商事仲裁

9.2.1　国际商事仲裁的概念及原则

1. 国际商事仲裁的概念和特点

1)国际商事仲裁的概念

国际商事仲裁是含有国际因素或涉外因素的仲裁，是解决国际、跨国或涉外的商事争议的仲裁，有时也称为国际经济贸易仲裁、涉外仲裁、国际仲裁或跨国仲裁。在理论和实践上，国际上对何谓“国际”和何谓“商事”尚无普遍接受的概念，各国的规定也有所不同。不过，一般认为应该对“国际”和“商事”两词作广义解释。1985 年《联合国国际贸易法委员会国际商事仲裁示范法》第 1 条的规定及其解释对这两词作了广义的解释。根据该示范法第 1 条第 3 款规定，国际仲裁包括：

(1)其营业地在不同国家的当事人之间的争议的仲裁；

(2)仲裁地和当事各方的营业地位于不同国家的仲裁；

(3)主要义务履行地和当事各方的营业地位于不同国家的仲裁；

(4)与争议标的关系最密切的地点和当事各方营业地位于不同国家的仲裁；

(5)当事各方明确同意仲裁标的与一个以上国家有关的仲裁。

该示范法的规定反映了国际商事仲裁实践对“国际”含义作广义解释的趋势，特别是显示出按照当事人的合意来确定什么是国际仲裁的倾向。

2)国际商事仲裁的特点

国际商事仲裁已被广泛地用于解决各种国际民商事争议。之所以如此，是因为国际商事仲裁具有如下特点：

(1)国际性或涉外性。这是它同国内仲裁的主要区别所在，其国际性决定了它比国内仲裁更加灵活，并受到国际协议规范。

(2)自治性。国际商事仲裁是以当事人的自愿和协议为基础的，在国际商事仲裁中，当事人可以自由地选择仲裁事项、仲裁地点、仲裁机构、仲裁员、仲裁程序以及仲裁庭进行裁决时所适用的法律，等等。仲裁人处理仲裁案件的权利也来自当事人的同意。国际商事仲裁的这一特点是人们愿意采用其解决争议的重要原因。

(3)民间性。国际商事仲裁的仲裁人，特别是仲裁机构，一般都是非国家机关或非官方机构，这种民间性对那些对官方机构不信任的当事人来说，非常有吸引力。

(4)中立性。在国际民商事交往中，不同国家的当事人都力图将其争议提交本国法院依照本国法律解决，因为他们互不信任对方国家法院的公正性。而在国际商事仲裁中，尽管仲裁人或仲裁机构是当事人选定的，但前者并不代表后者，而是居中评判是非，具有中立性。尤其是在国际上有一些仲裁机构本身不隶属于任何国家，仲裁案件可以中立于当事人所属国之外，不受任何一方当事人所属国司法制度和公共政策的影响。

(5)专业性。国际商事争议有时会涉及一些专门性或技术性的问题，需要具备专门知识的人去解决。在国际商事仲裁中，当事人可以自主选择有关争议问题专家充当仲裁员，从而有利于仲裁案件准确和迅速的解决。

(6)保密性。法院审理案件一般应公开进行，而仲裁案件的审理是不公开，这有利于争议当事人双方不将其工商业秘密和分歧公布于众。

(7)准司法性。国际商事仲裁虽然是以当事人的自愿和协议为基础的，但当事人一旦达成仲裁协议，即对当事人产生法律约束力，当事人必须将争议提交仲裁；同时，仲裁人作为裁判者有权无须当事人同意而作出对双方当事人有约束力的裁决；而且裁决作出后，一方当事人不履行裁决的，他方当事人可以向法院申请强制执行。仲裁的准司法性保证了仲裁的法律效力和严肃性。

(8)终局性。仲裁一般是“一锤定音”，仲裁裁决是终局的，不像法院诉讼那样采用两审终审甚至三审终审，因而有利于迅速解决争议，为当事人节省时间和费用。

当然，与诉讼相比，仲裁也有一些局限性，主要是缺乏诉讼的强制性、严密性和统一性。比如由于仲裁以当事人的自愿和协议为基础，故缺少第三人程序，仲裁人无权强迫那些可以最终对裁决的执行承担全部或部分责任的第三人加入仲裁程序，从而影响争议最终有效的解决。

2. 国际商事仲裁的原则

1)意思自治原则

国际商事仲裁中的意思自治是双方当事人意思真实表示所达成的一致。这是一种极大的、自由选择的权利，这种自治权构成了整个国际商事仲裁的核心。它贯穿国际商事仲裁的实体与程序的全过程，充分尊重了当事人的意愿，所以在解决国际贸易纠纷中使用的频率特别高，发挥出了巨大的作用。但是大多数国家的法律以及绝大多数法学家都认为当事人自主选择的法律只能在任意性法律、法规的范围内进行，不得违背法律中的强行性规定。

2)仲裁独立的原则

仲裁的独立，指的是从仲裁机构的设置到仲裁纠纷的整个过程，都具有依法的独立性。

仲裁委员会独立于行政机关,与行政机关没有隶属关系;而且仲裁组织体系中的仲裁协会、仲裁委员会和仲裁庭三者之间相对独立,法院对仲裁裁决虽然有着必要的监督,但并不意味着仲裁附属于法院。

3)不公开原则

仲裁实行不公开审理,除非当事人要求公开审理。仲裁庭审理案件一般不公开进行。如我国《仲裁法》第40条规定:"仲裁不公开进行。当事人协议公开的,可以公开进行,但涉及国家秘密的除外。"

9.2.2 世界常设仲裁机构简介

世界常设仲裁机构概览表如表9-3所示。

表9-3 世界常设仲裁机构概览表

仲裁机构属性	仲裁机构名称(典型机构举例)
国际性常设仲裁机构	国际商会仲裁院
	解决投资争议国际中心
地区性仲裁机构	美洲国家商事仲裁委员会
	亚洲及远东经济委员会商事仲裁中心
国别性仲裁机构	瑞典斯德哥尔摩商会仲裁院
	伦敦国际仲裁院
	瑞士苏黎世商会仲裁院
	美国仲裁协会
	中国国际经济贸易仲裁委员会
	中国香港国际仲裁中心

1. 国际性常设仲裁机构

1)国际商会仲裁院

国际商会仲裁院(ICC)在国际商事仲裁领域,ICC是最具影响的仲裁机构,其成立于1923年,属于国际商会的一部分。国际商会本身于1919年成立于法国巴黎,其目的是为了促进国际商事活动的进行。它是一个国家间的商会,现有国家会员60多个,其仲裁院的成立也是延续其促进和维护国际商事活动的目的。国际商事仲裁院总部和其秘书局设在法国巴黎,但与任何国家都没有关系,可以在世界的任何一个地方进行仲裁程序。尽管它是根据法国法律设立。国际商会仲裁院的委员来自40多个国家,他们都具有法律背景和国际商事法律及争议解决的专业经验。国际商会的仲裁员和仲裁院秘书局的工作人员来自世界各个国家,能够使用多种语言进行工作。

2)解决投资争议国际中心

解决国际投资争端中心成立于1965年,总部设在华盛顿特区,是一个绝对的国际性法人组织。中心设立的目的在于增加发达国家投资者向发展中国家进行投资的信心,并通过仲裁和调解方式来解决投资争议。它要求争议的双方为公约的成员国,争议主体为国家或国家机构或代理机构,其解决的争议性质必须为直接由投资引起的法律争议。审理案件的仲裁员,调解时的调解员须从其仲裁员名册和调解员名册中选定。其裁决为终局的,争议方必须接受。

2. 地区性仲裁机构

1)美洲国家商事仲裁委员会

美洲国家商事仲裁委员会于 1934 年成立,作为美洲国家解决国际经济争端的重要机构。它是非政府机构,由美洲国家会议的决议授权,并接受美洲国家组织和美洲国家发展银行的财政补助。

2)亚洲及远东经济委员会商事仲裁中心

亚洲及远东经济委员会商事仲裁中心设于曼谷,由联合国亚洲及远东经济委员会设置,其仲裁规则也是由该委员会制定的。商事仲裁中心有一个特别委员会。其成员为七人,由亚洲及远东经济委员会的执行秘书从该委员会的代表中推选。

3. 国别性仲裁机构

1)瑞典斯德哥尔摩商会仲裁院

它成立于 1917 年,是瑞典全国性的仲裁机构。瑞典在政治上是中立国,国际上认为该仲裁院在解决东西方经贸争议问题方面是较理想的机构。中国国际贸易仲裁委员会已同该仲裁院建立了业务上的联系,并且建议我国的涉外经济合同双方当事人在选择第三国仲裁时,对该仲裁院以优先考虑。

2)伦敦国际仲裁院

伦敦国际仲裁院成立于 1985 年,制定、使用了新的《伦敦国际仲裁规则》,当事人也可约定适用《联合国国际贸易法委员会仲裁规则》。

3)瑞士苏黎世商会仲裁院

瑞士苏黎世商会仲裁院成立于 1910 年,设在瑞士的苏黎世,有《瑞士联邦苏黎世商会调解与仲裁规则》。该仲裁院既受理国内商业和工业企业之间的争议案件,也受理涉外经济贸易争议案件。由于瑞士在政治上是中立国,国际上较多的经贸纠纷都交给它仲裁。

4)美国仲裁协会

美国仲裁协会它成立于 1926 年,总部设在纽约市,并在全国各地设立分会,是全国最大的综合性常设仲裁机构。美国仲裁协会是民间常设仲裁机构,有《商事仲裁规则》。同我国仲裁机构建立了业务联系,美两国仲裁机构成功地联合调解解决过两国贸易中发生的争议案件。

5)中国国际经济贸易仲裁委员会

中国国际经济贸易仲裁委员会,原名中国国际贸易促进委员会对外贸易仲裁委员会,现名中国国际经济贸易仲裁委员会(以下简称仲裁委员会),仲裁委员会同时使用“中国国际商会仲裁院”名称。以仲裁的方式,独立、公正地解决契约性或非契约性的经济贸易等争议。

仲裁委员会设在北京,设秘书局,在仲裁委员会秘书长的领导下负责处理仲裁委员会的日常事务。双方当事人可以约定将其争议提交仲裁委员会进行仲裁,仲裁委员会可以视需要和可能,组织设立特定行业仲裁中心,制定行业仲裁规则。仲裁委员会同时设立有仲裁员名册,并可以视需要和可能设立行业仲裁员名册。

6)中国香港国际仲裁中心

中国香港国际仲裁中心成立于 1985 年,是一个民间非营利性的担保责任有限公司。仲裁中心由理事会领导，理事会由来自不同国家的商人和其他具备不同专长和经验的专业人士组成，仲裁中心的业务活动由理事会管理委员会通过秘书长进行管理，而秘书长则是仲裁中心的行政首长和登记官。

其主要职能是：为通过仲裁解决商事争议提供管理方面的服务，包括就国际或者香港区内仲裁提供一般性意见和帮助，回答应该在香港进行仲裁方面的咨询，特别是在香港进行国际仲裁方面的法律与程序问题，并就仲裁条款的适当形式提供咨询意见。

2013 年《香港国际仲裁中心机构仲裁规则》是目前市场上最现代、最全面的仲裁规则。该规则的颁布被《环球仲裁评论》提名为 2013 年国际仲裁发展的最佳创新之一。

9.2.3 国际商事仲裁协议形式、内容与效力

仲裁的管辖权的依据是争议当事人的仲裁协议，仲裁协议是仲裁的基石。根据各国仲裁法（包括一些仲裁公约）的规定，有效的书面仲裁协议是进行仲裁程序的唯一前提。有效的仲裁协议必须是书面的，其包括合同中订立的仲裁条款或以其他书面方式在纠纷发生前或发生后达成的协议。

1. 国际商事仲裁协议的概念及类型

1）国际商事仲裁协议的概念

国际商事仲裁协议是指合同当事人在合同中订明仲裁条款、签订独立仲裁协议或采用其他方式达成的就有关争议提交仲裁的书面协议，表明当事人承认仲裁裁决的拘束力，将自学履行其义务。它是涉外仲裁得以进行的法定前提。

2）国际商事仲裁协议的类型

（1）仲裁条款，即在争议发生之前，双方当事人在合同中所订立的将有关合同争议交付仲裁的条款。这是目前国际商事仲裁协议普遍采用的一种形式。常设仲裁机构一般都拟定有自己的示范仲裁条款，推荐给当事人订立合同时采用；

（2）仲裁协议，即在争议发生之前或发生之后由双方当事人订立的表示同意将争议交付仲裁的一种专门协议。

（3）仲裁特别约定，即为双方当事人在往来函电（包括信件、电报、电传、传真、电子数据交换和电子邮件）及其他有关文件中的将争议交付仲裁的特别约定。

2. 国际商事仲裁协议的形式要件和实质要件

1）形式要件

国际商事仲裁协议必须是书面的，符合前述三种类型的仲裁协议均为书面形式，具有法律效力，否则，根据非书面形式的仲裁协议而进行的仲裁审理以及裁决均不发生法律效果。

2）实质要件

国际商事仲裁协议应当包括以下内容：

（1）请求仲裁的意思表示；

（2）仲裁事项；

（3）选定的仲裁。这项内容是仲裁协议生效必须具备的实质要件。

国际商事仲裁协议在具备形式要件和实质要件的前提下，即具有合法效力。

3. 国际商事仲裁协议的法律效力

仲裁协议是仲裁的基础，它的效力具体表现为仲裁协议对于仲裁当事人、仲裁机构以及

仲裁裁决本身的作用和影响。主要包含以下几个方面：

1)赋予并限制当事人的程序权利、排除法院的管辖权

当事人若签订仲裁协议的，当争议发生时，任何一方都有权提请仲裁，通过仲裁解决当事人之间的争议；如果没有仲裁协议，当事人则无权请求仲裁，仲裁机构可不予受理。同时，仲裁协议也限制了当事人选择诉讼的手段解决纠纷。订有仲裁协议的，当事人只能进行仲裁，且向仲裁协议约定的仲裁机构提请仲裁，而不能在法院提起诉讼。

2)赋予仲裁机构及仲裁庭对争议案件的仲裁管辖权

通过仲裁协议，当事人赋予特定的仲裁机构或仲裁庭对特定的争议具有管辖权，仲裁庭进行审理并作出裁决必须以仲裁协议为依据。只有存在有效仲裁协议，并且在仲裁协议规定的争议范围内，仲裁庭才有权进行审理并作出裁决。

3)强制执行仲裁裁决的依据

当事人在仲裁协议中一般都会规定双方承认仲裁裁决的效力，承诺主动履行仲裁裁决。对于一方当事人不履行仲裁裁决的，另一方当事人可以向有关法院申请强制执行。申请强制执行时，除提交裁决书外，通常还必须提供仲裁协议的正本或经正式证明的副本。

9.2.4　国际商事仲裁协议的主要内容

根据法律要求，仲裁协议必须具备的基本内容通常应包括以下几项：

1. 仲裁意愿

即当事人一致同意将争议提交仲裁的意思表示，表明当事人愿意接受特定仲裁机构的审理，接受仲裁机构作出的合法有效的仲裁裁决的约束，并承诺自觉履行裁决的义务。

2. 仲裁事项

仲裁事项即是指提交仲裁的争议范围。只有在有关的争议事项范围内，当事人才赋予仲裁机构管辖权。仲裁机构只能审理仲裁事项内的争议，并作出相应的裁决，否则属于越权审理，仲裁裁决不能发生法律效力。只有属于该范围的裁决，法院才予以执行；超出该范围的，法院将不予执行，这种裁决在程序上不合法。

3. 仲裁地点

实践中，仲裁地点往往是当事人商谈涉外仲裁协议的重点之一。一般来讲，当事人都会力争在本国进行仲裁。如果争取不到本国仲裁，可以争取在第三国进行仲裁，或在对方国家仲裁。在仲裁协议中，当事人就仲裁地点应写明进行仲裁的国家、城市。

4. 仲裁机构

仲裁机构即经当事人仲裁协议授权受理涉外争议案件并作出仲裁裁决的仲裁管辖机构。国际仲裁有两种仲裁形式：常设仲裁机构和临时仲裁庭。常设的仲裁机构往往有固定的组织机构，如秘书处(局)，有确定的仲裁规则作为仲裁的程序依据，拥有专业的仲裁员，仲裁员的指定、仲裁庭的组成及仲裁审理形成稳定的运作体系，方便当事人进行仲裁。临时仲裁庭是根据当事人订立的临时仲裁条款或协议，在争议发生后由当事人临时指定仲裁人员组成一次性的仲裁庭，按照当事人约定的方式和规则进行审理并作出裁决。由于机构仲裁比临时仲裁更为方便、确定，国际商事仲裁一般都选择机构仲裁。

5. 仲裁程序规则

一般说来，仲裁协议指定了某常设仲裁机构进行仲裁，就认为是接受了该仲裁机构仲裁

规则的约束。中国国际经济贸易仲裁委员会仲裁规则即规定，选择该仲裁机构，则认为同意按照该仲裁委员会的仲裁规则进行仲裁。订立仲裁协议，应当明确适用的仲裁规则。各国的常设仲裁机构都制定有自己的仲裁规则，国际上还有一些国际性和区域性的仲裁示范规则。

6. 仲裁裁决的效力

仲裁裁决的效力是指仲裁裁决一经作出，是否具有终局性，对当事人有无约束力，法院是否有权经当事人的起诉而重新审理的问题。从仲裁的一般特点来讲，仲裁优于诉讼的一个特点是仲裁的裁决是终局的，一旦作出，即具有法律约束力，当事人不得向法院上诉，正是基于这一点，仲裁才被当事人广泛采纳为经济贸易争议的解决方式，它利于争议迅速、及时地解决，避免因滥诉而耗费精力、时间。

9.2.5 国际商事仲裁程序

各个仲裁机构都有各自的仲裁规则，这些规则都规定了各类仲裁应遵守的程序。本部分主要根据我国《仲裁法》以及现行的《中国国际经济贸易仲裁委员会仲裁规则》，对中国涉外仲裁程序予以介绍，仲裁流程简图如图 9-1 所示。

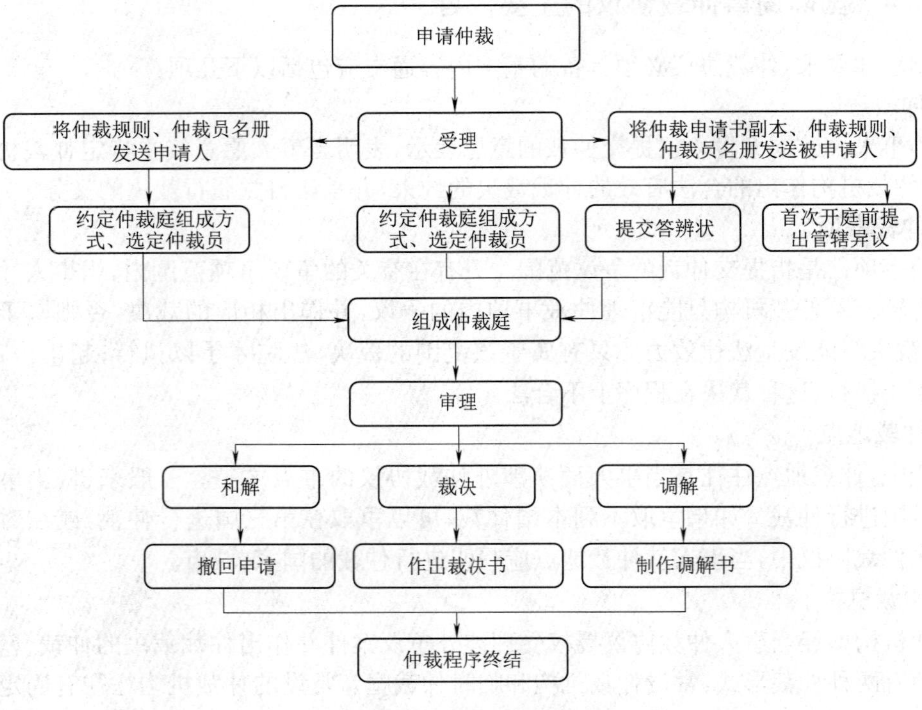

图 9-1　仲裁流程简图

1. 仲裁的申请与受理

1)仲裁的申请

当事人申请仲裁时应满足下列条件：

(1)提交仲裁申请书。仲裁申请书必须由当事人签字或盖章。仲裁申请书应写明以下内容：

申请人和被申请人的名称和住所，包括邮政编码、电话、电传、传真、电报号码、电子邮件或其他电子通信方式；申请仲裁所依据的仲裁协议；案情和争议要点；申请人的仲裁请求；仲裁请求所依据的事实和理由。

(2)在提交仲裁申请书时，附具申请人请求所依据的事实的证明文件。

(3)按照仲裁委员会制定的仲裁费用表的规定预缴仲裁费。

2)仲裁的受理

仲裁的受理是指仲裁机构接到申请人的仲裁申请书后，就其形式要件进行审查，然后决定对其立案审理的程序。仲裁被受理以后，补申请人要进行答辩并可以提出反请求。

提起反请求的条件如下：

(1)被申请人如有反请求，应当自收到仲裁通知之日起45天内以书面形式提交仲裁委员会。仲裁庭认为有正当理由的，可以适当延长此期限。

(2)被申请人提出反请求时，应在其反请求书中写明具体的反请求及其所依据的事实和理由，并附具有关的证明文件。

(3)被申请人提出反请求，应当按照仲裁委员会制定的仲裁费用表在规定的时间内预缴仲裁费。

(4)仲裁委员会认为被申请人提出反请求的手续已完备的，应将反请求书及其附件发送申请人。申请人应在接到反请求书及其附件后30天内对被申请人的反请求提交答辩。

(5)仲裁庭有权决定是否接受逾期提交的反请求答辩书。

(6)申请人对被申请人的反请求未提出书面答辩的，不影响仲裁程序的进行。

3)答辩

被申请人应在收到仲裁通知之日起45天内向仲裁委员会秘书局或其分会秘书处提交答辩书。仲裁庭认为有正当理由的，可以适当延长此期限。仲裁庭有权决定是否接受逾期提交的答辩书。被申请人未提交答辩书，不影响仲裁程序的进行。答辩书由被申请人及被申请人授权的代理人签名或盖章，并应包括下列内容：

(1)被申请人的名称和住所，包括邮政编码、电话、电传、传真、电报号码、电子邮件或其他电子通信方式；

(2)对申请人的仲裁申请的答辩及所依据的事实和理由；

(3)答辩所依据的证明文件。

2. 仲裁庭的组成

仲裁庭是指具体负责对某项已交付仲裁的争议事项进行审理，并最终就争议事项作出实质性裁决的组织。在国际仲裁中，当事人最重要的权利之一就是有权指定仲裁员审理案件。

根据仲裁委员会的仲裁规则，仲裁庭分为独任仲裁庭和合议仲裁庭两种，独任仲裁庭由一名仲裁员组成，合议仲裁庭由三名仲裁员组成。当事人可以约定仲裁庭的组成形式。适用简易程序的案件，由一名仲裁员组成独任仲裁庭予以审理。对于其他大部分适用普通程序的案件，除非当事人另有约定，一般由三名仲裁员组成的合议仲裁庭审理。具体规则如下：

1)仲裁员名册

当事人从仲裁委员会提供的仲裁员名册中选定仲裁员。

当事人约定在仲裁委员会仲裁员名册之外选定仲裁员的，当事人选定的或根据当事人之间的协议指定的人士经仲裁委员会主任依法确认后可以担任仲裁员、首席仲裁员或独任仲裁员。

2)独任仲裁员

如案件由独任仲裁员审理,双方当事人可以共同选定或者共同委托仲裁委员会主任指定一名仲裁员作为独任仲裁员。双方当事人也分别有权推荐一至三人作为独任仲裁员人选。

如简易程序案件的当事人在被申请人收到仲裁通知之日起 15 天内,或者约定由独任仲裁员进行审理的普通程序案件的当事人在被申请人收到仲裁通知之日起 15 天内未能就独任仲裁员的人选达成一致意见,则由仲裁委员会主任指定。

3)三人仲裁庭

申请人和被申请人应当各自在收到仲裁通知之日起 15 天内选定一名仲裁员或者委托仲裁委员会主任指定。当事人未在上述期限内选定或委托仲裁委员会主任指定的,由仲裁委员会主任指定。

首席仲裁员由双方当事人在被申请人收到仲裁通知之日起 15 天内共同选定或者共同委托仲裁委员会主任指定。

双方当事人可以各自推荐一至三名仲裁员作为首席仲裁员人选,并将推荐名单在 15 天内提交至仲裁委员会。双方当事人的推荐名单中有一名人选相同的,为双方当事人共同选定的首席仲裁员;有一名以上人选相同的,由仲裁委员会主任根据案件的具体情况在相同人选中确定一名首席仲裁员,该名首席仲裁员仍为双方共同选定的首席仲裁员;推荐名单中没有相同人选时,由仲裁委员会主任在推荐名单之外指定首席仲裁员。

双方当事人未能按照上述规定共同选定首席仲裁员的,由仲裁委员会主任指定。

4)多方当事人对仲裁员的指定

仲裁案件有两个或者两个以上申请人或被申请人时,申请人方或被申请人方应当各自协商,在仲裁委员会仲裁员名册中各自共同选定或者各自共同委托仲裁委员会主任指定一名仲裁员。

如果申请人方或被申请人方未能在收到仲裁通知之日起 15 天内各自共同选定或者各自共同委托仲裁委员会主任指定一名仲裁员,则由仲裁委员会主任指定。

5)回避

仲裁员应独立公正,不代表任何一方当事人的利益。仲裁员应根据事实,在依照法律规定的前提下,公平合理、独立公正地审理案件。

如果仲裁员与案件有个人利害关系或其他关系而可能影响案件的公正审理,仲裁员应主动将此情形向仲裁委员会予以披露,并应主动请求回避。当事人也可要求仲裁员予以回避。仲裁员在法律上或事实上不能履行其职责时,仲裁委员会主任有权自行决定将其更换;该仲裁员也可以主动申请不再担任仲裁员。

3. 仲裁的审理

仲裁审理是指仲裁庭对争议事项进行全面审查的仲裁活动。

1)仲裁案件的审理方式

在仲裁中,案件的审理方式有两种:开庭审理和书面审理。

仲裁庭应当开庭审理案件,但经双方当事人申请或者征得双方当事人同意,仲裁庭也认为不必开庭审理的，仲裁庭可以只依据书面文件进行审理。除非当事人另有约定，仲裁庭可以根据案件的具体情况采用询问式或辩论式审理案件。仲裁庭可以在其认为适当的地点或以其认为适当的方式进行合议。除非当事人另有约定，仲裁庭认为必要时可以发布程序指令、发出问题单、举行庭前会议、召开预备庭、制作审理范围书等。

2)调解、和解与裁决

调解当事人在仲裁委员会之外通过调解解决达成和解协议的，可以凭当事人达成的由仲裁委员会仲裁的仲裁协议和他们的和解协议，请求仲裁委员会指定一名独任仲裁员，按照和解协议的内容作出裁决书。

在仲裁过程中，当事人可以自行和解，也可以请求仲裁庭调解；仲裁庭征得双方当事人同意后，也可对案件进行调解。调解成功，双方当事人应签定和解协议；除非当事人另有约定，仲裁庭则应根据和解协议作出裁决书。

仲裁裁决是仲裁庭按照适用法律及其仲裁规则审理案件，根据查明的事实和认定的证据，对当事人就双方争议提出的请求事项作出予以支持、驳回或部分支持、部分驳回的书面决定。仲裁裁决就其内容和效力而言，可以分为中间裁决、部分裁决和最终裁决三种。

9.2.6　国际商事仲裁裁决的承认与执行

仲裁裁决的执行是指由执行机构依法定程序将仲裁裁决按内容和要求切实付诸实现的行为。根据国际商事仲裁规则以及相关公约的规定，双方当事人应当依照仲裁裁决写明的期限自动履行裁决；仲裁裁决书未写明期限的，应当立即履行。当事人不予履行的，则另一方当事人有权向有关法院申请强制执行。

1. 国际仲裁裁决在裁决作出国(地区)的强制执行

1)大陆法系国家仲裁裁决的强制执行

在大陆法系国家要求强制执行该国作出的国际商事裁决，其前提条件是必须获得法院的强制执行许可。一般都依据本国的国内立法，向法院提出申请，由法院按法定程序执行。

2)英美法系国家仲裁裁决的强制执行

英美法系国家与大陆法系国家在对待承认和执行国际商事裁决的法律规定上有不同，英美法系强调转化适用，英美法系的“转化适用”则是指法院能否强制执行仲裁裁决的前提是，首先要把该裁决转化成法院的判决，否则法院无权对裁决进行强制性执行。第二，法院在裁定是否执行裁决的程序过程中，可以作出撤销裁决或将裁决发回重审。

3)涉外仲裁裁决在我国境内的强制执行

我国《民事诉讼法》规定：一方当事人不履行仲裁裁决的，对方当事人可以向被申请人住所地或财产所在地的中级人民法院申请执行。《中国国际经济贸易仲裁委员会仲裁规则》规定：一方当事人不履行裁决的，另一方当事人可以根据仲裁法律的规定，向中国法院申请执行。

2. 国际商事仲裁在外国的强制执行

对于外国的仲裁裁决的执行较为复杂。由于执行外国的仲裁裁决，不仅涉及双方当事人的切身利益，而且涉及两国间的利害关系，因此，许多国家在法律中对于执行外国的仲裁裁决都规定了一些限制。在外国的仲裁裁决不符合执行国法律要求时，执行国的法院就可以拒绝予以执行。

仲裁裁决在作成国境外执行的问题,国际上通常以双边或多边的方式解决。为了解决仲裁裁决在作成国境外执行的问题,国际上先后缔结了三个有关承认和执行外国仲裁裁决的国际公约。1958 年 6 月 10 日在联合国主持下订立的《承认与执行外国仲裁裁决的公约》,简称 1958 年《纽约公约》,成为当前国际上关于承认与执行外国仲裁的最主要的条约。

《纽约公约》自 1958 年订立以来,迄今为止已有 70 多个国家参加了该公约,其中一些国家对该公约提出一些保留,如美国对该公约提出了互惠保留和商事保留,英国对该公约提出了互惠保留,也有国家对该公约没有提出任何保留,如瑞典。我国于 1986 年 12 月 2 日加入了该公约,声明有两项保留:一是仅适用于缔约国间做出的裁决,二是只适用于商事法律关系所引起的争议的裁决,国际商事仲裁裁决的承认与执行关系图如图 9-2 所示。

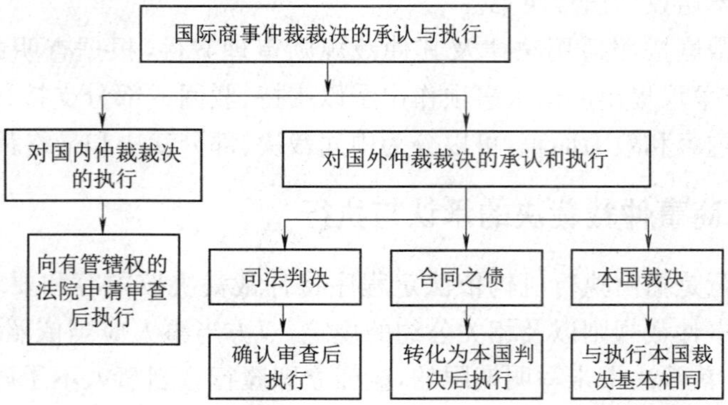

图 9-2 国际商事仲裁裁决的承认与执行关系图

9.3 国际商事诉讼

9.3.1 国际商事诉讼的概念

国际商事争议发生后,如果不存在有效的仲裁协议,任何一方当事人都可以向有管辖权的法院起诉,请求司法解决,这就是国际商事诉讼。尽管国际商事诉讼存在程序严格、烦琐,法官专业知识欠缺等不足,但它作为调解或和解与仲裁外的另一种补救手段仍然具有重要意义。

9.3.2 国际商事诉讼的管辖

国际商事诉讼的管辖权是指一国法院有受理——审判具有国际因素或涉外因素的商事案件的权限。它要解决的是某一特定的国际商事案件究竟是哪个国家的法院具有管辖权的问题。由于彼此政治经济利益的不同,各国关于诉讼管辖权的规定各异,故至今国际上尚未形成统一的国际商事诉讼管辖权制度。

1. 国际商事诉讼管辖的概念

国际商事诉讼管辖是指国际商事争议纠纷发生后,各国以何种方式或依据来确定对国际商事争议案件的管辖。

2. 国际商事诉讼管辖的原则

国际商事诉讼管辖的原则主要包括以下几方面:

1)属地管辖原则

属地管辖权也称以"地域"为基础的管辖根据,是指国际民商事案件的司法管辖权以一定的地域为管辖根据,由该地域所属法院行使管辖权。这是世界各国所普遍采用的管辖根据之一,也是我国涉外民事管辖权的主要根据。作为我国国际民商事管辖权的根据的"地域",主要包括以下几个因素:被告住所地或经常居住地;标的物所在地或被告财产所在地;法律事实发生地。

2)属人管辖原则

一般是指国家对于具有本国国籍的人的管辖,不论有关的行为发生在何处。这种管辖还扩大到国家对于具有本国国籍的法人、航空器、船舶和外太空发射物及其所载人员的管辖。

3)协议管辖原则

协议管辖也称以"当事人意志"为基础的管辖根据,是指国际民商事诉讼的双方当事人在争议发生之前或之后,用协议的方式来确定他们之间的争议应由何国法院来管辖,从而使被选择的法院对双方争议的案件享有排他性的管辖权的制度。

4)专属管辖原则

专属管辖也称以"国家利益"为基础的管辖根据。社会生活中形形色色的争议中,有一些争议与某国的重要政治利益、国家机构的利益或国家的公共政策密切相关,如果不规定自己享有独占的审判管辖权,该国就有失去保护有关权益的可能性,其国家主权就有可能受到挑战。因此,几乎所有国家都规定了专属管辖。我国也是如此。

5)中国法律关于涉外商事诉讼案件的管辖权的规则

(1)被告在我国领域内没有住所的合同纠纷或其他财产权益纠纷案件的管辖。因合同纠纷或者侵权纠纷对在我国领域内没有住所的被告提出诉讼,原告可在与争议有一定的联系的地点的人民法院进行选择管辖。我国民事诉讼法规定,因合同纠纷或者其他财产权益纠纷,对在中华人民共和国领域内没有住所的被告提起的诉讼,如果合同在中华人民共和国领域内签订或者履行,或者诉讼标的物在中华人民共和国领域内,或者被告在中华人民共和国领域内有可供扣押的财产,或者被告在中华人民共和国领域内设有代表机构,可以由合同签订地、合同履行地、诉讼标的物所在地、可供扣押财产所在地、侵权行为地或者代表机构住所地人民法院管辖。这一规定明确了:①因合同纠纷对中国境外的被告提起诉讼,如果合同在中国签订或者履行,或者诉讼标的物在中国,或者被告在中国有可供扣押的财产,或者被告在中国设有代表机构,可以由合同签订地、合同履行地、诉讼标的物所在地、可供扣押财产所在地或者代表机构住所地人民法院管辖。②因侵权纠纷对在中国境外的被告提起诉讼,如果侵权行为发生地、结果地在中国,或者被告在中国有可供扣押的财产,或者被告在中国设有代表机构,可以由侵权行为发生地、侵权行为结果地、诉讼标的物所在地、可供扣押财产所在地或者代表机构住所地人民法院管辖。上述财产权益纠纷包括不动产纠纷,即使不动产在国外,只要被告在中国有可供扣押的财产,原告即可向人民法院提起诉讼。

(2)涉外合同或者涉外财产权益纠纷可以由当事人协议选择管辖法院。我国民事诉讼法规定,涉外合同或者涉外财产权益纠纷的当事人,可以用书面协议选择与争议有实际联系的地点的法院管辖。选择中华人民共和国人民法院管辖的,不得违反本法关于级别管辖和专属管辖的规定。这是关于涉外协议管辖的规定,它明确了:①涉外合同的双方当事人,可以用书面协议选择被告住所地、合同履行地、合同签订地、原告住所地、标的物所在地的人民法院管辖。②涉外侵权纠纷的双方当事人,可以在纠纷发生后达成书面协议,选择被告住所地、侵权行为地、原告住所地、标的物所在地的人民法院管辖。③协议管辖不得违反级别管辖和专属管辖的规定。

(3)应诉管辖。民事诉讼法规定,涉外民事诉讼的被告对人民法院管辖不提出异议,并应诉答辩的,视为承认该人民法院为有管辖权的法院。这条规定是应诉管辖,又称为默示管辖,即涉外民事诉讼的原告即使向无管辖权的人民法院提起诉讼,但该案的被告未向人民法院提出管辖权异议,并前来应诉进行实质性答辩的,视为其承认该人民法院为有管辖权的法院。

(4)专属管辖。民事诉讼法规定,因在中华人民共和国履行中外合资经营企业合同、中外合作经营企业合同、中外合作勘探开发自然资源合同发生纠纷提起的诉讼,由中华人民共和国人民法院管辖。这一规定,明确了外国法院对这类纠纷无管辖权。这一规定符合合同纠纷由履行地法院管辖的国际惯例。

9.3.3 国际商事诉讼的司法协助

关于司法协助,国际上没有一个统一的称谓。有的国家称之为"司法协助",有的国家称之为"法律协助",也有国家称之为"司法合作"。它是指一个国家或地区的司法机关就右边一个国家或地区的司法机关或有关当事人的请求,代为履行司法行为,或者在司法方面提供其他的协助。

1. 一般司法协助

一般司法协助,又称普通司法协助,是指一国法院按一定根据为他国法院完成一定诉讼行为的制度。"一定诉讼行为"内容包含三项:一是代为送达诉讼文书。如送达起诉状、答辩状、上诉状、传票、判决书等。二是代为调查取证。如代为询问证人、当事人,代为调取证据,代为现场勘验等。三是提供有关法律资料。

一般司法协助内容的实现和完成取决于两个方面:一是委托方提出请求,二是受托方实施协助。受托方实施协助即完成诉讼行为时,一般应适用本国法律。例如代为询问证人,如本国法律明令证人必须宣誓,获取证言前应该让证人宣誓,但条约有特殊规定的除外。

根据《最高人民法院外交部司法部关于我国法院和外国法院通过外交途径相互委托送达法律文书若干问题的通知》凡已同我国建交国家的法院,通过外交途径委托我国法院向我国公民或法人以及在华的第三国或无国籍当事人送达法律文书,除该国同我国已订有协议的按协议处理外,一般根据互惠原则按下列程序和要求办理:

(1)由该国驻华使馆将法律文书交外交部领事司转递给有关高级人民法院,再由该高级人民法院指定有关中级人民法院送达给当事人。当事人在所附送达回证上签字后,中级人民法院将送达回证退高级人民法院,再通过外交部领事司转退给对方;如未附送达回证,则由有关中级人民法院出具送达证明交有关高级人民法院,再通过外交部领事司转给对方。

(2)委托送达法律文书须用委托书。委托书和所送法律文书须附有中文译本。

(3)法律文书的内容有损我国主权和安全的,予以驳回;如受送达人享有外交特权和豁免,一般不予送达;不属于我国法院职权范围或因地址不明或其他原因不能送达的,由有关高级人民法院提出处理意见或注明妨碍送达的原因,由外交部领事司向对方说明理由,予以退回。

2. 特别司法协助

特殊司法协助相对于一般司法协助而言,是指两国法院在一定的前提下相互承认并执行对方法院制作的生效裁决和涉外仲裁机构制作的生效裁决的制度法。

特殊司法协助包含两方面的内容:一是对外国法院和涉外仲裁机构裁决的承认和执行,二是我国法院和涉外仲裁机构裁决在国外的承认和执行法。

承认和执行外国法院判决要符合以下条件:作出判决的外国法院有合格的管辖权;外国法院的判决是确定判决;诉讼程序的公正性;;外国法院的判决是合法取得;外国法院的判决不与内国已经承认的相同诉讼的判决相冲突;作出判决的法院适用了被请求国家冲突法所指向的准据法;存在互惠关系;外国法院的判决不违反内国公共政策。

承认和执行外国法院判决的程序上各国在实践中主要有三种不同的做法:

(1)经形式上的审查发给执行令的程序。

(2)经实质性审查后发给执行令的程序。

(3)重新起诉程序。即胜诉方需以外国法院判决为依据,重新向执行地国法院提起诉讼,如执行地国法院认为外国判决与本国法律不相抵触,则由执行地国法院作出一个与外国判决内容相同的判决,然后予以执行。我国采取上述第一种程序。

思　考　题

1. 什么是涉外财产保全?涉外财产保全与国内财产保全有什么不同?
2. 仲裁裁决共有哪几种类型?各起什么作用?
3. 我国法律是如何规定不予执行仲裁裁决的理由的?

技能训练题

案例1:

香港甲公司与中国大陆乙公司因买卖合同发生争议,一方向湖南省高级人民法院起诉,另一方提出管辖异议,理由是依据合同约定:“合同发生争议,应当在香港依据国际商会的仲裁规则进行仲裁,合同使用中国的法律。”该仲裁条款的效力,按照中国的《仲裁法》由于没有约定明确的仲裁机构而无效。

请问:本案应当诉讼还是仲裁?

案例2:

2015年,广州的甲公司与香港的乙公司在厦门签订了一份买卖2 000吨化学制品的中英文对照合同。但合同仲裁条款的中英文表述却不一致:中文写明争议应提交经双方同意的具有法律承认效力的美国仲裁机构按有关国际仲裁规则进行仲裁,仲裁地点在美国;英文则写明争议应提交中国国际经济贸易仲裁委员会仲裁,仲裁地点在北京。合同项下的 2 000 吨化学制品运达广州后,经检验发现货物存在严重的质量问题。双方发生纠纷,但未达成新的、意思表示一致的仲裁协议。2016 年,广州的甲公司向中国国际经济贸易仲裁委员会申请仲裁。仲裁庭发现,在中英文对照合同中,中文的仲裁协议系手写,而英文的仲裁协议则采用打印的形式。因此,当被申请人香港的乙公司以中文仲裁条款系手写为由提出管辖权异议的答辩时,中国国际经济贸易仲裁委员会以仲裁协议手写条款高于格式条款支持了管辖权异议的答辩。

随后,广州的甲公司隐瞒了仲裁委员会已就管辖权做出决定的事实,向广州市中级人民法院申请确认合同仲裁条款中的中文条款无效,英文条款有效。

被申请人香港的乙公司经法院通知未答辩,也未出庭应诉。

案件审理过程中,申请人广州甲公司向法院提交了中国国际经济贸易仲裁委员会于 2016 年做出的管辖权决定书,以表明该仲裁委员会对该合同争议仲裁无管辖权。

广州市中级人民法院经审查认为:本案仲裁协议效力问题与仲裁管辖权是同一法律问题。申请人在收到仲裁机构有关本案的管辖权决定后,又向法院申请确认仲裁协议的效力,该申请不符合《中华人民共和国仲裁法》第 20 条所规定的条件。根据《中华人民共和国民事诉讼法》第 140 条第 1 款第 11 项之规定,裁定驳回申请人请求确认仲裁协议效力的申请。

请回答以下问题:

1. 广州市中级人民法院为什么认定申请人要求确认仲裁协议效力的请求不合法?
2. 中国国际经济贸易仲裁委员会为什么支持香港乙公司的管辖权异议?
3. 何种情形的仲裁协议无效?

技能训练题参考答案

第 1 章

【案例评析】

本案主要涉及了合同的订立、变更、效力，但也涉及国际商法的范围问题，其中有管辖权、外国人民事地位、外国人国籍住所、法律冲突、法律选择等问题。调整中国某市南方公司与美国某州玩具销售公司之间的贸易纠纷，可以适用的法律有中国法律、美国法律、中美两国共同参加的国际条约。由于当事人签订合同时未选择合同发生争议时应适用的准据法，又没有排除 1980 年《联合国国际货物销售合同公约》的适用，因此，根据 1980 年公约规定，本案应适用的法律为 1980 年《联合国国际货物销售合同公约》，而中美两国是该公约的缔约国。

第 2 章

【案例评析】

案例 1：英国商人向德国法院起诉德国商人，要求法院判决德国商人实际履行合同。英国商人能胜诉。德国商人向英国法院起诉英国商人，要求判决英国商人实际履行。德国商人不能胜诉。

案例 2：(1)可以。因为 K 公司的生意在很大程度上要依赖与那个购货商的合同，如果不答应 A 快邮公司的要求，可能会导致不能及时交货而损失惨重，并且当时已经很难迅速找到其他承运人替代。因此，K 公司所处的情形可以认为是受到胁迫，他可以以受到胁迫为由拒绝支付增加的运费。

(2)一般情况下，A 快邮公司不能主张运费计费有误属于重大错误。

在英美法中，这属于单方错误，当事人原则上不能因单方错误主张合同无效，除非：①这种单方错误为对方所知悉，并且对方利用了这种错误来达成合同，或者：②这种单方错误导致双方之间实质上没有达成协议；在大陆法中，这种计费错误也很难被认定为重大错误。

(3)如果 A 快邮公司以政府法令发生变化为由要求调整运费，K 公司同意。那么，事后 K 公司发现并不存在政府法令发生变化的事实，一般也不能主张 A 快邮公司的行为属于欺诈。法律是公开的政府文件，任何人均可以查阅，K 公司没有理由轻信对方的陈述，K 公司只能对自己的疏忽负责。但有两种情况下可以主张对法律的虚构或曲解构成欺诈：①法律专业人士对非专业人士解释的法律；②对外国法律构成虚构或曲解，因为外国法律通常被视为一种事实存在。

第 3 章

【案例评析】

案例 1：合同应认为已成立。即发盘并未撤销。根据《公约》第十六条：

(1)在未订立合同之前,发价得予撤销,如果撤销通知于被发价人发出接受通知之前送达被发价人。

(2)但在下列情况下,发价不得撤销:

①发价写明接受发价的期限或以其他方式表示发价是不可撤销的;或

②被发价人有理由信赖该项发价是不可撤销的。而且被发价人已本着对该项发价的信赖行事。

本案例属于要约不可撤销的情形,因此,我方未表示反对即构成了接受。

案例 2:

(1)B 公司违反了质量担保义务,且在达成进一步协议后再次违约,构成了根本违反合同。

(2)上海甲公司有权要求解除合同并向 B 公司索赔。上海甲公司向仲裁委员会提出的仲裁请求合理。

《联合国国际货物销售合同公约》第 35 条规定:"卖方交付的货物必须与合同所规定的数量、质量和规格相符,并须按照合同所规定的方式装箱或包装。"根据该条规定,卖方必须承担质量担保责任,而实际情况是,货到后经检验证明,电子枪的质量确实存在较大质量缺陷。很显然,卖方违约。在这种情况下,上海甲公司随即与 B 公司交涉并达成索赔协议,要求 B 公司在 3 个月内将符合质量要求的 7.5 万只电子枪发运给上海甲公司,但是,B 公司交来的货物仍然不符合质量要求。经双方再次协商,上海甲公司提出,B 公司可将应该提供的电子枪品牌换为"日天"牌或"星星"牌,B 公司也表示同意按照上海甲公司的要求提供货物,但 B 公司还是未能履行义务。根据《联合国国际货物销售合同公约》第 25 条规定:"一方当事人违反合同的结果,如使另一方当事人蒙受损害,以至于实际上剥夺了他根据合同有权期待得到的东西,即为根本违反合同,除非违反合同一方并不预知而且一个同等资格、通情达理的人处于相同情况中也没有理由会发生这种结果。"可见,B 公司的违约使得上海甲公司根据合同有权期待得到的利益被剥夺,因此,B 公司的违约构成根本违约。

《联合国国际货物销售合同公约》第 49 条规定:"买方在以下情况下可以宣告合同无效:(a)卖方不履行其在合同或本公约中的任何义务,等于根本违反合同;或(b)……"因此,买方上海甲公司有权解除合同,并要求损害赔偿。

第 4 章

【案例评析】

①、③属于单独海损,因为这两项损失是由于火灾这一风险直接造成的;②、④、⑤属于共同海损,因为这三项损失是船长为了船、货的共同安全,进行救火而向船舱灌水,造成的特殊牺牲和支出的特殊费用。

本案船舶因雷击起火,应认定为因自然灾害造成损失,如被保险人仅投保平安险,则①、③损失不会得到保险人赔偿,②、④、⑤能够得到保险人赔偿。因为平安险的承保范围不包括被保险货物在运输途中由于恶劣气候、雷电、海啸、地震、洪水等自然灾害所造成的单独海损,包括共同海损的牺牲、分摊和救助费用。

第5章

【案例评析】

案例1:该案属于由贷款合同引发的关于抽逃资产、逃避债务的诉讼,我国《公司法》第20条第3款规定公司股东滥用公司法人独立地位和股东有限责任,逃避债务,严重损害公司债权人利益的,应当对公司债务承担连带责任。因此法院应适用公司法人格否认原理,支持原告的诉讼请求。

案例2:在英美法国家,即使合伙人之间并未订立明确的合伙契约或对合伙是否存在发生争议,如果符合一定的条件,法院会判定当事人之间存在合伙关系。这种合伙一般称为"事实上的合伙"。在判定事实上的合伙是否存在时,法院主要考虑以下三个因素:(1)合伙人是否分享利润和分担损失的事实;(2)合伙的财产是否由合伙人共同所有;(3)合伙人在经营管理中是否享有同样的权利。

本案 Jennifer、Katherine 的主张不合理,法院不能支持他们。因为该合伙企业由三个出资且利润共享,虽合伙事务由 William 全部负责,但三人已形成事实上的合伙关系。对贷款问题,虽约定由 William 全部负责,但企业内部对合伙人权力的限制不得对抗善意第三人,因此对外而言 Jennifer、Katherine 要与 William 一起为银行贷款承担无限连带责任。

案例3:张先生的计划不合法。

(1)张先生开办的独资企业名称中不能出现"有限责任"、"公司"等字样。

(2)法律对个人独资企业的资本虽没有作出强制性规定,但张先生认为"由于个人独资企业的注册资本越低,所需承担的责任也就越少"的想法也是错误的,因为个人独资企业的投资人以其个人财产承担无限责任,责任大小与出资额无关。

(3)法律对独资企业的投资人也有限制。我国《个人独资企业法》第16条规定:法律、行政法规禁止从事营利性活动的人,不得作为投资人申请设立个人独资企业。在本案中,张先生为一名还没退休的检察官,为国家公务员,属于法律规定的禁止从事营利性活动的人。

(4)《个人独资企业法》第8条第4款规定:"设立个人独资企业必须有固定的生产经营场所和必要的生产经营条件。"所以,张先生要创办个人独资企业必须找一处固定的营业用房,而非案中所讲"借用一处即将拆迁的街面房作为经营场所"。

(5)张生不为职工缴纳社会养老金、失业保险金、医疗保险金等的做法是错误的,因为个人独资企业有保障职工合权益的义务,其中包括必须为职工缴纳相应的社会保险费等。

(6)本案中,张先生认为"由于是小本经营,没必要设置账簿配备专门的财会人员"的想法是错误的,因为《个人独资企业法》有会计管理的义务,包括必须依法设置会计账簿、进行会计核算等。

(7)个人独资企业必须依法进行企业登记,办理税务登记等,所以案中"张先生决定过几天去做一块企业的招牌挂在经营场所开业"的做法也是不合法的。

第6章

【案例评析】

(1)W以C公司名义签署的合同有效。

从表面上看,W虽然不是C公司的法定代表人,也无明确授权,但实际上代表C公司同

H 公司达成了协议,即发生了表见代理涉及的民事行为。

从客观要件分析,W 系 A 公司的法定代表人,而 A 公司是 C 公司的母公司及最大股东,W 本人及 A 公司实际上对于 C 公司具有较强的控制力。更为重要的是,双方长期以来一直采取此种模式进行交易,未出现过任何问题,任何一方从未对此种交易模式提出过任何异议。经我们进一步了解发现,C 公司曾以自身名义,对于本案项下款项出具了付款承诺。综合上述事实,H 公司完全有理由相信,W 的签字行为是经过 C 公司授权,合同也是真实有效的。

此外,从上述四家企业之间的关联关系来看,我们有充足的理由相信 C 公司了解本案项下贸易模式,并且事先知晓 W 及 A 公司以其名义在中国进行采购的行为,且未表示反对。换言之,从事实效果上看,C 公司已默认了 W 的代理行为。

从主观要件分析,H 公司出口真实、经营合法,在与 C 公司进行贸易的过程中,一直认为 A 公司系其采购中心,并认真履行交货义务。没有任何证据表明 H 公司在缔约和交易过程中存在主观恶意。本案情况符合表见代理构成的主观要件。

综上所述,本案的情况符合法律上关于构成"表见代理"的基本要求,被代理人 C 公司应当根据合同约定承担付款责任。

(2)经过上述分析,我们基本可以确认通过"表见代理"的形式,要求 C 公司承担合同项下付款义务的合理性。

第 7 章

【案例评析】

(1)如果我国出口公司与美国公司在订立合同时约定弓柄承受拉力应超过 9 磅,则由于该玩具弹弓的弓柄仅承受 9 磅的拉力就断裂,由于与合同要求不符,所以产品是不合格的,同时该产品在正常使用中能导致人身伤害,属于不合理的危险,所以又是缺陷产品。(2)根据产品责任法的规定,缺陷产品致人损害的,产品的生产者与销售者应当对受害人承担连带责任,所以本案弹弓的生产者或者进口商应承担产品责任,即对受损害的消费者承担赔偿责任;对于涉及产品质量不合格问题,应由出口商对美国的进口公司承担违约责任。

第 8 章

【案例评析】

1. 在本案例中,A 的审核是没有问题的,但是在办理相关的事务上仍然存在一些状况:

对公司下属的食品加工企业 C 的资信、生产能力了解不够彻底。A 银行在处理纠纷过程中,了解到该公司的信用证存在如条款,有欺诈行为。货物有空箱存在短装。银行业务人员警惕性也比较低,从该笔信用证本身的两次议付看,可疑的点比较多,比如:收到信用证的时间为 2017 年 12 月 25 日,第一次议付时间为 2018 年 1 月 29 日,金额为 USD 26 880.00;第二次议付时间为 2018 年 2 月 5 日,金额为 USD 107 520.00。如果该公司从收到信用证开始准备货物,那么出第一批货用了近 35 天,而第二批货物仅用了 6 天,按照金额来看货物的量是比第一批要多的,这就显得尤为不合理,银行和公司居然没有看出一点问题,货物的短装问题是一定存在的。

在审核信用证时要对对信用证单据条款进行审核,比如信用证项下要求受益人提交议付